Schriftenreihe Soziale Arbeit – Band 1
der Fakultät für angewandte Sozialwissenschaften der Hochschule München
Herausgegeben von Peter Hammerschmidt und Juliane Sagebiel

D1718345

AG SPAK
Arbeitsgemeinschaft sozialpolitischer Arbeitskreise
Materialien der AG SPAK – M 228

Peter Hammerschmidt / Juliane Sagebiel (Hrsg.)

Professionalisierung im Widerstreit

Zur Professionalisierungsdiskussion in der Sozialen Arbeit – Versuch einer Bilanz

Schriftenreihe Soziale Arbeit
der Fakultät für angewandte Sozialwissenschaften der Hochschule München

Impressum

© bei AutorInnen
1. Auflage 2010

ISBN 978-3-940 865-03-8

Satz und Umschlaggestaltung: H. Zimmermann, W. Schindowski
Druck: Digitaldruck leibi.de, Neu-Ulm

Zu bestellen über den Buchhandel oder direkt bei:
    AG SPAK Bücher   Fax 07308/919095
    Holzheimer Str. 7   E-Mail: spak-buecher@leibi.de
    89233 Neu-Ulm   Internet: www.agspak-buecher.de

Auslieferung für den Buchhandel: SOVA, Frankfurt, Fax 069/410280

Bibliografische Information der Deutschen Nationalbibliothek

Die Deutsche Nationalbibliothek verzeichnet diese Publikation in der Deutschen Nationalbibliografie; detaillierte bibliografische Daten sind im Internet über http://dnb.d-nb.de abrufbar.

Inhalt

Vorwort

zur „Schriftenreihe Soziale Arbeit" der
„Fakultät für angewandte Sozialwissenschaften" der Hochschule München.

Herausgegeben von Peter Hammerschmidt und Juliane Sagebiel

Der vorliegende Band ist der erste in der „Schriftenreihe Soziale Arbeit" der Fakultät für Angewandte Sozialwissenschaften der Hochschule München. Die Schriftenreihe möchte aktuelle und Grundsatzfragen der Sozialen Arbeit aufgreifen und durch fundierte Beiträge zu jeweiligen Schwerpunktthemen, die regelmäßig von mehreren AutorInnen (sechs bis acht) aus unterschiedlichen Perspektiven ausgeleuchtet werden, der Fachöffentlichkeit präsentieren und zur Diskussion stellen. Die Reihe dokumentiert zugleich die Themen und Beiträge des Colloquiums Soziale Arbeit, das die HerausgeberInnen seit dem Sommersemester 2009 jährlich ebenfalls an der Fakultät für Angewandte Sozialwissenschaften der Hochschule München durchführen. Hierzu sind auch KollegInnen anderer Hochschulen eingeladen, ihre Expertise als ReferentInnen und MitdiskutantInnen in die Fachdiskussion der Fakultät und in den weiteren Kreis der TeilnehmerInnen des Colloquiums mit einzubringen. Mit der Aufnahme dieser Beiträge in unsere Schriftenreihe möchten wir die verschiedenen Perspektiven der interessierten Fachöffentlichkeit zugänglich machen. Die Schriftenreihe richtet sich damit vor allem an Lehrende, Praktiker und Studierende der Sozialen Arbeit sowie an alle an der Sozialen Arbeit Interessierten. Für die „Fakultät für angewandte Sozialwissenschaften"

München, im Februar 2010
die HerausgeberInnen

Peter Hammerschmidt und Juliane Sagebiel

Einführung

Professionalisierung im Widerstreit
– Zur Professionalisierungsdiskussion in der Sozialen Arbeit

Versuch einer Bilanz

Im vorliegenden Band werden die Professionalisierung und die Professionalisierungsdiskussion der Sozialen Arbeit rekonstruiert und bilanziert. Eine solche Bilanz kann bestenfalls eine Zwischenbilanz sein, denn sowohl die in Rede stehenden Prozesse als auch die darauf bezogenen Diskussionen sind noch nicht zu einem Abschluss gekommen – und werden das wohl auch in absehbarer Zeit nicht sein. Das muss nicht weiter irritieren, ja es ist kaum bemerkenswert. Irritierend und überaus bemerkenswert ist dagegen, dass nach mehreren Jahrzehnten wissenschaftlicher Fachdiskussionen über die Professionalisierung der Sozialen Arbeit augenscheinlich noch kein Konsens darüber besteht, wann und womit die Professionalisierungsdiskussion der Sozialen Arbeit überhaupt begonnen hat. Dieser bei der Lektüre der einschlägigen Literatur sich offenbarende Dissens korrespondiert, so die Einschätzung, die wir mit Fritz Schütze (1992: 133) teilen, mit den je unterschiedlichen Vorstellungen darüber, was einerseits unter Sozialer Arbeit und andererseits unter Professionalisierung zu verstehen sei.

In einer sozialwissenschaftlichen, deskriptiv-analytischen Perspektive lässt sich Soziale Arbeit sinnvoll als personenbezogene, fachlich qualifizierte und beruflich ausgeführte Dienstleistung mit fürsorglicher Intention definieren. Die Entwicklung der so verstandenen modernen Sozialen Arbeit begann in Deutschland im Deutschen Kaiserreich im Kontext der Herausbildung des Sozialstaates und fand einen ersten Abschluss während der Weimarer Republik. Fürsorgliche Hilfen, auch in organisierter Form, haben eine lange Traditionslinie, die weit ins Mittelalter zurück reicht (Armenpflege, Armenfürsorge). Als fachlich qualifizierte Tätigkeit jedoch sind sie deutlich jüngeren Datums. Die Anfänge dafür finden sich erst in den 1830er Jahren mit der theologisch-pädagogischen Ausbildung

9

von Diakonen durch Johann Hinrichs Wichern im Rauhen Haus in Horn bei Hamburg und der stärker gesundheitsfürsorgerisch ausgerichteten Ausbildung von Diakonissen (und etwas später auch von Pastoralgehilfen) durch die Eheleute Theodor und Friederike Fliedner in Kaiserwerth bei Düsseldorf. Als besonders wirkungsmächtig erwiesen sich letztlich die Bemühungen der bürgerlichen Frauenbewegung um die Jahrhundertwende, die ab 1908 zur Einrichtung von „Socialen Frauenschulen" als Ausbildungsstätten für die „sociale Hilfsarbeit von Frauen" führten. Alice Salomon, Helene Weber, Gertrud Bäumer, um nur einige Namen zu nennen, gingen damit als Pionierinnen der Ausbildung in die Geschichte der Sozialen Arbeit ein. Allerdings war zu dieser Zeit – und das sollte es nach Auffassung der Aktivistinnen der bürgerlichen Frauenbewegung auch bleiben – soziale Hilfsarbeit ganz überwiegend ehrenamtliches Engagement. Das änderte sich dann im Verlauf des Ersten Weltkrieges, als entsprechende Tätigkeiten im Rahmen der neu geschaffenen Kriegsfürsorge zunehmend gegen Entgelt ausgeübt wurden. Während der Weimarer Republik sollte das dann zur Regel werden. Im Zusammenhang mit den gesellschaftlichen, wirtschaftlichen und politischen Veränderungen, erfolgte auch ein Niedergang des bürgerlichen Ehrenamtes und Soziale Arbeit entwickelte sich auch infolge dessen zum (Erwerbs-)Beruf. Damit war neben und nach den beiden Begriffselementen – „personenbezogene Dienstleistung mit fürsorglicher Intention" und „fachlich qualifiziert" – auch das dritte – „beruflich" – realisiert, womit die Entwicklung der modernen Sozialen Arbeit einen ersten – vorläufigen – Abschluss erreichte.[1]

Was ist Soziale Arbeit und was müssen Soziale ArbeiterInnen dementsprechend können und wissen und deshalb auch lernen? Solche und ähnliche Fragen – im Kern Professions- und Professionalisierungsfragen – stellten sich die oben genannten Pionierinnen der sozialen Ausbildung. Die Antworten fanden einen Niederschlag in Aufnahmebedingungen und Lehrplänen der ersten sozialen Frauenschulen. Staatliche Anerkennung erhielten diese Vorstellungen der Frauenbewegung ab 1920 in Preußen, wenig später auch in weiteren deutschen Staaten, durch eine Prüfungsordnung und 1931 schließlich durch eine entsprechende reichsrechtliche Regelung. Vormalige Leiterinnen sozialer Frauenschulen, namentlich Helene Weber und Gertrud Bäumer, konnten ihre in der Weimarer Republik erworbenen Positionen im Preußischen Ministerium für Volkswohlfahrt als Leiterin des Dezernats „Soziale Ausbildung und Jugendfragen" (Weber) bzw. im Reichsinnenmi-

---

1 Vgl. Hammerschmidt/Tennstedt 2002. Speziell zur Frauenbewegung und ihrem Einfluss auf die Verberuflichung der Sozialen Arbeit: Hammerschmidt 2010. Zum weiteren Kontext des sozialen Engagements des Bürgertums siehe: Aner/Hammerschmidt 2010.

nisterium als Referentin für „Jugendwohlfahrt und Schulwesen" (Bäumer) dafür nutzen (Hammerschmidt 2010; Tennstedt 2004; Sachße/Tennstedt 2005: 92). Als „professionell" galt den sozialen Frauenschulen seit ihren Anfängen (1908) – ungeachtet dessen, ob das Wort Verwendung fand oder nicht – implizit wie explizit ein Tun, das fachlich qualifiziert war und auf einer Ausbildungsgrundlage beruhte. Professionalisierung meinte dementsprechend die Schaffung und Verbesserung von fachlicher Qualifikation und Ausbildung. So gesehen erfolgte eine Professionalisierung der sozialen Arbeit schon vor der Existenz der Sozialen Arbeit als Profession im Sinne von bezahlter Tätigkeit, als Erwerbsberuf. Und Professionalisierungsdiskussionen führten Aktivistinnen der bürgerlichen Frauenbewegung schon um die Wende zum 20. Jahrhundert.

Diese durch die bürgerliche Frauenbewegung in die Soziale Arbeit gelangte Vorstellung von Profession und Professionalisierung bildete jahrzehntelang nahezu exklusiv das Verständnis der in Rede stehenden Sachverhalte und prägt auch heute noch vielfach die Professionalisierungsdiskussion der Sozialen Arbeit. Erst nach der Expansion und der Konsolidierung der Sozialen Arbeit während und nach der Adenauer-Ära und vor allem mit der Akademisierung der Sozialen Arbeit durch die Einrichtung von Fachhochschulen für Sozialarbeit, Sozialpädagogik bzw. Sozialwesen und die Etablierung von Diplomstudiengängen mit dem Schwerpunkt Sozialpädagogik an erziehungswissenschaftlichen Fachbereichen bzw. Fakultäten an Universitäten in den späten 1960er und frühen 1970er Jahren wurden andere Vorstellungen von Professionen und Professionalität aufgegriffen und auf die Soziale Arbeit bezogen. Die 1970er Jahre sollten schließlich zur Hochphase einer neuen Professionalisierungsdiskussion der Sozialen Arbeit werden.

Neu an der neuen Professionalisierungsdiskussion, die manchen Kommentatoren als Beginn der (eigentlichen) Professionalisierungsdiskussion gilt, waren einerseits einige der Diskutanten und andererseits (inter-)disziplinäre Bezüge, die jetzt ins Zentrum rückten, womit gleichzeitig bislang nicht thematisierte Aspekte auftauchten. Die Studierenden der neuen hochschulischen Ausbildungsgänge, die nunmehr akademisch gebildeten PraktikerInnen der Sozialen Arbeit sowie die jetzt zu Hochschullehrern avancierten vormaligen Ausbilder einschließlich neuer ProfessorInnen unterschiedlicher Herkunftsdisziplinen, die fortan die Lehre in den neuen Studiengängen trugen, meldeten sich zu Wort und bestritten die neue Diskussion mit. Anders als in den Jahrzehnten zuvor, in denen die Anstellungsträger und ihre Organisationen und Fachverbände (die kommunalen Sozialverwaltungen, die Wohlfahrtsverbände und insbesondere auch der Deutsche Verein für öffentliche und private Fürsorge) sowie die zuständigen Ministerien durchaus eingehend über Ausbildungs-, Berufsbild- und Qualifizierungsfragen der Sozialen Arbeit berieten und beschlossen,[2] war die Soziale Arbeit nicht mehr bloßes Objekt dieser Kontroversen, sondern Subjekt. Statusfragen im Sinne gesellschaftlicher Anerkennung, einschließlich Forderungen nach einer entsprechenden monetären Gratifikation, sowie Kompetenzfragen spielten nun eine prominente Rolle. Ein Aufsatz von Helge Peters 1970 sowie ein Sammelband von Hans-Uwe Otto und Kurt Utermann 1971 bildeten den Auftakt für intensive und lebhafte Diskussionen und Kontroversen, die schon bald unübersichtlich wurden. Die Frage, ob die Soziale Arbeit eine Profession sei oder nicht, wurde hierbei sehr unterschiedlich gestellt, historisch und disziplinär verortet und – wie könnte es anders sein – unterschiedlich beantwortet. Sprachen einige von einer „misslungenen" (Peters 1970) oder „unvollständigen" Professionalisierung, erklärten andere die Soziale Arbeit zur „Semi-Profession" (Toren) oder „bescheidenen Profession" (Schütze), während gleichzeitig dritte vor einer „Überprofessionalisierung" warnten, die zu einer Entmündigung der Bürger/Klienten durch Experten (Illich) führe könne bzw. schon geführt habe.

Kompetenz, in der Regel im Sinne von Handlungskompetenz gedacht, avancierte zu einem zentralen Begriff in der (neuen) Professionalisierungsdiskussion der 1970er Jahre. Im besten Falle strittig, häufiger aber einfach nur unklar blieb hier die Zweck-Mittel-Relation zwischen beiden. Sollte und könnte durch eine Verbesserung der Handlungskompetenz eine Professionalisierung Sozialer Arbeit erreicht werden? Oder sollte und könnte durch eine Professionalisierung die Handlungskompetenz erhöht werden. Die Irritation, die beim Nebeneinander der beiden Fragen auf den ersten Blick entsteht, resultiert aus jeweils unterschiedlichen Professions- und damit Professionalisierungsbegriffen, die der einen und der anderen Frage zugrunde liegen und damit die jeweilige andere Frage als unsinnig erscheinen lassen. Im ersten Verständnis führt die qualitative Verbesserung der Sozialen Arbeit (etwa durch Aus- und Weiterbildung) zu einer entsprechenden gesellschaftlichen Anerkennung (Profession), die man/frau sich also, ganz im o.g. Sinne der Tradition der bürgerlichen Frauenbewegung durch gute, engagierte Arbeit „verdient" (hat). Das zweite Verständnis rekurriert auf soziologische Professionstheorien. In der „klassischen" soziologischen Professionstheorie von Talcott Parsons aus den späten 1930er Jahren sind Professionen Berufe, die durch wissenschaftliche Rationalität, funktionale Spezifizität und die Definition von zu bearbeitenden Problemen nach universalen Kriterien gekennzeichnet sind. Die besondere Qualifikation und Handlungskompetenz erwächst den Professionen aus langjähriger, wissenschaftlicher

2   Zu den entsprechenden Aktivitäten des Deutschen Vereins siehe: Gängler/Rauschenbach 2005.

Ausbildung, die zugleich normative Orientierungen und Standards vermittelt. Ihre spezifische Funktion besteht in der Bearbeitung gesellschaftlicher Probleme, die im Zusammenhang mit zentralen gesellschaftlichen Werten – wie etwa Religion, Recht oder Gesundheit – stehen, wofür den Professionen hoher Status und Einkommen und nicht zuletzt Autonomie im Sinne einer Selbstkontrolle der Profession zugestanden werden. Klassische Professionen bzw. Professionelle waren und sind demnach Theologie/Priester, Medizin/Ärzte und Rechtswissenschaft/Juristen, die dann auch als Vorbild oder zumindest als Bezugspunkt in der Professionalisierungsdiskussion der Sozialen Arbeit fungierten.

Wo die Soziale Arbeit nicht direkt mit einer einzelnen dieser klassischen Professionen – meist der Medizin – verglichen wurde bzw. sich selbst verglich, da waren es die gemeinsamen Merkmale der drei oben genannten Professionen, die als Maßstab breite Verwendung fanden. Die Vergleichsergebnisse fielen für die Soziale Arbeit regelmäßig wenig schmeichelhaft aus. Das war meist unstrittig. Umso strittiger waren dagegen die Fragen, ob dieser Befund nur ein „noch nicht" bedeute, also ob eine „volle" Professionalisierung für die Soziale Arbeit prinzipiell erreichbar sei oder nicht, und welcher Grad an Professionalisierung aktuell konstatiert werden könne. Bei diesem Disput jonglierten die Diskutanten vielfach mit den abstrakt verstandenen Merkmalen, wobei einerseits Machtfaktoren und anderseits die historische Dimension häufig aus dem Blick gerieten – die Macht, die sich aus der Organisation der Interessen der Berufe ergab, welche sich professionalisiert hatten, und die Staat- und Elitenmacht, an die sich die zu Professionen avancierten Berufe gekoppelt hatten (vgl. Cloos und Merten i.d.B.). Dass die an einer Professionalisierung der Sozialen Arbeit Interessierten in der damaligen gesellschafts- wie auch staatskritischen Zeit nicht an eine Ankopplung an Staats- und Elitenmacht denken wollten, um ihrem Ziel näher zu kommen, mag vielleicht nicht verwundern. Dass dagegen die Überlegungen und viel mehr noch die praktischen Versuche, eine sozialarbeiterische Organisationsmacht durch Berufsverbände bzw. Standesorganisationen zu schaffen, wenig Raum einnahmen und praktisch bescheiden ausfielen, verwundert dagegen schon (vgl. Paulini i.d.B.). Die Beachtung der historischen Dimension hätte nicht nur diese Machtaspekte zutage fördern können, sondern darüber hinaus auch die Frage nach weiteren Konstitutionsbedingungen für die Professionalisierung von Berufen und damit einhergehend die Frage, ob nicht die Zeit für Profession, zumindest aber für die Etablierung neuer Professionen abgelaufen sei.

Ein klares Ende der teilweise recht hitzigen Professionalisierungsdiskussion der Sozialen Arbeit lässt sich nicht feststellen. Sie verebbte eher kraftlos. Einzelne Zirkel führten sie allenfalls auf „kleiner Flamme" weiter, sie kochte in den folgenden Jahren immer wieder einmal auf oder war Teil anderer Diskussionen, etwa über Methoden oder Theorien der Sozialen Arbeit. Daneben etablierte sich ab der zweiten Hälfte der 1980er Jahre eine Forschung, die sich auf die Handlungsvollzüge und Binnenlogiken von Professionen und die hierbei auftretenden Probleme und Paradoxien konzentrierte (Schütze 1992, 1996, 1999; Oevermann 1996). Ein klares Ergebnis der Professionalisierung jenseits des Sachverhaltes, dass eine Fülle grundsätzlicher Fragen und Probleme benannt und unterschiedlichen Antworten zugeführt worden waren, lässt sich kaum feststellen. Beobachten ließ sich gleichwohl etwas, was wie eine insgeheime, „stillschweigende Übereinkunft" anmutet, nämlich, dass die Rede von der Disziplin und der Profession der Sozialen Arbeit üblich wurde. Eine Rede, die mit großer Regelmäßigkeit mit einem Eingestehen und Klagen über (noch) bestehende „Unzulänglichkeiten" einhergeht. Mit letzterem wird ein weiteres Merkmal von Professionen, die kompetente Inszenierung von Professionellenrollen, beeinträchtigt (vgl. Cloos i.d.B.).

Unterdessen erfuhr das Berufsfeld einen überaus beeindruckenden Ausbau. Bei ihrer erstmaligen Erfassung im Rahmen der Volk- und Berufszählung im Jahre 1925 registrierten die Statistiker etwas weniger als 23.000 Angehörige Sozialer Berufe (Hammerschmidt/Tennstedt 2002: 70 f.). Im Zuge des Ausbaus des Sozialstaates stieg diese Zahl auf mehr als 96.000 (1960) und 785.000 (1991). Allen Unkenrufen zum Trotz ist auch für die 1990er Jahre sowie die ersten Jahre dieses Jahrhunderts ein nahezu rasanter Ausbau festzustellen: Für das Jahr 1999 weist das Statistische Bundesamt 1.176.000 und nach den aktuellsten Angaben für das Jahr 2008 1.602.000 Angehörige Sozialer Berufe aus. Darin enthalten sind 290.000 SozialarbeiterInnen bzw. SozialpädagogInnen, die sich ihrem Ausbildungsstand entsprechend als Spitze in der Berufshierarchie des inzwischen ausdifferenzierten Berufsfeldes charakterisieren lassen.[3]

Soziale Berufe und Soziale Arbeit im Besonderen sind damit nicht nur weit verbreitet, sondern sie sind auch „normal" geworden. Gertrud Bäumer hatte dies schon in den 1920er Jahren verkündet. Zunächst als „Nothilfe" entstanden, um „Lücken" zu füllen, entwickele sich Sozialpädagogik, in einem analogen Prozess wie zuvor schon die Schule, zu einem neuen System mit neuen Trägern, dem „normaler Weise" gewisse Leistungen (i.S.v. Aufgaben; d. Vf.) zufielen (Bäumer 1929: 3 f.). Jahrzehnte später argumentierten Thomas Blanke und Christoph Sachße, dass sich aus dem Bedeutungsrückgang der Fürsorge infolge des Ausbaus der Sozialversicherung nicht schließen lasse, dass die aus der Fürsorge entstammende und weiterhin mit ihr verbundene

3   Vgl. Cloos/Züchner 2002; aktuelle Angaben nach: Statistisches Bundesamt 2009: 38.

Sozialarbeit im gleichen Maße rückläufig sei. Es sei voreilig, die Lückenbü-ßerfunktion der Fürsorge mit einer Lückenbüßerfunktion von Sozialarbeit überhaupt gleichzusetzen. Vielmehr sei ein Bedeutungszuwachs [Hervorhebung im Original; d. Vf.] von Sozialarbeit zu erwarten, weil sie eine Funktion im Zusammenhang der Vergesellschaftung von Erziehung erfülle und eine Tendenz zu einer umfassenden Pädagogisierung der Gesellschaft existiere (Blanke/Sachße 1998: 417 u. 419 [Original von 1978]). Was bei Bäumer eine Prognose, bei Blanke und Sachße das Konstatieren einer aktuellen Entwicklungstendenz war, avancierte Mitte der 1980er Jahre bei Hans Thiersch zu einer Tatsachenbehauptung: Soziale Arbeit sei in die „Mitte der Gesellschaft" gerückt, sie habe sich zu einem „Angebot für alle" entwickelt und sei etabliert (Thiersch 2002: 29 und 35 f.).

Mit der Institutionalisierung der akademischen Ausbildung der Sozialen Arbeit, der Verwissenschaftlichung ihrer Fachgrundlagen, dem beachtlichen Zuwachs und Umfang eigener wissenschaftlicher, nicht zuletzt empirischer Forschung, mit quantitativ weit ausgebauten und entwickelten Berufs- und Praxisfeldern, mit denen Soziale Arbeit auch für weite Teile der Bevölkerung erreichbar und sichtbar wurde, konnte sich die Soziale Arbeit in Deutschland als Disziplin wie Profession spätestens in den 1980er und 1990er Jahren fest verankern und etablieren. Ihre Professionalisierung schien gelungen, zumindest jedoch deutlich fortgeschritten –, wenn auch je nach Professionsbegriff unterschiedlich weitgehend. Dennoch: Äußerungen von Zufriedenheit mit dem Entwicklungsstand und Status der Sozialen Arbeit lassen sich in den einschlägigen Fachkreisen kaum hören. Im Gegenteil: Spätestens seit Mitte der 1990er Jahre wurden Stimmen laut, die vor dem Verlust des Erreichten warnen, die befürchten, dass das, was sich bislang etabliert habe, in Frage gestellt würde. Hierbei wird überwiegend auf zwei aktuelle Entwicklungen unter den Stichworten „Ökonomisierung" und „Bologna-Prozess" verwiesen.

Mit dem Stichwort „Ökonomisierung" der Sozialen Arbeit ist regelmäßig die Implementierung von New Public Management-Konzepten ins System der Sozialen Sicherung gemeint, im Sozialarbeitssektor speziell die Einführung des „Neuen Steuerungsmodells" nach dem Muster der KGSt (Kommunale Gemeinschaftsstelle für Verwaltungsmanagement). Treibende Kräfte sind hier die kommunalen Sozialverwaltungen, die sich vom Neuen Steuerungsmodell eine effektivere, effizientere, transparentere und „kostenbewusste(re)" Erbringung sozialer Dienstleistungen versprechen. Die Binnenmodernisierung kommunaler Behörden, nicht zuletzt der Jugend- und Sozialämter, erfolgt durch die Einführung unternehmensähnlicher Organisationsstrukturen und betriebswirtschaftlicher Handlungslogiken mittels Kontraktmanagement, Budgetierung, Controlling und die Durchsetzung einer so genannten Outputorientierung mittels Definition von Produkten, der Einführung von Kosten- und Leistungsrechnungen sowie Qualitätsmanagement. Im Außenverhältnis organisieren die Kommunen als öffentlich-rechtliche Sozialleistungsträger einen Anbieterwettbewerb (Quasi-Märkte) unter den freien Leistungserbringern, um die gewachsenen neokorporatistischen Strukturen aufzubrechen. Um damit einen Kostenwettbewerb zu erreichen, erfolgt im selben Zusammenhang die Abkehr vom Selbstkostendeckungsprinzip (als Finanzierungsprinzip) und der Übergang zu prospektiven Entgelten, die einen nachträglichen Gewinn- oder Verlustausgleich ausschließen und regelmäßig durch eine Trias von Entgeltvereinbarung, Leistungsvereinbarung und Qualitätsentwicklungsvereinbarung umgesetzt werden. Damit wird nicht nur der Kostendruck von den öffentlichen auf die freien Träger abgewälzt, sondern die freien Träger werden gleichzeitig zu bloßen „Auftragnehmern" degradiert, die nunmehr auch ihrerseits dazu übergehen (müssen), ihre Handlungsmuster und Organisationsformen auf diese Gegebenheiten hin – ebenfalls nach betriebswirtschaftlichem Muster – neu zu gestalten. Für die Soziale Arbeit führt das nicht nur zu neuen Formen finanzieller Restriktionen (Budgetierung, neues Tarifsystem), sondern auch zu einer Ausweitung fachfremder Kontrolle, die durch vorgegebene Produktbeschreibungen, ein ausgeprägtes Berichtswesen und die in diesem Zusammenhang eingeforderten Nachweise von Qualität, Effektivität, Effizienz, letztlich vom Nachweis möglichst kostengünstig erreichter „Erfolge". Sind auch die Versuche, im Rahmen neuer Steuerungsmodelle eine „Effizienzprogrammierte Verwaltung" (vgl. Ortmann 2008) zu schaffen, wegen des unhintergehbaren „Technologiedefizits" (Luhmann/Schorr 1979; Luhmann 2002: 148; Eingehender: Merten i.d.B.) professioneller Tätigkeiten letztendlich zum Scheitern verurteilt, so führen gleichwohl die Anstrengungen der Träger Sozialer Arbeit in diese Richtung zu einer Einschränkung bislang der Sozialen Arbeit zugestandener professioneller Autonomie.[4]

---

[4] Die Frage, in welchem Maße und ob überhaupt, Ökonomisierung und Neue Steuerungsmodelle zur Beschneidung professioneller Handlungsautonomie führen, ist letztlich keine Frage der Theorie, sondern der Empirie. Erste vorliegende Befunde mahnen hier zur Vorsicht, jedenfalls vor raschen Verallgemeinerungen. So gelangten Beckmann u.a. (2007) durch die Auswertung von Befragungen (das Forschungsprojekt konzentrierte sich auf die Sozialpädagogische Familienhilfe gemäß § 31 SGB VIII) zu dem Ergebnis, dass sich durch Qualitätsentwicklungsvereinbarungen und Qualitätsmanagementsysteme „eine Standardisierung bzw. Deprofessionalisierung der Tätigkeit nicht eingestellt" habe (ebd.: 285) und dass von Einrichtungsträgern ergriffene Qualitätsmaßnahmen „nicht in einem aussagekräftigen Zusammenhang zu den professionellen Arbeitsbedingungen" stünden (ebd.: 289). In anderen Dimensionen seien „Einschränkungen vollständiger ,autonomer' Arbeitsbedingungen zu verzeichnen" (ebd.: 290), obwohl insgesamt „ermächtigende Arbeitsbedingungen" (ebd.) konstatiert werden konnten. Uneindeutigkeiten und Ambivalenzen förderten auch die Studien von Dahme, Kühnlein und Wohlfahrt (2005: 141-144) zutage. Krone

Wie die Ökonomisierung der Sozialen Arbeit im vorstehend skizzierten Sinne, so birgt auch der Bologna-Prozess für die Soziale Arbeit die
Gefahr einer De-Professionalisierung. Staub-Bernasconi spricht in diesem
Zusammenhang provokant vom Selbstabschaffungsprogramm der Sozialen Arbeit (vgl. Staub-Bernasconi 2005). Die hochschulische Ausbildung zur Sozialen Arbeit wird nicht in Frage gestellt, doch mit der Ver-
kürzung der Regelstudienzeit auf dreieinhalb und vielfach auch nur drei
Jahre bei gleichzeitiger Verschulung des Studiums durch die neuen Bachelor-Studiengänge erfolgt etwas, was sich als Ent-Akademisierung im tertiären Bildungssektor qualifizieren lässt. Die Universitäten sind davon
nicht weniger betroffen als die Fachhochschulen. „Der Grad der Professionalisierung der Sozialen Berufe", so urteilt Hans-Uwe Otto (2007), „gerät
dabei ebenso ins Schlingern, wie eine moderne Ausbildungspraxis, für
die eine gesellschaftlich-kritische Einbindung in den Problemkontext der
sozialen Felder unaufgebbar ist." Dem ist beizupflichten. Zudem erleben
wir seit einigen Jahren eine enorme Ausdifferenzierung von Studiengängen der Sozialen Arbeit bzw. aus der Sozialen Arbeit heraus (vgl. Engelke
i.d.B.). Das betrifft keineswegs nur das Masterniveau, sondern auch die
grundständigen Bachelor-Studiengänge. Ein Ergebnis dieser Zersplitterung ist schon erkennbar und wird sich wohl absehbar deutlich verstärken: Das Profil der Sozialen Arbeit verliert dadurch an Schärfe. Nicht nur
die Außenwahrnehmung der Sozialen Arbeit durch eine breite Öffentlichkeit und die der interdisziplinären Fachöffentlichkeit wird dadurch beeinträchtigt, sondern sogar die Selbstwahrnehmung und Selbstpräsentation.
Die ohnehin im Vergleich zu den klassischen Professionen weniger ausge-
prägte berufliche, sozialarbeiterische Identität diffundiert bei den Vertretern der Disziplin, der Profession und auch bei Studierenden. Neben Unsicherheiten im Selbstverständnis und schlichtem Desinteresse lässt sich
seit geraumer Zeit auch Ablehnung beobachten, die bis zur Distanzierung
von der Sozialen Arbeit reichen kann. In dieselbe Richtung wirken analoge
Entwicklungen anderer Disziplinen und Berufe. Besetzten früher schon
Psychologen, Mediziner, Verwaltungsfachleute, Stadt- und Landschafts-
planer sowie Betriebswirtschaftler teilweise in direkter Konkurrenz zu
SozialarbeiterInnen/SozialpädagogInnen Positionen in Handlungsfeldern
der Sozialen Arbeit, so verstärkt sich dieser Trend heute infolge der in
den jeweiligen Herkunftsdisziplinen ebenfalls erfolgenden Ausdifferenzierung und Ausweitung der jeweiligen Studienangebote. Die Besetzung

---

u.a. (2009) halten als ein Resultat ihrer Jugendhilfefallstudien fest: „Während die Ausdifferenzierung des Managements als Professionalisierung interpretiert werden kann, so muss das Zerfallen
des Wissens auf der Interaktionsebene, die Arbeitsverdichtung bis hin zur Ambivalenz der Haltungen als Deprofessionalisierung verstanden werden" (ebd.: 177).

von (ansonsten) sozialarbeiterischen Stellen durch Dritte ist aus professionstheoretischer Sicht für die Soziale Arbeit insofern problematisch, als sie einerseits in ihren ureigensten Arbeitsfeldern konkurrierenden Deutungsmächten ausgesetzt ist, die nicht selten Deutungshoheit für sich reklamieren, sowie andererseits und damit korrespondierend die schon angeführte Erosion sozialarbeiterischer Identität verstärkt. Das Identitäre der Sozialen Arbeit (und anderer Professionen) zeigt sich in ihrer Funktion, so Merten in diesem Band. Wird nun aber dieselbe Funktion oder werden zumindest ähnliche Tätigkeiten von Angehörigen anderer Berufe wahrgenommen, dann geht mit einer solchen Einschränkung von beruflicher Identität und Deutungsmacht auch eine Einschränkung von Professionalität einher.

Die im Vorstehenden angeführten Entwicklungen und Sachverhalte werden mit je eigenen Schwerpunkten und teilweise auch aus unterschiedlichen professionstheoretischen Perspektiven von den AutorInnen dieses Sammelbandes ausgeleuchtet. Der Beitrag von Peter Cloos: Professionalisierung und Professionalisierungsdiskussion – theoretische Vergewisserungen liefert einen Überblick über die professionstheoretische Diskussion innerhalb der Sozialen Arbeit und markiert dabei das Spannungsfeld zwischen einer an der gesellschaftlichen Herausbildung von Professionen und einer an professionellem Handeln orientierten Sichtweise. Er versucht, Perspektiven für eine empirisch verankerte und feldbezogene professionsbezogene Theoriebildung aufzuzeigen.

Im Rahmen der merkmalstheoretischen Betrachtung (oder auch: Attribut-Ansatz) konnten zwei konstituierende Faktoren von (klassischen) Professionen herausgestellt werden, die dann gemeinhin als notwendige, wenn auch keineswegs hinreichende Voraussetzungen für diesen Status angesehen wurden. Eine fundierte Berufsausbildung auf möglichst wissenschaftlicher Grundlage sowie eine berufliche bzw. berufsständige Organisation galten und gelten demnach als Indikatoren, ob und inwieweit ein Beruf eine Profession ist bzw. welchen Grad an Professionalisierung ein Beruf erreicht hat. Diesen beiden Merkmalen gehen die drei anschließenden Beiträge dieses Sammelbandes nach. Der Aufsatz von Elke Kruse: Professionalisierung durch Akademisierung? Hauptstationen der Entwicklung der Ausbildung in der Sozialen Arbeit rekonstruiert die Ausbildungsgeschichte der Sozialen Arbeit von den 1920ern über die 1960er Jahre bis hin zur Gegenwart. Im Mittelpunkt steht dabei die Frage der Professionalisierung durch verschiedene Ansätze akademischer Ausbildung in der rund einhundertjährigen (Berufs-)Ausbildungsgeschichte der Sozialen Arbeit. Am Ende benennt Elke Kruse die Gefahren des Bologna-Prozesses für die Soziale

Arbeit, sie betont aber besonders die ebenfalls gegebenen Chancen. Auch Ernst Engelke wägt in seinem Beitrag mit dem Titel: Mit Volldampf zurück? Welche Risiken und Chancen bietet der Bologna-Prozess für die Etablierung der Sozialen Arbeit im deutschen Hochschulsystem? die Chancen des Bologna-Prozesses ab. Den aktuellen Stand der Umsetzung dieses Prozesses für die Soziale Arbeit bewertet er aber eher als Rückfall auf die unzulänglichen Zustände der 1970er Jahre. Von Ausnahmen abgesehen, zeichne sich eher ein „mit Volldampf zurück" ab. Nur mitttels einer verbindlichen Rahmenordnung für die Ausbildung der Sozialen Arbeit, die sich an den internationalen Standards der International Federation of Social Workers (ISFW) orientiere, so lautet seine abschließende Einschätzung, sei eine vollständige Etablierung der Profession Soziale Arbeit im deutschen Hochschulsystem zu erreichen. Christa Paulini zeichnet in ihrem Beitrag: Zur Bedeutung von Berufsverbänden für die Professionalisierung Sozialer Arbeit die Entwicklung der Berufsverbände von ihren Anfängen zu Beginn des 20. Jahrhunderts bis zur Gegenwart nach. Zwar entstanden Berufsorganisationen der Sozialen Arbeit schon sehr früh, doch diese waren lange Zeit entlang der Geschlechtergrenze getrennt und vor allem konfessionell aufgespalten. Zudem waren insbesondere die Frauenorganisationen von einem Dienstideal geprägt, das der Interessen- und Standespolitik eher abträglich war. Seit der Nachkriegszeit ist das Interesse der Fachkräfte Sozialer Arbeit an einer eigenen Berufsvertretung noch geringer als zuvor; sie ist kein selbstverständlicher Teil der Fachkultur Sozialer Arbeit. Merkmalstheoretisch gedacht und formuliert wäre also festzuhalten: Hier besteht ein deutliches Professionalisierungsdefizit.

Um die Überwindung von Professionsdefiziten geht es Wolfram Fischer in seinem Beitrag: Fallrekonstruktion und Handlungskompetenz im Kontext der Professionalisierung der Sozialen Arbeit. In der Tradition des symbolischen Interaktionismus und insbesondere anknüpfend an die Arbeiten von Fritz Schütze versteht Fischer die widersprüchliche Einheit von generellem wissenschaftlichen Wissen und individuellem Fallverstehen als konstitutives Merkmal professionellen Handelns. Aus dieser widersprüchlichen Einheit folgen Paradoxien, die prinzipiell unaufhebbar sind. Sie müssen „prozessiert" werden, um vorschnelle Scheinlösungen zu verhindern, die entweder die Interessen der Klienten oder die der Allgemeinheit verletzten. Dieses Prozessieren, das Aushalten der Widersprüche, setzt eine spezifische Handlungskompetenz voraus, die durch „fallrekonstruktives Arbeiten" erworben werden kann. Das „Verstehen" des Problemverhaltens von Jugendlichen führt dazu, wie Fischer exemplarisch darlegt, dass ihre Regelverletzungen nicht nur als Fehlverhalten, sondern auch als zumindest partiell adäquate Reaktion auf ihre spezifisch problematische

Lebenssituation begriffen werden können. Aus dieser Perspektive ergeben sich Ansatzpunkte für entsprechende sozialarbeiterische/sozialpädagogische Interventionen und gegebenenfalls auch Sachverhalte in Jugendhilfeeinrichtungen, die problemverstärkend wirken (können). Die fallrekonstruktive Arbeit findet in der „narrativ-biographischen Diagnostik" ihren methodischen Kern. Sie ist geeignet, die Wissenschaft in der beruflichen Praxis zu stärken, das heißt Wissenschaft und Praxis zu verkoppelen und damit die Handlungskompetenz und Professionalität der Sozialen Arbeit zu steigern.

Silvia Staub-Bernasconi möchte mit ihrem Beitrag „Professionalisierung der Sozialen Arbeit – Ein uneingelöstes Versprechen" Licht in die schwarzen Löcher vermeintlicher Disziplinlosigkeit, unklar umrissener Kompetenzen und Zuständigkeiten sowie eines diffusen Wissenschaftsbegriffs bringen, der „dem Anything goes" nahe steht. Sie untersucht am Beispiel der im Mai 2008 veröffentlichten Qualitätsziele der freien Wohlfahrtspflege die Anforderungen, die Professionalität definieren und unterstützen sollen, und kommt zu dem Schluss, dass hier berufliche, nicht aber professionelle Qualitätsanforderungen gestellt werden. Auch der im Rahmen des Bologna-Prozesses entstandene „Qualifikationsrahmen Soziale Arbeit" (2006) als Leitlinie für die Konzeption von Bachelor- und Masterstudiengängen hält, so stellt sie fest, einer kritischen Überprüfung hinsichtlich des Anspruchs einer Profession und Disziplin nicht stand. Welche Konsequenzen lassen sich für die Entfaltung eines Professionsverständnisses und für die Weiterentwicklung der Studiengänge Sozialer Arbeit ableiten? Bleibt Soziale Arbeit ein Beruf unter schwierigen Bedingungen oder wird sie zur Profession? Staub-Bernasconi beantwortet diese Fragen erkenntnis- und handlungstheoretisch, indem sie die Kriterien einer normativen Handlungswissenschaft darlegt und anhand relevanter Wissensformen und Fragestellungen Soziale Arbeit als normative Handlungswissenschaft ausweist, die transdisziplinär konzipiert und professionsethisch begründet ist. Sie kommt zu dem Ergebnis, dass Soziale Arbeit als Profession – im Unterschied zum beruflichen Doppelmandat – drei Mandaten verpflichtet sei: den AdressantInnen, den Trägern als gesellschaftliche Repräsentanten und dem eigenen Ethikkodex der Sozialen Arbeit als Menschenrechtsprofession (vgl. IFSW 2005).

Im Rahmen einer Systemtheorie anderer Provenienz, der von Niklas Luhmann, bewegt sich der Beitrag von Roland Merten: Soziale Arbeit zwischen Semi-Professionalität und Voll-Professionalisierung. Die Primärdifferenzierung erfolgt in modernen Gesellschaften, so Luhmann, nach funktionalen Gesichtspunkten, sie differenziert sich in „Funktionssysteme", das heißt in gesellschaftliche Subsysteme, die sich ganz auf die Erfüllung einer gesellschaftlichen Funktion konzentrieren und für die sie über eine

Alleinzuständigkeit verfügen. Professionen sind demnach als Resultat der Ausdifferenzierung von Funktionssystemen zu verstehen. Von Profession kann erst gesprochen werden, wenn es einen, nur einen Beruf gibt, der in seinem beruflichen Handeln die Identität des Funktionssystems bestimmt und dessen konstitutive Wissensbestände verwaltet. Grundlage von Professionalität in der Moderne ist also das „monoprofessionelle" Funktionssystem, was aber nicht heißt, dass nicht auch weitere Berufe in einem Funktionssystem angesiedelt und tätig sind. Aber diese sind dann der jeweiligen Leitprofession hierarchisch untergeordnet: eine hierarchisch strukturierte Insel im funktionalen Meer, was anhand der Funktionssysteme Recht und Medizin anschaulich wird. Voraussetzung einer Profession „Soziale Arbeit" wäre demzufolge die Existenz eines Funktionssystems „Soziale Arbeit" mit ausgewiesener Codierung. Ob ein solches soziales System existiert, ist unter den Vertretern dieses systemtheoretischen Ansatzes umstritten. Michael Bommes und Albert Scherr (2000, u. Scherr 2001) sowie Rudolf Stichweh (1992, 1994, 2000) bestreiten das. Soziale Arbeit bearbeite lediglich Folgeprobleme funktionaler Differenzierung, sie liege quer zum Leitprinzip der funktionalen Differenzierung und sie müsse auch auf strikte Codierung und Konditionalprogramme verzichten, was aber für Funktionssysteme konstitutiv sei. Roland Merten argumentiert dagegen entschieden für die Annahme, dass ein Funktionssystem Sozialer Arbeit existiere und dementsprechend die Soziale Arbeit eine Profession sei. Soziale Arbeit ist, so Roland Merten, die Leitprofession des Funktionssystems „Soziale Hilfe", das soziale Integration als Aufgabe habe und binär codiere (Hilfe versus Nicht-Hilfe). Sie unterliege zwar, wie andere Funktionssysteme und Professionen auch, Umweltrestriktionen, gleichwohl verfüge sie über professionstypische Handlungsautonomie, was aber nur heiße, dass es keine externe Einflussnahme auf die Binnenlogik professionellen Handelns gäbe.

Unser Band schließt mit einem Beitrag von Andreas Schaarschuch: Nutzerorientierung – Der Weg zur Professionalisierung Sozialer Arbeit? Schaarschuch macht den Begriff der „sozialen Dienstleistung" für eine Neukonzeption von Professionalität der Sozialen Arbeit fruchtbar. Seit Beginn der 1980er Jahre hat sich der Begriff der sozialen Dienstleistung zur analytischen Erfassung der Sozialen Arbeit in Deutschland etabliert. Maßgeblichen Einfluss dabei hatten die einschlägigen Forschungen von Johannes Berger und Claus Offe (1980). Mit der Bestimmung von Dienstleistungen als „formschützende" Tätigkeiten, als „organisierte Sicherung der Formen gesellschaftlicher Reproduktion" haben sie ein gemeinsames Merkmal aller Dienstleistungen entwickelt, das eine positive Definition von Dienstleistung ermöglicht und weitere Spezifikationen zulässt. Soziale Arbeit kann demnach als persönliche soziale Dienstleistung verstanden werden, die das Wissen, Denken und Handeln von Personen beeinflussen, ändern soll. Der mit dem 9. Jugendbericht prominent gewordene Begriff der „Dienstleistungsorientierung" intendiert eine programmatische Neuorientierung Sozialer Arbeit an den Bedürfnissen der Klienten. Hier knüpft Schaarschuch an. Unter Rückgriff auf den Produktionsbegriff von Karl Marx bestimmt er den Konsumenten sozialer Dienstleistungen, der sich im Prozess der Konsumtion selbst reproduziert, als den eigentlichen Produzenten. Die Interaktion von Professionellem und Klient ist diesem Verständnis zufolge vom Klienten zu steuern, dem Professionellen kommt nur dienende Funktion zu. Die Position des Nutzers sozialer Dienste soll damit gestärkt, die produktive Aneignung der Dienstleistung durch die Subjekte ins Zentrum gestellt werden. Das erfordert nicht nur eine „neue Fachlichkeit", von der schon in den 1970er und 1980er Jahren die Rede war (vgl. Marzahn 1982: 72), sondern weitergehend einen neuen professionellen Handlungsmodus und damit auch einen neuen Professionsbegriff für die Soziale Arbeit.

Die Beiträge des vorliegenden Bandes basieren überwiegend auf Vorträgen, die die VerfasserInnen im Sommersemester 2009 im Rahmen des „Colloquiums Soziale Arbeit" an der Fakultät für angewandte Sozialwissenschaften der Hochschule München gehalten haben. Wir danken ihnen für die Mühe der schriftlichen Ausarbeitung. Renate Kärtner, Ivana Kardum, Ngan Nguyen-Meyer und Verena Spieler haben die Herstellung des Bandes tatkräftig unterschützt. Auch ihnen sei dafür gedankt.

Literatur

Aner, Kirsten/Hammerschmidt, Peter: Zivilgesellschaftliches Engagement des Bürgertums vom Anfang des 19. Jahrhundert bis zur Weimarer Republik. In: Olk, Thomas/Klein, Ansgar/Hartnuß, Birger (Hrsg.): Engagementpolitik. Die Entwicklung der Zivilgesellschaft als politische Aufgabe. VS Verlag, Wiesbaden 2010; S. 63-96

Bäumer, Gertrud: Die sozialpädagogische Erzieherschaft und ihre Ausbildung. In: Nohl, Herma/Pallat, Ludwig: Handbuch der Pädagogik. Bd. 5: Sozialpädagogik. Berlin, Leipzig 1929; S. 3-26

Beckmann, Christof/Otto, Hans-Uwe/Schaarschuch, Andreas/Schrödter, Mark: Qualitätsmanagement und Professionalisierung der Sozialen Arbeit. In: Zeitschrift für Sozialreform, 53 Jg. (2007), H. 3; S. 275-295

Berger, Johannes/Offe, Claus: Die Entwicklungsdynamik des Dienstleistungssektors" in Leviathan H. 8, 1980; S. 41-75

Blanke, Thomas/Sachße, Christoph: Theorie der Sozialen Arbeit (1978); revisted (1998) In: Thole, Werner/Galuske, Michael/Gängler, Hans (Hrsg.): KlassikerInnen der Sozialen Arbeit. Sozialpädagogische Texte aus zwei Jahrhunderten – ein Lesebuch. Neuwied, Kriftel 1998; S. 415-441

Bommes, Michael/Scherr, Albert: Soziologie der Sozialen Arbeit. Eine Einführung in Formen und Funktionen organisierter Hilfe. Weinheim, München 2000

Cloos, Peter / Züchner, Ivo: Das Personal der Sozialen Arbeit. In: Thole (Hrsg.) 2002; S. 705-724

Dahme, Heinz-Jürgen / Kühnlein, Gertrud / Wohlfahrt, Norbert: Zwischen Wettbewerb und Subsidiarität. Wohlfahrtsverbände unterwegs in die Sozialwirtschaft Berlin 2005

Dewe, Bernd / Ferchhoff, Wilfried / Radtke, Frank-Olaf (Hrsg.): Erziehen als Profession. Zur Logik professionellen Handelns in pädagogischen Arbeitsfeldern. Opladen 1992

Gängler, Hans / Rauschenbach, Thomas: Professionalisierung der sozialen Arbeit. Beiträge zur Entwicklung der sozialen Berufe – 40 Jahre Fachausschuss „Soziale Berufe" im Deutschen Verein. In: Deutscher Verein für öffentliche und private Fürsorge (Hrsg.): Forum für Sozialreform. 125 Jahre Deutscher Verein für öffentliche und private Fürsorge. Berlin 2005; S. 469-539

Hammerschmidt, Peter / Tennstedt, Florian: Der Weg zur Sozialarbeit: Von der Armenpflege bis zur Konstituierung des Wohlfahrtsstaates in der Weimarer Republik. In: Thole (Hrsg.) 2002; S. 63-76

Hammerschmidt, Peter: Die bürgerliche Frauenbewegung und die Entwicklung der sozialen Arbeit zum Beruf. In: Engelfried, Constance / Voigt-Kehlenbeck, Corinna (Hrsg.): Gendered Profession. Wiesbaden 2010; S. 23-40

IFSW: Definition von Sozialer Arbeit (german version) www.ifsw.org/p38000409.html

Illich, Ivan: Entmündigung durch Experten. Reinbek 1979

Krone, Sirikit / Langer, Ulrich / Mill, Ulrich / Stöbe-Blossey, Sybille: Jugendhilfe und Verwaltungsreform: Zur Entwicklung der Rahmenbedingungen sozialer Dienstleistungen. Wiesbaden 2008

Luhmann, Niklas / Schorr, Karl Eberhard: Das Technologiedefizit der Erziehung und die Pädagogik. In: Zeitschrift für Pädagogik, 25. Jg., 1979; S. 345-365

Luhmann, Niklas: Das Erziehungssystem der Gesellschaft. Frankfurt am Main 2002

Marzahn, Christian: Partizipation, Selbsthilfe und sozialpädagogische Kompetenz. In: Müller, Siegfried / Otto, Hans-Uwe / Peter, Hilmar / Sünker, Heinz (Hrsg.): Handlungskompetenz in der Sozialarbeit/Sozialpädagogik. Bd. 1; Bielefeld 1982; S. 65-77

Ortmann, Friedrich: Handlungsmuster der Sozialverwaltung. In: Neue Praxis, Heft 4/2008; S. 385-398

Otto, Hans-Uwe / Utermann, Kurt (Hrsg.): Sozialarbeit als Beruf. Auf dem Weg zur Professionalisierung? München 1971

Otto, Hans-Uwe: Die Jahrhundertchance – ein Zeitfenster zur Selbstbestimmung und Neuordnung von Studium und Professionalität in der Sozialen Arbeit. In: Neue Praxis, Heft 1/2007; S. 107-109

Oevermann, Ulrich: Theoretische Skizze einer revidierten Theorie professionalisierten Handelns. In: Combe, Arno / Helsper, Werner: (Hrsg.): Pädagogische Professionalität. Untersuchungen zum Typus pädagogischen Handelns. Frankfurt am Main 1996; S. 70-182

Parsons, Talcott: Remarks on Education and the Professions. In: International Journal of Ethics. 47, 1937; S. 365-369

Parsons, Talcott: The Professions and Social Structure. In: Social Forces. 17, 1939; S 457-467

Parsons, Talcott: The Structure of Social Action. New York 1937

Peters, Helge: Die mißlungene Professionalisierung der Sozialarbeit. In: Kölner Zeitschrift für Soziologie und Sozialpsychologie, 22. Jg., 1970; S. 335-355

Sachße, Christoph / Tennstedt, Florian: Der Deutsche Verein von seiner Gründung bis 1945. In: Deutscher Verein für öffentliche und private Fürsorge (Hrsg.): Forum für Sozialreform. 125 Jahre Deutscher Verein für öffentliche und private Fürsorge. Berlin 2005; S. 17-115

Scherr, Albert: Soziale Arbeit als organisierte Hilfe in der funktional differenzierten Gesellschaft. In: Tacke; Veronika (Hrsg.): Funktionale Differenzierung und Organisationen. Opladen 2001

Schütze, Fritz: Sozialarbeit als ‚bescheidene' Profession. In: Dewe, Bernd / Ferchhoff, Wilfried / Radtke, Frank-Olaf (Hrsg.): Erziehen als Profession. Zur Logik professionellen Handelns in pädagogischen Feldern. Opladen 1992; S. 132-170

Schütze, Fritz: Organisationszwänge und hoheitsstaatliche Rahmenbedingungen im Sozialwesen. Ihre Auswirkungen auf die Paradoxien des professionellen Handelns. In: Combe, Arno / Helsper, Werner (Hrsg.): Pädagogische Professionalität. Untersuchungen zum Typus pädagogischer Professionalität. Frankfurt am Main 1996; S. 183-275

Schütze, Fritz: Organisationszwänge und hoheitsstaatliche Rahmenbedingungen im Sozialwesen. Ihre Auswirkungen auf die Paradoxien des professionellen Handelns. In: Combe, Arno / Helsper, Werner (Hrsg.): Pädagogische Professionalität. Untersuchungen zum Typus pädagogischen Handelns. Frankfurt a. M. 1999; S. 183-275

Staub-Bernasconi, Silvia: Deprofessionalisierung und Professionalisierung der Sozialen Arbeit – gegenläufige Antworten auf die Finanzkrise des Sozialstaates oder Das Selbstabschaffungsprogramm der Sozialen Arbeit. Vortrag an der Hochschule München, Fakultät für angewandte Sozialwissenschaften. Mai 2005

Statistisches Bundesamt (Mikrozensus): Bevölkerung und Erwerbstätigkeit. Fachserie 1, Reihe 4.1.2.; Wiesbaden 2009

Stichweh, Rudolf: Professionalisierung, Ausdifferenzierung von Funktionssystemen, Inklusion. Betrachtungen aus systemtheoretischer Sicht. In: Dewe, Bernd / Ferchhoff, Wilfried / Radtke, Frank-Olaf (Hrsg.): Erziehen als Profession. Zur Logik professionellen Handelns in pädagogischen Feldern. Opladen 1992; S. 36-48

Stichweh, Rudolf: Professionen im System der modernen Gesellschaft. In: Merten, Roland (Hrsg.): Systemtheorie Sozialer Arbeit. Neue Ansätze und veränderte Perspektiven. Opladen 2000; S. 29-38

Stichweh, Rudolf: Wissenschaft, Universität, Professionen: Soziologische Analysen. Frankfurt a.M. 1994

Tennstedt, Florian: Ausbildungen zur sozialen Arbeit in Kassel im 20. Jahrhundert. Ein Rückblick auf Inhalte, Personen, Praxisbedingungen. In: ders. / Mayer, Wolfgang (Hrsg.): Praxislesebuch. Kassel 2004; S. 9-47

Thiersch, Hans: Positionsbestimmungen der Sozialen Arbeit. Weinheim, München 2002

Thole, Werner: Grundriss Soziale Arbeit. Opladen 2002

Toren, Nina: Semi-Professionalism and Social Work: A theoretical Perspective. In: Etzioni, amitai (Ed.): The Semi-Professions and their Organizations. Teachers, Nurses, Social Workers. New York 1969; S. 141-195

Toren, Nina: Social Work – The Case of a Semi-Profession. Beverly Hills; London 1972

Peter Cloos

Soziale Arbeit als Profession

– Theoretische Vergewisserungen und Perspektiven

ABSTRACT
*Der Beitrag liefert einen Überblick über die professionstheoretische Diskussion inner-
halb der Sozialen Arbeit und markiert dabei das Spannungsfeld zwischen einer an
der gesellschaftlichen Herausbildung von Professionen und einer an professionellem Handeln orientierten Sichtweise. Er versucht, Perspektiven für eine empirisch
verankerte und feldbezogene professionsbezogene Theoriebildung aufzuzeigen.*

1 Einleitung

Seit ihren Anfängen beschäftigt sich Soziale Arbeit mit professionalisierungstheoretischen Fragen. Im Mittelpunkt standen dabei Überlegungen
zum bislang erreichten Professionalisierungsgrad und zu den Bedingungen und Möglichkeiten ihrer weiteren Professionalisierung. Immer wieder
wurde aber auch die Frage aufgeworfen, ob Soziale Arbeit überhaupt für sich
in Anspruch nehmen könne, als Profession zu gelten. Fritz Schütze stellte
1992 fest, dass die „Debatte über die Frage, ob Sozialarbeit eine Profession
sei, (...) oft unter der Unklarheit darüber (leidet), welcher Begriff von Profession und Professionalität zugrundegelegt wird" (Schütze 1992: 135). Und auch
heute ist diese Unklarheit in vielen professionalisierungstheoretischen Beiträgen zu finden. Die Beschäftigung mit diesen Fragen wird dabei häufig
nicht professionstheoretisch abgesichert, sondern folgt einem berufspolitischen Impetus mit dem Ziel einer statuspolitischen Aufwertung der
Berufsgruppe. Im nachfolgenden Beitrag möchte ich vorrangig professi-
onalisierungsbezogenen Überlegungen nicht nachgehen. Auch möchte
ich nicht die aktuellen professionstheoretischen Entwürfe in der Sozialen
Arbeit nachzeichnen, die heute, 17 Jahre nach Fritz Schützes Einwand, auf
weitaus soliderem Fundament stehen: unter anderem auf Entwürfen einer
Menschenrechtsprofession (Staub-Bernasconi 2003), auf Modellen einer
bescheidenen (vgl. Schütze 1992) oder lebensweltorientierten (vgl. Thiersch

25

1992; Grunwald/Thiersch 2008), einer postmodernen (vgl. Kleve 2007) oder reflexiven Profession (Dewe/Otto 2001; Thole 2005). Zunächst möchte ich viel grundlegender untersuchen, welche Perspektivwechsel sich in der auf Soziale Arbeit bezogenen professionstheoretischen Diskussion vollzogen haben und welche Grenzen die jeweils eingenommenen Perspektiven beinhalten (vgl. Kap. 1). Im zweiten Kapitel will ich exemplarisch zwei professionstheoretische Ansätze vorstellen und dabei das Spannungsfeld zwischen einer an der gesellschaftlichen Herausbildung von Professionen und einer an professionellem Handeln orientierten Sichtweise aufzeigen. Auf Basis dieser Analyse will ich dann im Folgenden versuchen, Perspektiven für eine empirisch verankerte und feldbezogene professionsbezogene Theoriebildung aufzuzeigen.

2 Perspektiven der Professions- und Professionalisierungsdiskussion

In der 1997er Ausgabe des „Fachlexikons der sozialen Arbeit" (Deutscher Verein 1997) findet sich folgende Beschreibung des Professionsbegriffs.

> „Diese Berufe zeichnen sich durch ein hohes Maß an Ausbildungshöhe, Ansehen und Einfluß aus. Sie sind herausgehoben in bezug auf Fachautorität, Anwendung systematischen Wissens, weitgehende Autonomie bei der Gestaltung der Berufsvollzüge, Vertrauenswürdigkeit der Dienstleistung, Orientierung des Handelns an beruflichen Normen (Berufskodex), Kontrolle durch Gremien, die von Angehörigen des Berufes gebildet werden, und hohe gesellschaftliche Anerkennung" (Bock 1997: 734).

Kontrastierend hierzu möchte ich aus einem Protokoll Teilnehmender Beobachtungen von Stefan Köngeter zitieren, das einem DFG-Forschungsprojekt der Universitäten Hildesheim und Kassel entnommen ist (vgl. Cloos u.a. 2009).

Björns Hüftschwung

Auch Björn (Jugendarbeiter) lässt sich gegen später, als einige der Jugendlichen sehr aufgekratzt sind, immer wieder von der Stimmung der Jugendlichen anstecken. So beobachte ich z.B. wie er in ganz kurzen Momenten wie die Jugendlichen auch, spontan zur Musik, die gerade läuft, auf der Stelle tanzt oder einen Hüftschwung zur Musik andeutet. Dies geschieht einmal, als er mit anderen Jugendlichen am Tischkicker steht, ein anderes Mal, als er gerade durch den Raum geht. Ich kann aber keine Reaktion darauf von den Jugendlichen erkennen.

Während im obigen Zitat präzise definiert wird, was eine Profession kennzeichnet, wird im Protokollausschnitt zunächst einmal nicht deutlich, was das hier beschriebene Handeln des Jugendarbeiters Björn mit Profession oder Professionalität zu tun haben könnte. Auf den ersten Blick scheint das Alltagshandeln des Jugendarbeiters – das Tanzen auf der Stelle und der Hüftschwung – keine besonderen Kompetenzen herauszufordern und kaum dazu geeignet, das Handeln einer Berufsgruppe mit Fachautorität, systematischer Wissensapplikation, hoher gesellschaftlicher Anerkennung etc. zu kennzeichnen.

Wir haben aus dieser und vielen anderen Szenen geschlussfolgert (vgl. im Folgenden Cloos u.a. 2009: 161 ff.), dass hier ein Phänomen sichtbar wird, das konstitutiv für die Kinder- und Jugendarbeit ist. Es geht in der Kinder- und Jugendarbeit nicht einfach darum, die BesucherInnen an der Kinder- und Jugendarbeit partizipieren zu lassen, sondern diese so zu gestalten, dass es möglich wird, selbst an den Aktivitäten der Jugendlichen teilzunehmen, dabei mitzuspielen, ohne sich „mitspielen zu lassen" (Müller 2005: 55). Konstitutiv ist, dass JugendarbeitInnen immer zugleich auch Mitwirkende wie die Jugendlichen selbst sind. Gleichzeitig haben sie aber auch dafür zu sorgen, die Veranstaltung ‚Kinder- und Jugendarbeit' aufrechtzuerhalten. Diese widersprüchlichen Handlungsanforderungen können empirisch als Mitmachregel gefasst werden. PädagogInnen in der Kinder- und Jugendarbeit folgen implizit der Aufforderung:

Tu so, als würdest du bei den Aktivitäten der Kinder und Jugendlichen mitmachen. Die Mitmachregel besteht aus drei Komponenten: Erstens: Mach bei den Aktivitäten der Kinder und Jugendlichen mit. Zweitens: Verhalte dich dabei so, als wärest du TeilnehmerIn unter anderen. Drittens: Stelle glaubhaft dar, dass du als ein Anderer teilnimmst!

Durch das Mitmachen wird demonstriert, dass man sich mitten im Geschehen befindet und an den Aufführungen, Spielen und Wettkämpfen teilnimmt. Indem die JugendarbeiterInnen zeigen, dass sie Spaß an diesen Aktivitäten haben, können sie die Kinder und Jugendlichen animieren, an den Aktivitäten teilzunehmen. Durch das gemeinsame Tun wird Gemeinsamkeit und Zugehörigkeit hergestellt. In der Mitmachregel wird die Paradoxie bearbeitet, dass PädagogInnen in der Kinder- und Jugendarbeit Andere unter Gleichen sind.

Die Profession mit hohem gesellschaftlichem Ansehen auf der einen Seite und die Figur der PädagogInnen als Andere unter Gleichen auf der anderen Seite stellen zwei Blickrichtungen oder auch Pole der professionsbezogenen Diskussion Sozialer Arbeit dar, die ich im Nachfolgenden nachzeichnen möchte. Leitend wird dabei die Frage sein, ob die jeweilige Perspektive hinreichend ist, Ansätze zu einer professionsbezogenen Theoriebildung Sozialer Arbeit zu liefern.

2.1 Blickwechsel von den klassischen auf die „neuen" Professionen

Ausgangsbasis professionstheoretischer Bestimmungsversuche Sozialer Arbeit waren vor allen Dingen merkmalstheoretische Modelle. Bei der merkmalstheoretischen Suche ging es vor allem um die Bestimmung hervorstechender Merkmale einer Profession. Hierbei wurden insbesondere die klassischen Professionen – Ärzte, Priester, Anwälte – als Berufe besonderen Typs in den Blick genommen. Im Zuge gesellschaftlicher Ausdifferenzierungsprozesse und der Etablierung neuer Berufsgruppen wurde versucht, die Merkmale der klassischen Professionen auch auf andere Berufe anzuwenden, insbesondere auf die sich neu etablierenden und aufstrebenden Berufsgruppen, so auch die Soziale Arbeit.

Beim merkmalsorientierten Vergleich der Berufsgruppen stand die Frage im Vordergrund, welchen Grad der Professionalisierung der jeweils untersuchte Beruf erreicht hat. Insbesondere in den 1970er Jahren galt in dieser Theorietradition die Verwissenschaftlichung der jeweiligen berufsförmigen Praxis und die Etablierung einer wissenschaftlichen Disziplin als Möglichkeitsbedingung für die Annäherung an die idealtypischen Professionsmerkmale. Merkmalstheoretische Modelle sind jedoch vorwiegend deskriptiv und wenig theoretisch fundiert, bleiben vorwiegend ahistorisch und können die gesellschaftliche Bedeutung der Herausbildung von Professionen letztendlich nicht erklären. Sie lassen sich vorwiegend berufspolitisch nutzen, indem sie den Professionen eine herausgehobene Stellung im gesellschaftlichen Gefüge und einzelnen Berufsgruppen einen ‚Ehrentitel' zusprechen (vgl. Riemann 2000).

Die Einsicht in die theoretischen Defizite dieser Modelle hat in der Professionsdebatte dazu geführt, dass man „sich grundsätzlich vom ‚merkmalsbezogenen' Professionsmodell abgewandt" hat (Gildemeister 1992: 212). Verabschiedet hat man sich weitgehend von einem Vergleich mit den klassischen Professionen, zumal festgestellt werden musste, dass aufgrund gesellschaftlicher Entwicklungen die klassischen Professionen einige der ihnen zugewiesenen Merkmale nicht mehr erfüllen können (vgl. Thole/Cloos 2000a,b). Hinzu kommt, dass merkmalstheoretische Modelle „allenfalls notorische Professionalisierungsdefizite bestätigen" (Olk 1986: 40), denn die Merkmale der geschichtlich schon sehr früh entstandenen klassischen Professionen lassen sich unter den Bedingungen moderner sozialer Berufe letztendlich nicht erreichen. In Kritik an den merkmalsorientierten Modellen sprach Thomas Olk unter dem Schlagwort „alternative Professionalität" davon, „alternative Verläufe von Professionalisierungsvorgängen konzeptionell vorzusehen", um diese dann im Einzelnen empirisch rekonstruieren zu können (Olk 1986: 40). Kritisch entgegnet werden kann, dass letztendlich die verschiedenen, sich an die erste Runde der Professionsdebatte anschließenden, professionstheoretischen Überlegungen auch nicht auf die Beschreibung professionsbezogener Merkmale, Indikatoren oder Charakteristika verzichten konnten, da über den Professionsbegriff immer auch Berufsgruppen als besondere Berufstypen herausgestellt werden.

2.2 Von der Defizit- zur Differenzthese

Bereits am Anfang des letzten Jahrhunderts hat Abraham Flexner die Frage aufgeworfen, ob Soziale Arbeit eine Profession sei und dies eindeutig mit nein beantwortet (vgl. Riemann 2000). Diese standespolitisch bedeutsame, aber theoretisch und empirisch nur unzureichend entscheidbare Frage hat zuweilen die Professionalisierungsdiskussion der Sozialen Arbeit beherrscht. Innerhalb der Debatte kann zwischen folgenden Positionen unterschieden werden (vgl. im Folgenden Riemann 2000): Die erste Position geht davon aus, dass aufgrund unüberwindbarer struktureller Grenzen der Professionalisierung – wie die fehlende Freiberuflichkeit – Soziale Arbeit keine Profession werden kann. Zweitens wurde hieraus der Schluss gezogen, dass Soziale Arbeit eine Semi-Profession sei, weil sie nur teilweise Merkmalen klassischer Professionen entspreche. Die Eingebundenheit in verwaltungstechnische Abläufe und staatlich regulierte Organisationen verhindere dabei die Herausbildung von Autonomie in den Berufsvollzügen. Aus systemtheoretischer Sicht operiert Soziale Arbeit organisationsförmig entlang der Logiken anderer Funktionssysteme und nimmt hier eine mediale Stellung ein, ohne ein gesellschaftliches Kernproblem wie etwa Gesundheit zu bearbeiten. Der Problembezug „soziale Probleme" bleibe dabei diffus (vgl. u.a. Stichweh 1999). Schließlich wurde auch argumentiert, die Professionalisierung der Sozialen Arbeit sei auf einem Kontinuum zwischen Beruf und Profession noch nicht vollständig erreicht. Sie befinde sich auf dem Weg der Professionalisierung, könne aber prinzipiell den Status einer Profession erreichen.

Im Gegensatz hierzu liegt der Differenzthese die Annahme zu Grunde, dass sich im Zuge gesellschaftlicher Modernisierung im zwanzigsten Jahrhundert zunehmend mehr Berufe herausgebildet haben, die „die Folgekosten des gesellschaftlichen Modernisierungsprozesses, (...) die Paradoxien und die Dialektik der Moderne" (Gängler/Rauschenbach 1986: 169) vorwiegend nicht freiberuflich und mit einem geringeren Autonomiegrad in den Berufsvollzügen zu bearbeiten haben. Diese Berufe waren „statt dessen von vornherein Bestandteil der Arbeitsteilung und Kontrollhierarchie formaler Organisationen" (Olk 1986: 38; i.O. kursiv). **29**

2.3 Von der Betrachtung freier Berufe zur Analyse professioneller Organisationen

Professionstheoretische Diskurse beziehen sich häufig auf das klassische professionssoziologische Ideal des freien Berufes, das unterstellt, dass Organisationen die Herausbildung von Professionalität aufgrund „einer tendenziellen Unvereinbarkeit von professionellen und organisatorischen Handlungsrationalitäten" verhindern oder zumindest schmälern (Flösser u.a. 1998: 231; vgl. auch kritisch Ortmann 1994). Im Rahmen dieser These wird Organisation zumeist mit Bürokratie und Administration gleichgesetzt und somit nur ein Teil der Organisation betrachtet. Die Überlegungen münden dann in normativen Vorstellungen, die idealtypisch konstatieren, dass weniger Bürokratie und mehr Autonomie höhere Professionalität garantiere. Eine differenziertere Betrachtungsweise des Verhältnisses von Profession und Organisation, die auch das Organisieren selbst in den Blick nimmt, verdeutlicht, dass die Organisationsmitglieder selbst nicht nur bürokratische Vorgaben erfüllen, sondern in hohem Maße selbst AkteurInnen von Verwaltung und Bürokratie sind (vgl. auch Thole/Küster-Schapfl 1997). Ergänzt werden kann, so Thomas Olk (1986: 38), dass im Rahmen der Sozialen Arbeit als wohlfahrtsstaatlich mit-konstituierte Profession „formale Organisation (...) die Möglichkeitsbedingung für professionelle Autonomie ist, da sie die Berufsangehörigen mit denjenigen Ressourcen versorgt, die sie für die Ausübung ihrer Berufsvollzüge benötigen." In diesem Sinne stehen den Professionellen innerhalb der Organisationen nicht nur Ressourcen und Instrumente zur Selbstkontrolle zur Verfügung, vielmehr stellt die Organisation selber die Möglichkeitsbedingung professioneller Berufsausübung dar. Ansätze, die sich nicht mit den Professionellen als Freiberufler, sondern mit professionellen Organisationen beschäftigen, heben zudem hervor, dass diese sich mit nicht-routinisierbaren, unbestimmten und aktiven Arbeitsaufgaben befassen (vgl. Klatetzki 2005: 253 f.). Die Bearbeitung dieser Probleme sei nicht durch bürokratische Vorgaben festgelegt und werde auch nicht zentralisiert von denen verantwortet, die die Vorschriften für die Arbeit bestimmen. Vielmehr liege die Bearbeitung der Probleme „bei den einzelnen Professionellen an der ‚front line' (...), mit der Folge, dass die Organisation eine flache, horizontale Form annimmt, die idealtypisch als ein egalitäres, polykratisches Kollegium beschrieben worden ist" (ebd.: 254). Thomas Olk (1986) hat jedoch auch darauf hingewiesen, dass „formale Organisationen (...) zur Sicherung ihrer Kontrollstrukturen an der Aufrechterhaltung von Gewissheit konstitutiv interessiert" sind (ebd.: 38) und ergänzt: „Auch in diesen Fällen ist der Autonomiespielraum, der den Angehörigen einer spezifischen Profession eingeräumt wird, keine ‚objektive Größe', sondern Gegenstand von andauernden macht-gestützten Konflikt- und Aushandlungsprozessen" (ebd.: 39).

2.4 Differenztheoretische Einwände: Profession, Professionalität und Professionalisierung

Professionstheorie wird – insbesondere wenn sie sich merkmalsorientiert an den so genannten klassischen Professionen orientiert und statuspolitisch ausgerichtet ist – zum Agenten dieser machtgestützten Konflikt-und Aushandlungsprozesse. Ein großer Teil der auf Soziale Arbeit bezogenen Professionalisierungsdiskussion kann in diesem Sinne auch als ein Versuch gelesen werden, den Status der Berufsgruppe zu verbessern. Hierauf bezogen hat Eliot Freidson (1979: 6) kritisiert, dass das Wort Profession „zugleich bewertenden und beschreibenden Charakter" hat. Die Beschreibung eines Berufes als Profession erzeugt also nicht nur empirische Erkenntnisse, sondern bewertet immer gleichzeitig auch die Position eines Berufes im Berufssystem statuspolitisch, weil über den Professionsbegriff die jeweils untersuchte Berufsgruppe von anderen Berufsgruppen unterschieden werden kann. Diese beiden Facetten des Professionsbegriffs können um eine dritte Kategorie erweitert werden: Professionstheoretische Vergewisserungen haben sich nicht nur mit Fragen nach dem Stand der Professionalität einer Berufsgruppe beschäftigt, sondern schließen häufig Fragen nach den Bedingungen, Möglichkeiten und Strategien der Professionalisierung an. Dem Professionsbegriff kann ein „Projekt- bzw. Entwicklungscharakter" zugeschrieben werden. Somit kann idealtypisch zwischen einer die Professionen fundiert beschreibenden Professionstheorie, zwischen einer Professionalisierungstheorie, die insbesondere die Möglichkeiten der Entwicklung einer Profession in den Blick nimmt, und einer professionspolitisch inspirierten Theorie, die ein starkes Interesse an statuspolitischen Fragen entwickelt, unterschieden werden. In den vorliegenden professionsbezogenen Analysen ist der bewertende, beschreibende oder projektbezogene Charakter des Professionsbegriffs mit unterschiedlicher Gewichtung miteinander verwoben. Dieter Nittel (2002) mahnt in diesem Sinne eine differenztheoretische Betrachtungsweise an und plädiert für eine „Entkopplung der Kategorien Profession – Professionalisierung – Professionalität". Hierdurch könne „der positive Effekt erzielt werden, Vermischungen auf der Ebene des Gegenstandsbezugs (Struktur versus Prozess) und des Verwendungszusammenhangs (Theoriebildung versus berufspolitische Verwertung) zu umgehen" (ebd.: 253; i.O. kursiv). In diesem Sinne schlägt er zum Beispiel für die Erwachsenenbildung vor, diese nicht als Profession, sondern als Berufskultur zu kategorisieren und stringent das zu rekonstruieren, was die beruflichen Akteure unter Professionalität verstehen. Als vorteilhaft sieht er an, dass – ohne den Rückgriff auf den Professionsbegriff – die Rekonstruktion von Professionalität möglich wird. Professionalität versteht er dann als „Synonym für ‚gekonnte Beruflichkeit'" (ebd.: 256).

2.5 Von der Professionstheorie zur Theorie professionellen Handelns

Die differenztheoretische Betrachtungsweise plädiert dafür, die Betrachtung der gesellschaftlichen Bedingungen der Herausbildung von Professionen und die Untersuchung der gekonnten Beruflichkeit voneinander zu trennen. Zunächst zeigt dieser Ansatz auf, dass im Rahmen der profession(alisierung)stheoretischen Diskussion sehr unterschiedliche Fokussierungen auf verschiedene Gegenstandsebenen vorgenommen werden können. Im Fokus sind mit unterschiedlicher Gewichtung Personen, Interaktionen, Organisationen, Arbeitsfelder, Berufsgruppen und Berufssysteme im Zusammenhang mit handlungsfeldspezifischen, sozialpolitischen und gesellschaftlichen Bedingungen professionellen Handelns. Zuweilen geraten dabei alle Perspektiven in den Horizont der Analysen, ohne dass die jeweiligen Bezugsebenen genau bestimmt oder voneinander losgelöst betrachtet werden.

Darüber hinaus ist die von Dieter Nittel vorgetragene differenztheoretische Betrachtungsweise Ausdruck eines Wandels der professionsbezogenen Diskussion. Wenn man von eher systemtheoretischen Analysen absieht (vgl. u.a. Stichweh 1999), lässt sich erstens ein Blickrichtungswechsel von den gesellschaftlichen Bedingungen der Herausbildung professioneller Berufssysteme hin zu einem Interesse an den Kernaktivitäten mehr oder weniger professionalisierter Berufe im Rahmen face-to-face bezogener Interaktion beobachten. Prägnant zusammengefasst könnte man dies als Perspektivwechsel von der Professionstheorie hin zur Theorie professionellen Handelns markieren. Zweitens lässt sich ein deutlicher Trend hin zur empirisch gestützten Theoriebildung finden, die vor allen Dingen auf das Methodenarsenal qualitativer Methodologie zurückgreift.

Kennzeichen der aktuellen Diskussion innerhalb der Erziehungswissenschaft ist folglich, dass sie „in den Mikrobereich pädagogischen Handelns" vordringt und anstrebt, die Binnenstrukturen und die Logik pädagogischen Handelns zu analysieren (Dewe/Ferchhoff/Radtke 1992: 12). Im Fokus stehen hier insbesondere die Professionellen-KlientInnen-Interaktionen, Berufsbiografien und die Deutungsmuster der beruflich Tätigen.

Insgesamt führte der hier angedeutete Perspektivenwechsel zu einer Professionalisierung des Professionsdiskurses, indem die unterschiedlichen Facetten des Professionsbegriffs weiter erschlossen werden konnten. Zum anderen erzeugten die jeweiligen theoretischen und empirischen Orientierungen bei der Betrachtung des Gegenstands Profession aber auch je spezifische Blickwinkel unter Ausblendung anderer Perspektiven: Eine die Professionellen-Klienten-Beziehung fokussierende Forschung steht grundsätzlich in der Gefahr, die gesellschaftlichen und berufsfeldspezifischen Bedingungen professionellen Handelns auszublenden, wenn sie diese nicht dezidiert auch zum Untersuchungsgegenstand macht. Instruktiv ist die Unterscheidung von Ewald Terhart (1999: 152), der betont, dass auf kollektiver Ebene Professionalität „eine bestimmte historisch-gesellschaftliche Entwicklung voraus(setzt), auf individueller Ebene lässt sich Professionalität als berufsbiografisches Entwicklungsproblem verstehen. Vermittelnd zwischen beiden Ebenen steht die Kultur eines bestimmten Berufsbereichs, die entscheidend dazu beiträgt, ob und inwieweit sich professioneller Status und professionelles Handeln durchsetzen.“

3 Macht, Nimbus, Mandat der Profession

Im Folgenden soll beispielhaft durch die Vorstellung einzelner professionsbezogener Ansätze noch einmal das Spannungsfeld zwischen einer an der gesellschaftlichen Herausbildung von Professionen und einer an professionellem Handeln orientierten Sichtweise aufgezeigt werden.

3.1 Macht und Nimbus der Profession

In Kritik an funktionalistischer und merkmalstheoretischer Professionstheorie wurden machttheoretische Modelle entwickelt, die sich insbesondere dafür interessierten, wie Professionen ein Zuständigkeitsmonopol für die autonome Ausübung ihres Berufs erreichen können. Sie untersuchten die geschichtliche „Genese professioneller Vorrechte und Kontrollchancen" innerhalb und außerhalb formaler Organisationen, „die mit Hilfe des Einsatzes von Machtressourcen gegen widerstreitende Interessen erkämpft und durch staatliche Lizenzierung abgesichert werden" (Olk 1986: 28).

Instruktiv für die nachfolgende empirische Untersuchung sind die Überlegungen von Eliot Freidson, der in seiner Untersuchung „Der Ärztestand" (1979; im Original 1970) die Organisation der Medizin in der damaligen USA analysiert. Neben geschichtlichen Überlegungen zur Herausbildung von Professionen interessiert er sich vorwiegend für die Art und Weise, wie sich die Medizin organisiert. Er beschreibt die Medizin als eine Form der Arbeitsteilung, in der Ärzte sich ein spezifisches System der Integration verschiedenster, zum Teil paraprofessioneller Berufe schaffen. Diese Berufe streben selber die Professionalität an und sind den Professionellen unterstellt. Dementsprechend sei Medizin „vor allen Dingen ein Beruf und dann auch gelegentlich eine Profession" (Freidson 1979: 8).

Als wesentliches Merkmal der Profession hebt er ihre Autonomie hervor. Die Profession könne jedoch ihre autonome Stellung nur durch die Protektion einer Eliteschicht der Gesellschaft erlangen. Die Zusicherung der autonomen Stellung gelänge nur, wenn die jeweilige Profession die Elite von ihrem Wert für die Gesellschaft überzeugen kann. Die Protektion sei auch notwendig, weil die an die Profession angekoppelten Paraprofessionen ebenfalls Autonomie anstreben und durch gesellschaftliche Veränderungen neue Berufsgruppen entstehen, die die gleichen Rechte für sich beanspruchen. Im Berufssystem entstünden folglich immer wieder Machtkämpfe um die Sicherung und den Erwerb eines autonomen, durch Eliten abgestützten Status.

Dienlich sei der Profession dabei, dass sie das Wesen grundlegender Begriffe gesellschaftlicher Probleme (z.B. Krankheit) durch die „professionelle Geisteshaltung und die Organisation der professionellen Arbeit" beeinflusst (Freidson 1979: 23). Dienlich sei auch, dass sie spezifische esoterische Methoden, esoterisches Wissen und auch eine spezifische Kultur herausbildet, die einen herausragenden Kompetenzvorsprung gegenüber anderen Berufen sichert und dementsprechend lange Ausbildungen einrichtet. Dies alles nutze einem Berufsstand jedoch nichts, wenn er das Monopol einer Profession erlangen will. Entscheidend ist, dass der Berufsstand die Kontrollautonomie über seine Methoden, seine Ausbildung und seine Normen erlangt bzw. zugesprochen bekommt. Diese Kontrolle wird durch berufsständische Organisationen und durch das System der Arbeitsteilung und Integration um Autonomie strebender Berufsgruppen gesichert. Solange die Profession frei bleibt von der Bewertung und Kontrolle durch andere Berufsgruppen, ändere sich nichts am professionellen Charakter.

Eine inszenierungstheoretische Beschreibung geht davon jedoch aus, dass Professionelle sich als solche auszeichnen, indem sie ihre Professionellenrolle kompetent inszenieren können und über eine „Kompetenzdarstellungskompetenz" verfügen (vgl. Pfadenhauer 2003). Das ihnen zugewiesene gesellschaftliche Mandat zur exklusiven Bearbeitung eines spezifischen Problembereichs (vgl. auch Klatetzki 2005: 263) beinhaltet nicht gleichzeitig, dass die jeweilige Profession immer auch über die spezifische Problemlösungskompetenz verfügt. Zumindest muss sie glaubhaft darstellen, dass sie zum Beispiel über eine wissenschaftliche Ausbildung und mittels spezifischer Methoden über diese Kompetenz verfügt. So kommt Michaela Pfadenhauer (1999: 291; i.O. kursiv) zu dem Schluss: „Professionalität ist jedoch, was immer ,wirklich' damit gemeint sein mag, keine unmittelbar sichtbare Qualität (eines Akteurs) bzw. ein historischer Zustand (z.B. bestimmter Berufsgruppen), der mittels ,objektiver' Indikatoren beschrieben werden könnte, sondern ein über ,Darstellungen' rekonstruierbarer Anspruch (des Einzelnen und/oder der Gruppierung). Inszenierungstheoretisch betrachtet erscheint Professionalität folglich als ein spezifisches Darstellungsproblem". Die Berufsgruppe inszeniere ihre herausgehobene Stellung symbolisch unter anderem durch eine höher-symbolische Fachsprache, Berufstracht und räumliche Arrangements. Sie kulturviert einen Nimbus des Professionellen. Kulturelle Autorität erlangt sie, indem sie durch die „Bezugnahme auf abstrakte wissenschaftliche Wissenssysteme (...) bestehende Probleme und Aufgaben (re-)definiert und neue Probleme und Aufgaben erzeugt (...). Es ist diese Kapazität der symbolischen Definition und Erzeugung von Problemen, die die Professionellen in die Lage versetzt, ein möglichst exklusives Anrecht auf die Bearbeitung dieser Probleme zu reklamieren" (Klatetzki 2005: 262).

3.2   Das Mandat der Profession

In der symbolisch-interaktionistischen Forschungstradition wird nicht davon ausgegangen, dass Professionen als homogene Berufsgruppen über eine gemeinsame Identität und einen sie bestimmenden zeitlich stabilen Kern verfügen. Im Rahmen eines Prozessmodells wird davon ausgegangen, dass durch einzelne widerstreitende Segmente innerhalb einer Profession Wandlungsprozesse ausgelöst werden. Auf Basis einer Mindest-,Struktur' bilden sich in den unterschiedlichen Segmenten verschiedene Muster heraus, wie die professionellen Aufgaben zu erfüllen, welche Tätigkeitsmerkmale dominant, welche Methoden und Techniken vorzuziehen sind und wie und in welchem Maße überhaupt eine KlientInnen-Beziehung eingegangen wird. Die organisatorische Steuerung von Professionen geschieht zusätzlich nicht auf Basis eines einheitlichen Berufsverbandes, sondern durch eine Vielzahl unterschiedlichster in Machtkämpfe verwickelter Interessenverbände, die es nicht vermögen, kontinuierlich ein gemeinsames Bild der Profession in die Öffentlichkeit zu tragen.

Als wesentliche Abgrenzung zu anderen professionstheoretischen Modellen gelten in der Tradition des Symbolischen Interaktionismus Charakteristika von Professionen nicht „in erster Linie als globale evolutionsgeschichtliche Ergebnisse eines Rationalisierungsprozesses" (Schütze 1992: 138). In der Kritik am Strukturfunktionalismus wird eine „idealisierende Sichtweise und Darstellung des professionellen Handelns und der professionellen Berufsinstitutionen" abgelehnt (Schütze 1999: 186). Hier wird sich interessiert für die „Irritationen der professionellen Identität durch das Gefangensein in die systematischen Fehler bei der Arbeit einschließlich der entsprechenden Selbstvergewisserungs-, Selbstreflexions- und Selbstkritikverfahren" (Schütze 1999: 187). Dabei wird nicht davon ausgegangen, dass Professionen in ihren Handlungsweisen, Wissensbeständen etc. anderen Berufsgruppen grundsätzlich immer etwas voraus haben.

Dieser Blick auf Professionen entspringt wesentlich auch einem empirischen Interesse, das weniger die Makroprozesse der gesellschaftlichen Hervorbringung von Professionen, sondern vielmehr die Binnenlogiken professionellen Handelns fokussiert. Ergebnis der empirischen Beobachtungen ist die These, dass Professionen über einen von der Laienwelt abgegrenzten Orientierungs- und Handlungsbereich verfügen, in dem qua gesellschaftlichem Mandat und Lizenzierung mit Orientierung auf das KlientInnen-Wohl Dienstleistung erbracht wird. Professionen besitzen das Mandat zur „Verrichtung besonderer Leistungen der Problembewältigung und zur Verwaltung ihr übertragener besonderer gesellschaftlicher Werte" und die Lizenz, „dem betroffenen Klienten, Patienten, Schüler (...) im Interesse der von ihm gesuchten und geschätzten Dienstleistung Unannehmlichkeiten, Schmerz und/oder begrenzten Schaden zuzufügen, deren Abwägung mit Vorteilen der Dienstleistung oftmals problematisch ist" (Schütze 1999: 191).

In diesem Sinne stellen Professionen zu den KlientInnen einen prekären, immer wieder gefährdeten Vertrauenskontrakt her. Riskant ist diese Beziehung durch das Wissens- und Machtgefälle und durch unterschiedliche Sichtweisen zum Klientenwohl. Somit ist prinzipiell von einem Wissensvorsprung der Professionellen auszugehen, der auf „wissenschaftlichen Erkenntnisquellen und Analyseverfahren" beruht (Schütze 1999: 184). Also ist der Handlungsbereich der Professionen auch auf eine wissenschaftliche und anwendungsbezogene höhersymbolische Teil-Sinnwelt bezogen. „Die Kundgaben der Klienten werden unter den Sinnwelt-Gesichtspunkten der Profession anders und tiefer interpretiert, als das in der alltagsweltlichen Existenzwelt der Fall ist" (Schütze 1992: 136). Hierfür bedeutsam ist, dass die Professionellen im Zuge ihrer Ausbildung und der beruflichen Einsozialisation – mit erwartbaren Rollenmustern, Karrieregängen, Statuspassagen – eine spezifisch biografisch gewonnene professionelle Identität entwickeln (vgl. ebd.: 185).

Ausgestattet mit diesem Wissen wenden Professionelle mächtige Analyse- und Handlungsverfahren an. Die Verfahren dienen dazu, allgemeine wissenschaftliche und der höhersymbolischen Teilsinnwelt der Professionellen entspringende Deutungen auf den alltagsweltlich fundierten Einzelfall zu beziehen. „Bei der Anwendung der professionellen Analyse- und Handlungsverfahren auf die konkrete Projekt- und Fallproblematik"

(ebd.: 137) kommt es immer wieder zu systematischen Fehlern und Paradoxien professionellen Handelns (vgl. auch Schütze 2000), die grundsätzlich nicht aufgehoben werden können. Die Abarbeitung der Paradoxien
geschieht oft fehlerhaft. Paradoxien und Fehlerpotenziale ergeben sich
dadurch, dass Professionelle mit den KlientInnen eine handlungsschema-
tische Ablaufstruktur der Fallbearbeitung aushandeln und dadurch, dass
professionelles Handeln nicht ausschließlich autonom von gesellschaftlichen Organisationsstrukturen erfolgt. Eine Profession ist damit einerseits
in hoheitsstaatliche und organisationsspezifische Bedingungen eingebunden, weil sie diese „für die Steuerung ihrer komplexen Arbeitsabläufe nutzt"
(Schütze 1999: 185). Andererseits besteht permanent die Gefahr, dass diese
Rahmenbedingungen das Handeln einschränken und kontrollieren.

4 Wege zu einer performativen, feldbezogenen und empirisch gesättigten Professionstheorie

Professionsbezogene Gesamtbetrachtungen Sozialer Arbeit berücksichtigen nur in geringem Maße den hohen qualifikationsbezogenen Differen-
zierungsgrad des Personals in der Sozialen Arbeit (vgl. Rauschenbach 1999;
Cloos/Züchner 2005). Auch die erhebliche Ausdifferenzierung der Handlungsfelder, ihre sehr unterschiedlichen Binnenlogiken und professionellen Anforderungen und Ausformungen wurden in der professionsbezogenen Diskussion kaum beachtet. Insgesamt lässt sich festhalten, dass unter
professionstheoretischen Fragestellungen das weitverzweigte Feld Sozialer
Arbeit, das Spektrum unterschiedlicher Arbeitsfelder, Berufsgruppen und
institutioneller Netzwerke empirisch nicht umfassend kartografiert werden
konnte.

In der professionstheoretischen Diskussion der Sozialen Arbeit finden
sich auf der einen Seite makrosoziologisch ausgerichtete professionstheoretische Gesamtbetrachtungen und auf der anderen Seite solche Ansätze,
die eher mikrosoziologisch die Beziehung zwischen Professionellen und
KlientInnen in den Blick nehmen. Selten wird jedoch versucht, eine Verknüpfung beider Blickrichtungen zu erreichen. Im Sinne einer Verknüpfung wäre es aus meiner Perspektive gewinnbringend, eine empirische
Sättigung professionsbezogener Theorie durch Studien zu erreichen, die
die performative Hervorbringung von Handlungsfeldern in den Blick
nehmen und damit die feldspezifischen Herstellungsprozesse in ihren
Eigenarten und Differenzen rekonstruieren – wie eingangs im Zitat von
Björns Hüftschwung skizziert. Pädagogische Prozesse sind in dieser Perspektive Praktiken, die von PädagogInnen und Kindern, Jugendlichen oder

Erwachsenen gemeinsam hervorgebracht werden, die auf einem gemeinsamen praktischen, inkorporierten Wissen basieren. Dieser theoretische Zugriff ermöglicht es, die Aktivitäten der AdressatInnen und die pädagogischen Strategien nicht mehr als zwei voneinander getrennte, möglicherweise sogar antagonistische Welten zu betrachten, sondern sie in ihrer gemeinsamen, performativen Produktivität zu verstehen. Hier haben sich ethnografische Zugänge zur Kinder- und Jugendarbeit (vgl. Cloos u.a. 2009; Rose/Schulz 2007) als besonders gewinnbringend herausgestellt, zumal sie ermöglichen, die Konstitutionsbedingungen des Handlungsfeldes zu entschlüsseln.

Solch eine feldorientierte professionsbezogene Theoriebildung kann eine produktive Verknüpfung mit jenen Ansätzen eingehen, die professionelle Praktiken unter Professionalitätsgesichtspunkten untersuchen und dabei praxeologisch die Verknüpfungen von Struktur und Praxis, von sozialen Feldern und sozialen Praktiken in den Blick nehmen. Das Habituskonstrukt ist besonderes in der Lage, diese Verknüpfung in den Blick zu nehmen.

Es reicht jedoch nicht aus, den professionellen Habitus als eine idealtypische professionalisierungstheoretische Figur (vgl. Dewe/Otto 2001) zu wenden und als eine „Institutionalisierungsform der Relationierung von Theorie und Praxis" (ebd.: 82) durch die Relationierung unterschiedlicher Urteilsformen (vgl. auch Dewe/Otto 2001, 2002) von praktischem, wissenschaftlichem Regelwissen und Professionswissen zu fassen. Hier ist noch wenig über die jeweilige Verfügbarkeit, Inkorporation und den praktischen Sinn (vgl. Bourdieu 1993) des jeweiligen Wissens ausgesagt.

Vielmehr sollte dieser Begriff professionstheoretisch konzeptionalisiert werden, damit er empirisch von Nutzen sein kann. Besonders gewinnbringend erscheint hier, den professionellen Habitus als das „Dispositionssystem sozialer Akteure" (Schwingel 1998: 53) und als „Erzeugungsprinzip" (Bourdieu 1982: 278) sozialer Praxisformen zu sehen, das Wahrnehmungs-, Denk- und Handlungsschemata hervorbringt. Zentral ist dabei im Sinne einer Dialektik von objektiven und einverleibten Strukturen die Unterscheidung von „externen, objektiven Strukturen sozialer Felder, (...) internen Habitusstrukturen und (...) – gleichsam als ,Synthese' des Aufeinandertreffens von Habitus und Feld – die (wiederum externen) Praxisformen" (Schwingel 1998: 70).

Auszugehen ist davon, dass im beruflichen Habitus nur mehrere Felder in Form von Habitusformationen aus unterschiedlichen Sphären wirksam werden können, wie zum Beispiel der Klassenhabitus, der Habitus einer jeweils spezifischen Berufskultur, die beruflich-habituelle Kultur eines spezifischen Arbeitsfeldes und die Kultur der jeweiligen Organisationen. **38** Da Berufssysteme insgesamt als das Aufeinandertreffen unterschiedlichster Habitusformationen aufzufassen sind und hier unterschiedliche Berufsgruppen zusammenkommen, ist von einer Vielfalt der habituellen Homogenitäten auszugehen, die wiederum unterschiedlichste widerstreitende Wahrnehmungs-, Deutungs- und Handlungsschemata hervorbringen (vgl. Cloos 2007). Soziale Felder und auch berufliche Felder – im Anschluss an machttheoretische Professionsbeschreibungen – können als strategische Kampffelder betrachtet werden (vgl. Schwingel 1998: 91), in denen unterschiedlich machtvolle Vorstellungen um das richtige Deuten und Handeln miteinander konkurrieren. Strategisch bedeutet jedoch im Sinne von Bourdieu „nicht die intentional ausgeführte, den subjektiven Berechnungen eines erfolgsorientierten Subjekts entspringende strategische Handlung, sondern die vom praktischen Sinn des Habitus generierte strategische Praxis" (Schwingel 1998: 91). In diesem Sinne erscheint eine performative und feldorientierte empirische Perspektive besonders geeignet, Soziale Arbeit als Profession und das professionelle Handeln von SozialpädagogInnen in ihrer feldspezifischen Eigenart zu rekonstruieren.

Literatur

Bock, Teresa: Professionalisierung. In: Deutscher Verein für öffentliche und private Fürsorge (Hrsg.): Fachlexikon der sozialen Arbeit. Stuttgart/Berlin/Köln 1997; S. 734-735

Bourdieu, Pierre: Die feinen Unterschiede. Kritik der gesellschaftlichen Urteilskraft. Frankfurt a. M. 1982

Bourdieu, Pierre: Soziologische Fragen. Frankfurt a. M. 1993

Cloos, Peter: Die Inszenierung von Gemeinsamkeit. Eine vergleichende Studie zu Biografie, Organisationskultur und beruflichem Habitus von Teams in der Kinder- und Jugendhilfe. Weinheim 2007

Cloos, Peter/Züchner, Ivo: Das Personal der Sozialen Arbeit. Größe und Zusammensetzung eines schwer zu vermessenden Feldes. In: Thole, Werner (Hrsg.): Grundriss Soziale Arbeit. Ein einführendes Handbuch. Opladen 2005; S. 711-730

Cloos, Peter u.a.: Die Pädagogik der Kinder- und Jugendarbeit. Wiesbaden 2009

Deutscher Verein für öffentliche und private Fürsorge (Hrsg.), Fachlexikon der sozialen Arbeit, Stuttgart/Berlin/Köln 1997

Dewe, Bernd/Otto, Hans-Uwe: Reflexive Sozialpädagogik. Grundstrukturen eines Typs dienstleistungsorientierten Professionshandelns. In: Thole, Werner (Hrsg.): Grundriss Soziale Arbeit. Ein einführendes Handbuch. Opladen 2002; S. 179-198

Dewe, Bernd/Ferchhoff, Wilfried/Radtke, Frank-Olaf: Einleitung. Auf dem Weg zu einer aufgabenzentrierten Professionstheorie pädagogischen Handelns. In: Dewe, Bernd/Ferchhoff, Wilfried/Radtke, Frank-Olaf (Hrsg.): Erziehen als Profession. Zur Logik professionellen Handelns in pädagogischen Arbeitsfeldern. Opladen 1992; S. 7-20

Flösser, Gaby u. a.: Jugendhilfeforschung. Beobachtungen zu einer wenig beobachteten Forschungslandschaft. In: Rauschenbach, Thomas/Thole, Werner (Hrsg.): Sozialpädagogische Forschung. Gegenstand und Funktionen, Bereiche und Methoden. Weinheim/München 1998; S 226-261

Freidson, Eliot: Der Ärztestand. Berufs- und wissenschaftssoziologische Durchleuchtung einer Profession. Stuttgart 1979

Gängler, Hans / Rauschenbach, Thomas: Sozialpädagogik in der Moderne. Vom Hilfe-Herrschafts-Problem zum Kolonialisierungstheorem. In: Müller, Siegfried/Otto, Hans-Uwe (Hrsg.): Verstehen oder Kolonialisieren. Grundfragen pädagogischen Handelns. Bielefeld 1086; S. 169-203

Gildemeister, Regina: Neuere Aspekte der Professionalisierungsdebatte. Soziale Arbeit zwischen immanenten Kunstlehren des Fallverstehens und Strategien kollektiver Statusverbesserung. In: neue praxis, 22. Jg., 1992, Heft 2; S. 207-219

Grunwald, Klaus/Thiersch, Hans (Hrsg.): Praxis Lebensweltorientierter Sozialer Arbeit: Handlungszugänge und Methoden in unterschiedlichen Arbeitsfeldern. Weinheim/München 2008

Klatetzki, Thomas: Professionelle Arbeit und kollegiale Organisation. Eine symbolisch-interpretative Perspektive. In: Klatetzki, Thomas / Tacke, Veronika (Hrsg.): Organisation und Profession. Wiesbaden 2005; S. 253-283

Kleve, Heiko: Postmoderne Sozialarbeit. Ein systemtheoretisch-konstruktivistischer Beitrag zur Sozialarbeitswissenschaft. Wiesbaden 2007.

Müller, Burkhard.: Integration der konzeptionellen Ansätze. Zum Verhältnis von Konzepten und Theorie der Jugendarbeit. In: Deinet, Ulrich/ Sturzenhecker, Benedikt (Hrsg.): Handbuch Offene Kinder- und Jugendarbeit. 3., völlig überarb. und erw. Aufl. Wiesbaden 2005; S. 268-275

Nittel, Dieter: Professionalität ohne Profession? In: Kraul, Margret / Marotzki, Wilfried / Schweppe, Cornelia (Hrsg.): Biographie und Profession. Bad Heilbrunn 2002; S. 253-286

Olk, Thomas: Abschied vom Experten. Sozialarbeit auf dem Weg zu einer alternativen Professionalisierung. Weinheim/München 1986

Ortmann, Friedrich: Öffentliche Verwaltung und Sozialarbeit. Lehrbuch zu Strukturen, bürokratischer Aufgabenbewältigung und sozialpädagogischem Handeln der Sozialverwaltung. Weinheim/München 1994

Pfadenhauer, Michaela: Rollenkompetenz. Träger, Spieler und Professionelle als Akteure für die hermeneutische Wissenssoziologie. In: Hitzler, Ronald / Reichertz, Jo / Schröer, Norbert (Hrsg.): Hermeneutische Wissenssoziologie. Standpunkte zur Theorie der Interpretation. Konstanz 1999; S. 267-285

Pfadenhauer, Michaela: Professionalität. Eine wissenssoziologische Rekonstruktion institutionalisierter Kompetenzdarstellungskompetenz. Opladen 2003

Rauschenbach, Thomas: Das sozialpädagogische Jahrhundert. Analysen zur Entwicklung Sozialer Arbeit in der Moderne. Weinheim/München 1999

Riemann, Gerhard: Die Arbeit in der sozialpädagogischen Familienberatung. Interaktionsprozesse in einem Handlungsfeld der sozialen Arbeit. Weinheim/München 2000

Rose, Lotte/ Schulz, Marc: Geschlechterinszenierungen. Jugendliche im pädagogischen Alltag. Königstein/Ts. 2007

Schütze, Fritz: Sozialarbeit als „bescheidene" Profession. In: Dewe, Bernd / Ferchhoff, Wilfried/ Radtke, Frank-Olaf (Hrsg.): Erziehen als Profession. Opladen 1992; S. 132-170

Schütze, Fritz: Organisationszwänge und hoheitsstaatliche Rahmenbedingungen im Sozialwesen. Ihre Auswirkungen auf die Paradoxien des professionellen Handelns. In: Combe, Arno / Helsper, Werner (Hrsg.): Pädagogische Professionalität. Untersuchungen zum Typus pädagogischen Handelns. Frankfurt a. M. 1999; S. 183-275

Schütze, Fritz: Schwierigkeiten bei der Arbeit und Paradoxien des professionellen Handelns. In: Zeitschrift für qualitative Bildungs-, Beratungs- und Sozialforschung, 1. Jg., 2000, Heft 1; S. 49-96

Schwingel, Markus: Pierre Bourdieu zur Einführung. Hamburg 1998

Staub-Bernasconi, Silvia: Soziale Arbeit als (eine) Menschenrechtsprofession, In: Sorg, Richard (Hrsg.): Soziale Arbeit zwischen Politik und Wissenschaft. Münster 2003; S. 17-54

Stichweh, Rudolf: Professionen in einer funktional differenzierten Gesellschaft. In: Combe, Arno / Helsper, Werner (Hrsg.): Pädagogische Professionalität. Untersuchungen zum Typus pädagogischen Handelns. Frankfurt a. M. 1999; S. 49-69

Terhart, Ewald: Berufskultur und professionelles Handeln bei Lehrern, in: Combe, Arno / Helsper, Werner (Hrsg.): Pädagogische Professionalität. Untersuchungen zum Typus pädagogischen Handelns. Frankfurt a. M. 1999; S. 448-471

Thiersch, Hans: Lebensweltorientierte Soziale Arbeit. Aufgaben der Praxis im sozialen Wandel. Weinheim/München 1992

Thole, Werner: Soziale Arbeit als Profession und Disziplin. Das sozialpädagogische Projekt in Praxis, Theorie, Forschung und Ausbildung – Versuch zu einer Standortbestimmung. In: Thole, Werner (Hrsg.): Grundriss Soziale Arbeit. Ein einführendes Handbuch. Wiesbaden 2005; S. 15-60

Thole, Werner / Cloos, Peter: Soziale Arbeit als professionelle Dienstleistung. Zur „Transformation des beruflichen Handelns" zwischen Ökonomie und eigenständiger Fachkultur. In: Müller, Siegfried u. a. (Hrsg.): Soziale Arbeit. Gesellschaftliche Bedingungen und professionelle Perspektiven. Neuwied/Kriftel 2000; S. 547-567 (a)

Thole, Werner/Cloos, Peter: Nimbus und Habitus. Überlegungen zum sozialpädagogischen Professionalisierungsprojekt. In: Homfeldt, Hans Günther / Schulze-Krüdener, Jörgen (Hrsg.): Wissen und Nichtwissen. Weinheim/München 2000; S. 277-295 (b)

Thole, Werner/ Küster-Schapfl, Ernst-Uwe: Sozialpädagogische Profis. Opladen 1997

Elke Kruse

Professionalisierung durch Akademisierung?

– Hauptstationen der Entwicklung der Ausbildung für Soziale Arbeit

ABSTRACT

Im folgenden Beitrag wird die Geschichte der Ausbildung für Soziale Arbeit mit Focus auf drei Zeitabschnitte – die 1920er, die 1960er Jahre und die aktuellen Entwicklungen seit 1998 – nachvollzogen. Dabei wird die Frage der Professionalisierung durch die verschiedenen Ansätze akademischer Ausbildung in den Mittelpunkt gerückt.

1 Einleitung

Die Ausbildung für Soziale Arbeit kann auf eine mittlerweile über einhundertjährige Geschichte zurückblicken. Ziel dieses Beitrags ist es, die Geschichte der Ausbildung nachzuzeichnen mit Blick auf die Frage, inwieweit die zunehmende Akademisierung der Ausbildung zur Professionalisierung der Sozialen Arbeit beigetragen hat. Dazu gehe ich zunächst kurz auf die Debatten um die Soziale Arbeit als Profession ein, zeige im Anschluss die historisch zu unterscheidenden Stränge der Ausbildung sowie die Phasen in der Entwicklung der Ausbildung über die Jahrzehnte hinweg auf. Vertieft werden danach exemplarisch drei Zeitabschnitte, die als besonders entscheidend für den weiteren Verlauf angesehen werden können: Die 1920er Jahre, in denen zentrale Weichen für die Grundstrukturen der Ausbildung gestellt wurden, die zum Teil bis heute relevant sind, die 1960er Jahre, in denen im Zuge mehrfacher Reformen eine akademische Ausbildung etabliert werden konnte, und die Jahre von 1998 bis heute (2009), die maßgeblich geprägt sind vom Bologna-Prozess mit einer grundsätzlichen Umstellung der Studienstrukturen. Ein kurzes Fazit mit Ausblick rundet die Ausführungen ab.

2 Soziale Arbeit als Profession

Die Diskussion, inwieweit es sich bei der Sozialen Arbeit um eine Profession handelt, dauert seit über 30 Jahren an. Im Rückgriff auf verschiedene Professions- und Professionalisierungstheorien wird gefragt, ob Soziale Arbeit eine Profession, eine Semiprofession bzw. eine „bescheidene" Profession (Schütze 1992) sei bzw. ob Soziale Arbeit sich auf dem Weg zu einer Profession befinde.

Nach dem klassischen Professionsideal stehen die hohen Anforderungen an Mandat und Lizenz im Vordergrund. Angehörige von Professionen müssen „in ganz besonderer Weise kompetent" und „in besonderer Weise unabhängig sein, sowohl von staatlichen oder anderen Instanzen, die andere Interessen verfolgen als die Klienten, als auch von diesen selbst" (Müller 2007: 733). Kennzeichen von Professionen in diesem Verständnis sind vor allem:[1]

- eine anspruchsvolle Ausbildung und systematisiertes, wissenschaftlich fundiertes Wissen
- ein Monopol auf den Berufsbereich verbunden mit einer Kontrolle des Berufszugangs
- Standards durch wissenschaftliche und berufsständische Normen und Organisationsformen
- Unabhängigkeit und materielle Privilegierung
- eigene professionelle ethische Codes bzw. ein entsprechendes berufliches Ethos

Je nachdem, welches Professionsmodell zugrundegelegt wird, etwa das strukturbezogene von Oevermann oder das handlungsorientierte und kompetenzbezogene von Schütze, werden relevante Faktoren zur Bewertung einer Profession unterschiedlich gewichtet.[2] In der gesamten Diskussion unstrittig ist jedoch das Merkmal Ausbildung: Die Relevanz einer möglichst akademischen Ausbildung wird von keiner Seite angezweifelt. Wird in einem Modell die *„akademische Ausbildung,* die zur kritischen Rezeption und eigenständigen Anwendung von wissenschaftlichem Wissen und zur Erarbeitung eigener Erkenntnisse befähigt" (Heiner 2004: 15, kursiv im Original, E.K.) hervorgehoben, sind es im anderen die Kompetenz (zur Kommunikation, zur Problemlösung) und die „wissenschaftliche Fundierung des beruflichen Handelns" (ebd.: 25), für die die akademische Ausbildung einen wichtigen Faktor darstellt.

---

1 Vgl. Müller 2007: 734; ähnlich Heiner 2004; 2007.

2 Auf die einzelnen Diskussionsstränge soll hier nicht weiter eingegangen werden, da dies nicht im Vordergrund des Beitrags steht. Ich verweise auf den Beitrag von Cloos in diesem Band.

Im Folgenden soll deshalb anhand der Ausbildungsgeschichte der Sozialen Arbeit die fortschreitende Akademisierung in Verbindung mit weiteren für die Professionalisierung relevanten Faktoren genauer betrachtet werden.

3 Stränge und Phasen in der Entwicklung der Ausbildung

In historischer Betrachtung der Ausbildungsgeschichte für Soziale Arbeit lassen sich insbesondere drei Stränge der Ausbildung unterscheiden. Ein erster Strang „Sozialarbeit" führt von den seit 1908 gegründeten Sozialen Frauenschulen über die spätere Bezeichnung Wohlfahrtsschulen über Fachschulen bzw. Höhere Fachschulen für Sozialarbeit zu Fachhochschulstudiengängen für Sozialarbeit. Vorherrschende Berufsbezeichnungen waren „WohlfahrtspflegerIn", später „SozialarbeiterIn".

Ein zweiter Strang, den ich hier „Sozialpädagogik I" nennen möchte, führt von den seit 1909 eingerichteten Seminaren für Jugendleiterinnen, die im Anschluss an eine Ausbildung zur und beruflichen Tätigkeit als Kindergärtnerin die Weiterbildung zur Jugendleiterin anboten, über Höhere Fachschulen für Sozialpädagogik hin zu Fachhochschulstudiengängen für Sozialpädagogik, die später mit den Studiengängen für Sozialarbeit zu gemeinsamen Studiengängen, heute unter der Bezeichnung „Soziale Arbeit", vereint wurden. Die ursprüngliche Berufsbezeichnung „JugendleiterIn" wurde im Zuge der Reformen der 1960er Jahre abgelöst von „Sozialpädagoge/ Sozialpädagogin".

Der dritte zu unterscheidende Strang, hier als „Sozialpädagogik II" bezeichnet, stellt den von Beginn an akademischen Strang der Ausbildung dar. Die Anfänge lassen sich in Kursen für Wohlfahrtspflege an Universitäten in den 1920er Jahren ausmachen. In deren Nachfolge entstanden später Studiengänge an Universitäten, speziell Studiengänge der Pädagogik mit Schwerpunkt Sozialpädagogik/Sozialarbeit mit Diplomabschluss.

Im Überblick über ca. 100 Jahre Ausbildungsgeschichte können zudem in zeitlicher Hinsicht verschiedene Phasen unterschieden werden. Diese werden im folgenden Schaubild vereinfacht und beispielhaft für die Stränge Sozialarbeit und Sozialpädagogik I dargestellt.

Die Anfänge der institutionalisierten Ausbildungen für beide Stränge liegen etwa zeitgleich im ersten Jahrzehnt des 20. Jahrhunderts. Immer drängendere soziale Probleme, vor allem in Folge der Industrialisierung, hatten zu einem Bedarf an ausgebildeten Fachkräften für die Armen- und Jugendfürsorge und speziell zur Bekämpfung der Säuglingssterblichkeit geführt. In engem Zusammenhang mit sozial-, bildungs- und berufspolitischen Entwicklungen entstanden die ersten Ausbildungsstätten, beeinflusst von sozialen Bewegungen, insbesondere der bürgerlichen Frauenbewegung, von der Ausbreitung sozialwissenschaftlichen Gedankenguts, bürgerlicher Wertvorstellungen und bildungspolitischen Fragen der Mädchenschulbildung und der beruflichen Ausbildung von Mädchen und Frauen.

Sozialarbeit	Sozialpädagogik
Pionierphase (ab 1908)	Gründungsphase (ab 1909)
Ausbau und Konsolidierung (ab 1914)	Konsolidierung (ab 1911)
Stillstand/Rückentwicklung (ab 1933)	Stillstand (ab 1933)
Neubeginn (ab 1945)	Neubeginn (ab 1945)
Umstrukturierung und erste Aufwertung (ab 1960)	Umstrukturierung und erste Aufwertung (ab 1967)
Zweite Aufwertung und Expansion (ab ca. 1970)	
Manifestation der Strukturen und innere Reformen (ab ca. 1980)	
Konvergenzen und Abgrenzungen (ab ca. 1990)	
Umbruchphase: Studienstrukturreform (seit ca. 1998)	
Abb. 1: Ein Jahrhundert Ausbildung für Sozialarbeit/Sozialpädagogik	

(vgl. Kruse 2004: 228)

Im weiteren Verlauf erlebte die Ausbildung in Abhängigkeit von allgemein politischen, bildungspolitischen und gesamtgesellschaftlichen Faktoren Phasen der Expansion mit nachfolgender Konsolidierung, Phasen des Stillstands bis hin zu Rückentwicklung und Phasen des Umbruchs und der Aufwertung (Details siehe Kruse 2004: 225ff.).

4 Drei Blicke auf die Ausbildungsgeschichte der Sozialen Arbeit

Im Folgenden werde ich drei Zeitabschnitte der Geschichte der Ausbildung für Soziale Arbeit genauer in den Blick nehmen, die als besonders bedeutsam für die Professionalisierung gelten können.

4.1 Erster Blick: Die 1920er Jahre

Bis 1920 etablierten sich die verschiedenen Wege der Ausbildung. Die Gründung erster Ausbildungsstätten hatte die Herausbildung des Berufs erst vorangebracht – in umgekehrter Reihenfolge als in anderen Berufen üblich, bei denen der Beruf einer fachlichen Ausbildung in der Regel vorangeht. Historisch bedingt, durch das Engagement von Frauen und befördert durch ihre mangelnde Integration in die Universitäten, waren die von Frauen gegründeten Ausbildungsinstitutionen abseits der Universitäten angesiedelt worden. Zunehmend ersetzte bezahlte Berufstätigkeit die zuvor unbezahlten Arbeiten. Der Erste Weltkrieg hatte den Ausbau von Ausbildungsstätten vor allem im Strang, der später mit dem Begriff Sozialarbeit belegt wird, befördert, da erstmalig breite Bevölkerungsschichten von sozialer Not bedroht waren und der Bedarf an Fachkräften stieg.

In den 1920er Jahren konsolidierte sich die Ausbildung für Soziale Arbeit sowohl im Hinblick auf die Inhalte als auch auf ihre Strukturen, Beruf und Ausbildung erhielten „ihre entscheidende und trotz vieler Reformdiskussionen und -vorschläge für lange Zeit bleibende Ausprägung" (Pfaffenberger 1981: 92). Auch veränderte sich das Selbstverständnis, weg von Schulen mit stark allgemeinbildendem Charakter hin zu Berufsfachschulen. Weichen wurden gestellt mit der ersten und zweiten staatlichen Prüfungsordnung in den Jahren 1918 und 1920,[3] durch die die Sozialen Frauenschulen sich zu Wohlfahrtsschulen mit berufsbezogener Ausrichtung auf der mittleren Ebene des Bildungssystems etablierten. Für diese Einordnung waren nicht zuletzt die Bildungsvoraussetzungen der Zielgruppe maßgebend. In der Regel verfügten die angesprochenen Mädchen und Frauen nicht über das Abitur. Einheitliche Berufsbezeichnung wurde der Begriff ‚Wohlfahrtspflegerin'. Die Ausbildungsdauer wurde auf zwei Jahre Theorie (inkl. auch praktischer Arbeit) und ein Jahr Praxis festgelegt. Eingeführt wurde die staatliche Anerkennung als Berufszulassung, die nach Abschluss der Ausbildung (jedoch erst nach Vollendung des 24. Lebensjahres) erteilt wurde und die künftig eine Voraussetzung für die Anstellung bei Behörden darstellen sollte.

Der Ausbildung musste eine fachliche Ausbildung – zum Beispiel als Säuglings- oder Krankenpflegerin oder Kindergärtnerin – oder alternativ eine dreijährige Berufstätigkeit vorangehen. Bewerberinnen wurden nicht zuletzt nach dem Kriterium der ‚persönlichen Eignung' ausgewählt; die Persönlichkeitsbildung im Rahmen der Ausbildung wurde als zentral erachtet. Es etablierte sich ein breites, nunmehr stärker berufsbezogenes Ausbildungskonzept, in dem Pädagogik und Psychologie einen zentralen Stellenwert einnahmen. Die vorangegangenen Debatten um eine generalistische Ausbildung für alle Handlungsfelder bzw. eine spezialisierte Ausbildung für einen Teilbereich mündeten in ein breites Ausbildungskonzept, in dessen Rahmen einer von drei Schwerpunkten (Jugend-, Gesundheits- und allgemeine und wirtschaftliche Fürsorge) gewählt werden musste.[4] Hier hatten sich die Gründerinnen der ersten Sozialen Frauenschulen durchgesetzt, die

---

3 Preußische Prüfungsordnung vom 10. September 1918 und Prüfungsordnung vom 22. Oktober 1920, vgl. Kruse 2004: 43f.; andere Länder erließen in den 1920er Jahren größtenteils ähnliche Ordnungen.

4 Zu Details des Lehrplans siehe auch Kruse 2004: 46ff.

eine einheitliche Ausbildung gefordert hatten (Landwehr 1981: 63, Salomon 1927: 60-73). Spezialausbildungen hielten sich nicht dauerhaft.

Abstimmungsprozesse zwischen den Ausbildungsinstitutionen trugen zur Absicherung von Standards, zur Vereinheitlichung und Konsolidierung bei. So wurden Vereinbarungen über die gegenseitige Anerkennung der Ausbildung und nach Jahren der Vorarbeit im Jahr 1930 ,Richtlinien für Lehrpläne an Wohlfahrtsschulen' verabschiedet. Für die Ausbildung zum Tragen kamen auch internationale Einflüsse, noch nicht in dem Maße, wie später in den 1950er und 1960er Jahren, aber Grundsteine wurden gelegt. So wurde Fachliteratur aus dem Ausland rezipiert und für die Ausbildung nutzbar gemacht (u.a. ,Soziale Diagnose' von Mary Richmond, USA). Es kam auf diese Weise zu einem ersten ,Methodenimport', vor allem aus den USA.

Zeitgleich schritt die internationale Vernetzung voran. In Folge der großen internationalen Konferenz für Soziale Arbeit im Jahr 1928 in Paris, an der etwa 5000 Personen aus 42 Ländern teilnahmen, wurden verschiedene internationale Vereinigungen gegründet, die heute unter anderen Namen nach wie vor tätig sind. Zu diesen gehören:

- das *Internationale Komitee Sozialer Schulen* (heute: International Association of Schools of Social Work, IASSW)
- das *Ständige Internationale Sekretariat für Sozialarbeiter* (heute: International Federation of Social Workers, IFSW)
- die *Internationale Konferenz für Soziale Arbeit* (heute: International Council on Social Welfare, ICSW).

Im Rahmen des 1929 in Berlin gegründeten *Internationalen Komitees Sozialer Schulen* wurde unter anderem an der wechselseitigen Anerkennung von Studienleistungen aus dem Ausland und der Initiierung von Internationalen Sommerschulen gearbeitet (vgl. Wieler 1989: 74).

Analog zum Strang Sozialarbeit erfolgte auch beim Strang Sozialpädagogik in der Weimarer Republik eine verstärkte Vereinheitlichung und Strukturierung durch verschiedene Regelungen. Die Aufbauausbildung zur Jugendleiterin existierte seit 1909. Nach ersten Seminargründungen war bereits 1911 eine Prüfungsordnung erlassen worden. Forderungen nach Veränderungen an der Ausbildung von verschiedenen Seiten führten ab 1929 schließlich zu klareren Regelungen, die die Aufnahmevoraussetzungen (Tätigkeit als Kindergärtnerin von zwei, später drei Jahren), die Standards für Praxisstellen und den Abschluss (staatliche Prüfung) betrafen. 1931 erfolgte dann eine grundlegende Neuordnung mit erweiterten Arbeitsfeldern und Festlegung der Ausbildungsdauer auf ein Jahr (vgl. Kruse 2004:76f.).

Die Akademisierungsbestrebungen der 1920er Jahre lassen sich – verkürzt – auf die Formel bringen: „Geistige Ritterlichkeit" (Herman Nohl) versus „Geistige Mütterlichkeit" (Alice Salomon). Mit den ersten Ansätzen akademischer Aus- und Weiterbildung manifestiert sich nämlich eine geschlechtsspezifische Trennung mit männerdominierten Studienangeboten im Rahmen universitärer Lehre auf der einen und frauendominierten Ansätzen abseits der Universitäten auf der anderen Seite.

Vereinzelt entstanden Lehrstühle für das Fürsorgewesen an Universitäten; Studierende und AbsolventInnen anderer Studienfächer konnten mit Zusatz- und Aufbaustudien eine Qualifizierung für Tätigkeiten im Wohlfahrtswesen erlangen. Hervorzuheben sind die Angebote in Frankfurt, Köln, Münster, Göttingen und Freiburg.

Jenseits der Universitäten gab es aus den Reihen der Gründerinnen der Sozialen Frauenschulen Initiativen der Fort- und Weiterbildung von AbsolventInnen von Wohlfahrtsschulen, Jugendleiterinnenseminaren und Angehörigen verwandter Berufe. Besondere Bedeutung erlangte hier die *Deutsche Akademie für soziale und pädagogische Frauenarbeit*, die 1925 von Alice Salomon als Stätte der Weiterbildung, Forschung und Öffentlichkeitsarbeit gegründet wurde.[5]

In den verschiedenen Konzepten spiegelt sich das Ringen der Geschlechter um den Einfluss auf das Berufsfeld. Es kam zu einer geschlechtsspezifischen Hierarchisierung, die den Beruf die nächsten Jahrzehnte begleiten sollte und zu einer Zweiteilung mit entscheidenden Folgen für die weitere Entwicklung der Disziplin führte.

Am ‚Vorabend' des Nationalsozialismus (der die Entwicklungen entscheidend verändern würde) hatten sich Ausbildung und Beruf mit einer Fülle von Einrichtungen, reglementierter Ausbildung und staatlich anerkanntem Abschluss etabliert und einen Platz im (Berufs-)Bildungssystem gefunden. Die in der Weimarer Zeit ausgeprägten Aspekte sollten bedeutsam werden für die spätere Entwicklung und für Strukturen, die teilweise heute noch vorzufinden sind. Insbesondere für den Status im Bildungssystem war die in den 1920er Jahren verfestigte Etablierung der Schulen als berufliche Ausbildungsstätten auf allgemein sozialwissenschaftlicher Grundlage bei gleichzeitigem Versuch, Einrichtungen auf Universitätsniveau, aber ohne Eingliederung in die Universitäten zu schaffen, von zentraler Bedeutung. Die Parallelität von Bildungsgängen und Institutionen blieb über die nächsten Jahrzehnte hinweg bestehen.

Als zentrale Aspekte hinsichtlich der Professionalisierung der Sozialen Arbeit bleiben für die 1920er Jahre festzuhalten:

- die geschilderte Konsolidierung der Ausbildung an Wohlfahrtsschulen mit unter anderem staatlichen Prüfungsordnungen und staatlicher

---

Anerkennung als Maßnahmen der Absicherung von Ausbildungsstandards und Sicherung der Berufszulassung
- die Tendenzen verstärkter Wissenschaft und Forschung mit Herausbildung einer Zweigleisigkeit der akademischen Weiterbildung an Universitäten und Akademien
- bedeutende rechtliche, konzeptionelle und theoretische Veränderungen sowie neue gesetzliche Grundlagen (z.B. das 1922 verabschiedete und 1924 in Kraft getretene Reichsjugendwohlfahrtsgesetz [RJWG], das 1923 erlassene Jugendgerichtsgesetz [JGG] und die 1924 verabschiedete Reichsfürsorgepflichtverordnung verbunden mit dem Aufbau relevanter Institutionen wie der Wohlfahrts- und Jugendämter
- die zunehmende bezahlte Berufstätigkeit
- die (geschlechtsspezifische) Hierarchisierung im Berufsfeld verbunden mit der vieldiskutierten Frage, welche Berufsbiographie und welche Abschlüsse für Leitungsstellen qualifizieren
- im Bereich der Handlungsfelder die Tendenz zur Spezialisierung und die Gleichzeitigkeit von widersprüchlichen Aufträgen zwischen Hilfe und Kontrolle.

4.2 Zweiter Blick: Die 1960er Jahre

Die 1960er Jahre waren sowohl für den Strang der Sozialarbeit als auch für den der Sozialpädagogik geprägt von einer doppelten Aufwertung. In den beiden Jahrzehnten zuvor standen die Einflüsse des Nationalsozialismus und der Neubeginn unter schwierigsten Bedingungen im Vordergrund. Der Nationalsozialismus hatte die Ausbildung in ihren akademischen und wissenschaftlichen Bestrebungen zurückgeworfen. Aus heutiger Sicht kann die Zeit zwischen 1933 und 1945 im Hinblick auf die Professionalisierung als klarer Rückschritt – im Sinne von institutionalisierter Ausbildung, zunehmender Qualifizierung und Forschungsbestrebungen – bewertet werden. Zwar waren Ausbildungsstätten weiter ausgebaut worden und die Grundstrukturen überwiegend beibehalten worden, und die Wohlfahrts- bzw. Volkspflege hatte an Bedeutung gewonnen, wodurch die Verberuflichung im Sinne einer Etablierung im Berufssystem vorangeschritten war, dem gegenüber standen jedoch die Durchtränkung der Ausbildungsinhalte mit nationalsozialistischer Ideologie, ein bewusst niedrig gehaltenes Ausbildungsniveau und eine Unterbindung akademischer Tendenzen. Der Neubeginn nach 1945 erforderte nicht nur, die Ausbildung im zerstörten Land wieder organisatorisch aufzubauen, sondern auch eine neue Orientierung zu finden. Letztere erfolgte einerseits rückwärts gerichtet auf die Konzepte aus der Zeit der Weimarer Republik, andererseits am (in der Bundesrepublik: westlichen) Ausland.[6] Erst ab Ende der 1950er Jahre schlugen sich Reformideen nach Jahren der Gärung in einem umfassenden Reformprozess nieder.

Zunächst erfolgte dann eine erste Aufwertung der Fachschulen für Sozialarbeit zu Höheren Fachschulen (1959 bis 1964, je nach Bundesland). Gleichzeitig wurde die Ausbildungszeit von zwei auf drei Jahre verlängert. Eine umfassende Grundausbildung löste die Gliederung in die drei Schwerpunkte Jugend-, Gesundheits- und Berufs-/Wirtschaftsfürsorge ab. Als neue Berufsbezeichnung wurde der Begriff „SozialarbeiterIn" eingeführt. Er ersetzte den Begriff „WohlfahrtspflegerIn" und schloss verwandte Berufszweige mit ein (vgl. Kruse 2004: 65ff.).

In engem Zusammenhang mit den gesamtgesellschaftlichen und allgemein bildungspolitischen Entwicklungen in der zweiten Hälfte der 1960er Jahre kam es nur wenige Jahre später zu einer zweiten Aufwertung. Die Höheren Fachschulen und Akademien wurden auf Fachhochschulniveau und damit auf die tertiäre Ebene des Bildungssystems angehoben. Weitere Fachhochschulen wurden gegründet. Auch wenn damit dem zunehmenden Professionalisierungsbedürfnis aus den Reihen der Sozialarbeit/Sozialpädagogik Rechnung getragen wurde, war dies nicht der Auslöser für die Anhebung. Hier waren vielmehr Vorgaben der Europäischen Wirtschaftsgemeinschaft (EWG) für Ingenieure maßgebend, durch die die Ingenieursausbildung in Deutschland angehoben wurde, und die der Sozialen Arbeit den Aufstieg mit ermöglichten, was sie in den Verdacht brachte, lediglich „Trittbrettfahrer" (Pfaffenberger 1996: 38) zu sein. Die Überleitungs- und Gründungsphase erstreckte sich über einen Zeitraum von ungefähr drei Jahren von 1968 bis 1971.

Analog zu diesen Entwicklungen verlief die zweistufige Reform der Ausbildung für Sozialpädagogik. Hier wurden zunächst die Ausbildungswege der verschiedenen sozialpädagogischen Berufe (Kindergärtnerin, Hortnerin, Heimerzieher, Jugendleiterin) nach mehrjährigen Debatten im Jahr 1967 neu geordnet. Während die Ausbildungen für die drei erstgenannten zusammengefasst wurden und künftig als Ausbildung zur Erzieherin/zum Erzieher an Fachschulen für Sozialpädagogik erfolgte, etablierte man die Ausbildung der ehemaligen Jugendleiterinnen mit neuer Berufsbezeichnung „Sozialpädagoge/Sozialpädagogin" an Höheren Fachschulen für Sozialpädagogik. Zentralste Veränderung war, dass die ehemalige Aufbauausbildung zu einer grundständigen Ausbildung wurde und damit direkt ohne Umweg über die Ausbildung zur Kindergärtnerin ergriffen werden konnte (vgl. Kruse 2004: 80f.). Die zweite Aufwertung erfolgte parallel zur Ausbil-

---

6 Im Folgenden wird nur auf die Entwicklungen in der Bundesrepublik eingegangen, da anhand dieser die bis heute für die Professionalisierung relevanten Entwicklungen in der Ausbildung nachvollzogen werden können.

dung für Sozialarbeit. Es wurden Fachhochschulen gegründet, die entsprechende Studiengänge einrichteten. Dabei wurden die Studiengänge für Sozialpädagogik teilweise neben solchen für Sozialarbeit angeboten, teilweise wurden beide Stränge in einem gemeinsamen Studiengang verwoben.

An Universitäten (bzw. ebenso an Pädagogischen Hochschulen und teilweise an Gesamthochschulen) wurden zeitgleich Diplom-Studiengänge der Pädagogik mit verschiedenen Schwerpunkten, so auch – und in großer Anzahl – mit dem Schwerpunkt Sozialarbeit/Sozialpädagogik eingerichtet. Dazu geführt hatte zum einen die Kritik an der Situation im Sozial-, Bildungs- und Erziehungsbereich „im Kontext ... der neuerwachten sozialen Sensibilität, des neuen Bewusstseins von der Rückständigkeit sozialer Dienste und daraus resultierend, des neuen Anspruchsniveaus für die Jugendhilfe" (Thiersch 1976: 241) und zum anderen die Orientierung an anderen Ländern, in denen ähnliche Studienangebote bestanden. Künftig sollte für den Bereich der Erziehung und der Sozialen Arbeit (auch) wissenschaftlich ausgebildet werden, vor allem für Planungs- und Leitungsstellen. Dafür benötigte man neue Studiengänge mit neuen, stärker auf das Berufsfeld ausgerichteten Abschlüssen jenseits der vorhandenen Lehramts-, Magister- und Promotionsabschlüsse.[7]

Für die Professionalisierung Sozialer Arbeit in den 1960er Jahren lassen sich als zentrale Aspekte herausstellen:

- die genannte doppelte Aufwertung der Ausbildung, durch die die Akademisierung des Berufs befördert wird
- die Zusammenführung von verschiedenen Ausbildungsstätten und Berufen, durch die die Konvergenz gestützt wird
- die neu entstehende Zweiteilung zwischen Fachhochschulen und Universitäten, die wiederum von Ausbildungen an Fachschulen abgegrenzt werden
- die durch die Schaffung von Studiengängen an Hochschulen verstärkten Möglichkeiten der Wissenschaftsorientierung und der Forschung
- die nach wie vor beibehaltene staatliche Anerkennung als eigentliche Berufszulassung, die aber AbsolventInnen von Fachhochschulstudiengängen vorbehalten bleibt und nicht im Anschluss an universitäre Studiengänge verliehen wird
- neue Prüfungsordnungen im Zuge der neuen institutionellen Strukturen, durch die in etwa vergleichbare Standards für die Ausbildung gesetzt werden

---

7   Details siehe Kruse 2004: 119ff.; an dieser Stelle wird auf die weiteren sich herausbildenden Ausbildungsstränge – das Studium an Gesamthochschulen und Berufsakademien – aus Platzgründen nicht weiter eingegangen. Ich verweise auf Kruse 2004: 131-143.

- die ,Vermännlichung' durch die Aufwertung, durch die die Soziale Arbeit zu einem „*Frauenberuf in Männerregie*" (Rauschenbach 1991: 8, Hervorh. im Original, E.K.) wird, da der Anteil der Männer an den höher dotierten Stellen und in Leitungspositionen deutlich höher ist als an der Basis des Berufs
- der erneute und diesmal wesentlich breitere Methodenimport aus dem Ausland verbunden mit einer Kritik an der Rezeption von Methoden nach 1945
- die tarifrechtlichen Konsequenzen der Aufwertungen, das heißt die künftige Einmündung der FachhochschulabsolventInnen in den Gehobenen und der UniversitätsabsolventInnen in den Höheren Öffentlichen Dienst
- die vorrangige Besetzung von Leitungsstellen in der Sozialen Arbeit nicht durch den eigenen Berufsnachwuchs, sondern durch ,Fachfremde', das heißt durch AbsolventInnen eines vollakademischen Studiums jenseits der Sozialen Arbeit, wie beispielsweise WirtschaftswissenschaftlerInnen, JuristInnen, PsychologInnen etc.

4.3 Dritter Blick: 1998 – 2009

Der dritte Blick soll den neuesten Entwicklungen in der Hochschulausbildung gewidmet werden. Im Zuge des Bologna-Prozesses findet in Deutschland seit 1998 eine umfassende Studienreform statt, die die erste große und einschneidende Reform der Ausbildung seit der großen Bildungsreform Ende der 1960er/Anfang der 1970er Jahre bedeutet. Die Jahrzehnte zwischen den Reformen waren geprägt von einer Konsolidierung der Studiengänge, nach der Expansion der 1970er Jahre stand doch eher eine „innere Reform" (Pfaffenberger 1996: 40) an. Auf die ,Therapeutisierung' folgte die ,Ökonomisierung' Sozialer Arbeit. Nach der Wiedervereinigung Deutschlands war das vielfältige Studiensystem der BRD auf die neuen Bundesländer ausgeweitet worden. Der zunehmenden Konvergenz von Studiengängen der Sozialarbeit und Sozialpädagogik an Fachhochschulen stand eine Abgrenzung der Universitäten und Fachhochschulen gegenüber, die zunehmend von Fragen der wissenschaftlichen Verortung dominiert wurde. Die verschiedenen Ausbildungs- und Studienabschlüsse hatten eine berufliche Einmündung auf verschiedene Stufen im Tarifsystem zur Folge. Änderungen zentraler rechtlicher Grundlagen markieren neue Ausrichtungen und Paradigmenwechsel im sozialen Bereich: So wurde das Jugendwohlfahrtsgesetz (JWG) vom Kinder- und Jugendhilfegesetz (KJHG) abgelöst, wodurch die Prämissen von Kontrolle und Eingriff durch Unterstützung und Hilfe in einem neuen ,Leistungsgesetz' ersetzt wurden. Auf der anderen Seite wurden nicht zuletzt durch die Zusammenlegung von Arbeitslosen- und

Sozialhilfe im Rahmen der Hartz-Reformen Tendenzen des Abbaus des Sozialstaats sichtbar.

Im Mittelpunkt der „Bologna-Reform" steht die Einführung gestufter Studiengänge mit Bachelor- und Masterabschluss, die die herkömmlichen Diplom-Studiengänge an Fachhochschulen und Universitäten ablösen. Für die Professionalisierung Sozialer Arbeit relevant sind auf der einen Seite die – vor allem in den Anfangsjahren der Reform – vielfach geäußerten Befürchtungen einer Niveauabsenkung durch den Bachelorabschluss nach sechs bzw. sieben Semestern verbunden mit Fragen nach den Übergängen vom Bachelor zum Master. Auf der anderen Seite stehen Fragen rund um den Master im Raum. Bietet er zum einen die Chance zur weiteren Akademisierung durch vollakademische Abschlüsse auf dem Gebiet Sozialer Arbeit und Zugang zur Promotion, droht gleichzeitig Identitätsverlust durch die erhebliche Ausdifferenzierung an Master-Studiengängen und -abschlüssen (vgl. u.a. DBSH 2007, Kruse 2008).

Mit der Reform wurden auch die letzten noch verbliebenen getrennten Studiengänge für Sozialarbeit und Sozialpädagogik zu einem einheitlichen Studiengang Soziale Arbeit zusammengelegt, womit die jahrzehntelangen Konvergenzprozesse ihren vorläufigen Abschluss fanden. Mit dem vom Fachbereichstag Soziale Arbeit verabschiedeten Qualifikationsrahmen (die Soziale Arbeit hat 2006 als erste Fachdisziplin an deutschen Hochschulen einen eigenen fachspezifischen Qualifikationsrahmen [QR SArb[verabschiedet) wird die gestufte Studienstruktur im Hinblick auf die Ausgestaltung von Kompetenzorientierung (learning outcomes) auf das Studium der Sozialen Arbeit übertragen (vgl. Qualifikationsrahmen Soziale Arbeit 2006). Damit ist ein weiterer Schritt zur Sicherung von Standards getan, an dem es weiterzudenken gilt.

Durch Master-Studiengänge werden von den Hochschulen auch weite Teile des umfangreichen und kaum überschaubaren Weiterbildungsmarktes in der Sozialen Arbeit übernommen. Weiterbildung findet vermehrt innerhalb der Hochschulen statt, wodurch es zu einer stärkeren Verzahnung von Erstausbildung und Weiterqualifizierung kommen kann. Eine breite Nachwuchsförderung findet in den letzten Jahren über die Masterstudiengänge und fachlich einschlägige Graduiertenkollegs und Promotionsangebote sowie über die Einstellung von ProfessorInnen aus der Sozialen Arbeit statt. Im Zuge all dieser Entwicklungen wird verstärkte Forschung in der Sozialen Arbeit im engeren Sinn möglich, was sich förderlich auf die Wissenschaftsentwicklung auswirkt. Bei Letzterer wird eine Zweiteilung deutlich: Vor allem im Fachhochschulbereich setzt sich der Prozess der Herausbildung einer eigenen Wissenschaft Soziale Arbeit/Sozialarbeitswissenschaft fort, während sich die universitäre Sozialpädagogik auf die Sozialpädagogik als Subdisziplin der Erziehungswissenschaft bezieht. Ein Blick auf die vermeintlich inhaltliche Diskussion zeigt, dass es bei den Auseinandersetzungen oftmals weniger um die Sache selbst als um Fragen des Einflusses von Fachhochschulen und Universitäten auf das Feld der Sozialen Arbeit und um Statusfragen geht. Es sei „der Einheit der Sozialpädagogik abträglich ..", daß sie quasi über zwei akademische Orte der professionellen Qualifizierung und wissenschaftlichen Reflexion verfügt", betonen Galuske/Thole/Gängler. „Diese nicht zuletzt durch Status- und Ausstattungsdifferenzen gekennzeichnete Doppelstruktur ist für die Konstitution eines vielfältigen, gleichwohl stringenten, vernetzten und selbstbewußten Fachdiskurses nicht förderlich" (Galuske/Thole/Gänger 1998: 18).

Zentrales Anliegen der Bologna-Reform auf europäischer Ebene ist das der Beförderung der Kompatibilität von Studienstrukturen verbunden mit der Steigerung von europäischer und internationaler Mobilität. Im Zuge dieser Ausrichtung werden die Studiengangsstrukturen einander im zweistufigen System angeglichen. Darüber hinaus erhält die internationale Dimension verstärkt Eingang in die Curricula, sei es durch entsprechende Inhalte, sei es durch Internationalität als Querschnittdimension, durch die Möglichkeiten von Studien- und Praxissemestern im Ausland oder durch die Schaffung international ausgerichteter Studiengänge. Die internationale Ausrichtung spiegelt sich in verstärkter internationaler Forschung und Vernetzung und neuen, ausgeweiteten Hochschulkooperationen.

Inwieweit die Stufung des Studiensystems mittelfristig in der Sozialen Arbeit ‚weibliche' und ‚männliche' Stufen hervorbringt, inwieweit Frauen also eher mit dem Bachelorabschluss die Hochschulen verlassen und Männer eher im Master weiterstudieren, bleibt zu beobachten. Erste Studien haben für das Thema sensibilisiert (vgl. Hering/Kruse 2004).

Vor allem die Gesamtstruktur des Bachelor-/Mastermodells, als einem System mit differenzierten Zugängen und Abschlüssen auf verschiedenen Bildungsniveaus, bietet für die Soziale Arbeit Möglichkeiten. In diesem Modell mit aufeinander abgestimmten Stufen kann in fünf Jahren bzw. zehn Semestern eine Doppelqualifikation erreicht werden: Auf ein berufsorientiertes Studium mit ausgeprägten Praxisanteilen als ‚Basisqualifikation' für die berufliche Praxis (Bachelor) folgt ein inhaltlich und formal weiterführendes Studium (Master) für spezielle Tätigkeitsfelder und Positionen sowie für weitere wissenschaftliche und forschungsorientierte Studien. Eine weitere wissenschaftliche Qualifikation auf Promotionsebene kann direkt und ohne Umwege über andere Disziplinen angeschlossen werden (vgl. auch Kruse 2008).

Für die Professionalisierung der Sozialen Arbeit allgemein bleibt für das zurückliegende Jahrzehnt der Reformen festzuhalten:

- Das neue gestufte Studiensystem führt Studierende der Sozialen Arbeit an verschiedenen Hochschultypen bis zu einem vollakademischen Abschluss.
- Leitungsstellen in der Praxis wie auch Professuren an Hochschulen werden zunehmend vom eigenen Berufsnachwuchs eingenommen.
- Die Institutionen im Bereich der Sozialen Arbeit stehen unter Kosten- und Qualitätssicherungsdruck. Der Staat übt zunehmend Kontrolle im Hinblick auf Kosteneinsparungen aus.
- Der Berufsverband (DBSH) hat nach wie vor nicht die Position und den Einfluss wie Berufsverbände in anderen Ländern, wie etwa in den USA (vgl. dazu Paulini i.d.B.).
- Die Auswirkungen auf die geschlechtsspezifische Hierarchisierung von „praktischer" und „akademischer" Arbeit bleiben weiterhin im Blick zu halten.
- Im Zuge von Globalisierung und Internationalisierung kommt es vermehrt zu grenzüberschreitenden sozialen Problemen, durch die transnational ausgerichtete Konzepte erforderlich werden.
- Die ehemalige ‚Mütterlichkeit als Beruf' ist vermehrt ausgerichtet auf ein ‚Management Sozialer Dienstleistungen' (vgl. Kruse 2007).

5   Fazit und Ausblick: Professionalisierung durch Akademisierung?

Der Blick zurück auf die über einhundertjährige Geschichte der Ausbildung zeigt, wie sich – langsam und mit Schwankungen, auf verschiedenen Wegen – eine akademische Ausbildung für die Soziale Arbeit herauskristallisierte. Diese ist heute fest verankert. Zusammenfassend lässt sich festhalten, dass – historisch gesehen – die Professionalisierung im Hinblick auf die Ausbildung durch verschiedenste Aspekte beeinflusst wurde. Zu diesen gehören
- die akademische Ausbildung und die Nutzung wissenschaftlichen Wissens
- die zunehmende Autonomie der Ausbildungseinrichtungen
- die Entwicklung und die Lehre eigener Methoden
- die Internationalisierung.

Von der weiteren Umsetzung der Reformen im Zuge des Bologna-Prozesses hängt ab, ob die Chancen, die im neuen Modell für eine breite Repräsentanz der Sozialen Arbeit auf vollakademischem Niveau und für ‚professionsfördernde' Faktoren liegen, genutzt werden können. Aus der Ausbildung heraus können zentrale Impulse für die Professionalisierung erfolgen.

Literatur

Deutscher Berufsverband für Soziale Arbeit e.V. (DBSH) (Hrsg.): Master-Studiengänge für die Soziale Arbeit. Verfasst von Wilfried Nodes. München, Basel 2007

Gängler, Hans: „Nicht ohne einander". Disziplin und Profession im Prozeß der Formierung der Sozialen Arbeit als Wissenschaft. In: Schulze-Krüdener, Jörgen / Homfeldt, Hans Günther / Merten, Roland (Hrsg.): Mehr Wissen – mehr Können? Soziale Arbeit als Disziplin und Profession, Baltmannsweiler: 2002; S. 3-28

Galuske, Michael / Thole, Werner / Gängler, Hans: KlassikerInnen der Sozialen Arbeit – Einleitung. In: dies.: KlassikerInnen der Sozialen Arbeit. Sozialpädagogische Texte aus zwei Jahrhunderten – ein Lesebuch, Köln 1998; S. 11-33

Heiner, Maja: Soziale Arbeit als Beruf. Fälle – Felder – Fähigkeiten, München, Basel 2007

Heiner, Maja: Professionalität in der Sozialen Arbeit. Theoretische Konzepte, Modelle und empirische Perspektiven, Stuttgart 2004

Heite, Catrin: Soziale Arbeit im Kampf um Anerkennung. Professionstheoretische Perspektiven, Weinheim, München 2008

Hering, Sabine / Kruse, Elke: Frauen im Aufwind des Bologna-Prozesses? Erste Hinweise zu Chancen, Risiken und Nebenwirkungen, Tagungsdokumentation, Siegen 2004

Kruse, Elke: Towards a History of Social Work Training in Germany - Discourses and Struggle for power at the Turning Points, in: Hauss, Gisela / Schulte, Dagmar: Amid Social Contradictions. Towards a History of Social Work in Europe, Opladen 2009; pp. 89-108

Kruse, Elke: Heute die Weichen für morgen stellen. Gegenwart und Zukunft des Fachhochschulstudiums für Soziale Arbeit. In: Amthor, Ralph-Christian (Hrsg.): Soziale Berufe im Wandel. Vergangenheit, Gegenwart und Zukunft Sozialer Arbeit, Baltmannsweiler 2008; S. 87-115

Kruse, Elke: Von der Wohlfahrtspflegerin zum Master of Social Work - ein `Genderblick´ auf 100 Jahre Ausbildungsgeschichte der Sozialen Arbeit, in: Kruse, Elke / Tegeler, Evelyn (Hrsg.): Weibliche und männliche Entwürfe des Sozialen – Wohlfahrtsgeschichte im Spiegel der Genderforschung, Opladen 2007; S. 182-194

Kruse, Elke: Stufen zur Akademisierung. Wege der Ausbildung für Soziale Arbeit von der Wohlfahrtsschule zum Bachelor-/Mastermodell, Wiesbaden 2004

Landwehr, Rolf: Alice Salomon und ihre Bedeutung für die soziale Arbeit. Ein Beitrag zur Entwicklung der sozialen Berufsarbeit und Ausbildung anlässlich des 10-jährigen Bestehens der FHSS Berlin, Berlin 1981

Müller, Burkhard: Professionalisierung. In: Thole, Werner: Grundriss Soziale Arbeit, Opladen 2002; S. 725-744

Nagel, Ulrike: Engagierte Rollendistanz. Professionalität in biographischer Perspektive, Opladen 1997

Pfaffenberger, Hans: Zur Situation der Ausbildungsstätten. In: Projektgruppe Soziale Berufe (Hrsg.): Sozialarbeit: Ausbildung und Qualifikation. Expertisen I, München 1981; S. 89-119

Pfaffenberger, Hans: Zu Entwicklung und Reformen der Ausbildung für das Berufsfeld „Sozialarbeit/ Sozialpädagogik" von 1945 bis 1995. In: Engelke, Ernst (Hrsg.): Soziale Arbeit als Ausbildung. Studienreform und -modelle, Freiburg/Br. 1996; S. 28-54

Qualifikationsrahmen Soziale Arbeit (QR Sarb) Version 4.0, verabschiedet vom Fachbereichstag Soziale Arbeit in Berlin am 31. Mai 2006. In: http://www.hrk-bologna.de/bologna/de/download/dateien/QR_SArb.pdf (11.08.2007)

Rauschenbach, Thomas: Sozialpädagogik – eine akademische Disziplin ohne Vorbild Notizen zur Entwicklung der Sozialpädagogik als Ausbildung und Beruf. In: Neue Praxis, Heft 1/1991; S. 1-11

Salomon, Alice: Die Ausbildung zum sozialen Beruf, Berlin 1927

Schütze, Fritz: Sozialarbeit als „bescheidene" Profession. In: Dewe, Bernd / Ferchhoff, Wilfried / Radtke,

Frank-Olaf (Hrsg.): Erziehen als Profession. Zur Logik professionellen Handelns in pädagogischen Feldern, Opladen 1992; S. 132-170

Thiersch, Hans: Thesen zur Ausbildungs- und Berufssituation der Diplom-Sozialpädagogen. In: Neue Praxis, Heft 3/76; S. 240-249

Wieler, Joachim: Alice Salomon und ihr Einfluß auf die Ausbildung zur sozialen Arbeit. In: 60 Jahre International Association of Schools of Social Work - eine Festschrift, hrsg. von der Fachhochschule für Sozialarbeit und Sozialpädagogik, Berlin, Berlin 1989; S. 67-76

Ernst Engelke

„Mit Volldampf zurück?"

Welche Risiken und Chancen bietet der Bologna-Prozess für die Etablierung der Sozialen Arbeit im deutschen Hochschulsystem?

ABSTRACT

Die Rahmenbedingungen für die Studienreformen des europäischen Bologna-Prozesses bieten grundsätzlich außergewöhnliche Chancen für eine vollständige Etablierung der Sozialen Arbeit im deutschen Hochschulsystem. Die Risiken, diese Chancen auszulassen, bestehen vor allem darin, dass es in Deutschland nach der Entstaatlichung des Hochschulsystems (Autonomie der Hochschulen) infolge des Bologna-Prozesses keine Autorität gibt, die für eine fachliche Ausrichtung an die internationalen Standards – wie sie die International Federation of Social Workers (IFSW) vorgibt – sorgen könnte.

1. Einleitung

Vor etwas mehr als acht Jahren habe ich zu Beginn des Bologna-Prozesses einen Vortrag zum Thema „Zur Zukunft der Sozialen Arbeit als Profession" gehalten. Mein damaliges Resümee lautete:

> *„Angesichts der ungeheueren Herausforderungen durch ‚Ökonomisierung', ‚Wertewandel', ‚Globalisierung' und ‚Elektronisierung' und die daraus entstehenden sozialen Probleme sind Verbesserungen in der Ausbildung der Sozialen Arbeit dringend angezeigt. Dazu bietet die ‚Europäisierung' des Hochschulsystems für die Soziale Arbeit auch schon deswegen gute Voraussetzungen, weil Social Work bereits seit Anfang des 20. Jahrhunderts im angloamerikanischen Hochschulsystem fest integriert ist und dort einen höheren Stellenwert hat als im deutschen Hochschulsystem.*
> *Es ergeben sich mit dem Bologna-Prozess völlig neue Gestaltungsmöglichkeiten für die Professionalisierung der Sozialen Arbeit. Es ist nicht zuletzt die Aufgabe der Studierenden und der Lehrenden der Studiengänge Soziale Arbeit diese Gestaltungsmöglichkeiten zu nutzen und sich aktiv an der Gestaltung der Zukunft zu beteiligen. Es wird nicht zuletzt an Ihnen liegen, ob Sie als SozialpädagogIn Ihr Berufsleben lang dritter, zweiter oder erster Klasse besoldet werden."*

Wenn ich auf meine damalige Zukunftsprognose zurückblicke und die aktuellen Entwicklungen betrachte, erscheinen die Risiken und Chancen der „Europäisierung" des Hochschulsystems heute noch deutlicher zu Tage zu treten. Zu beobachten ist das aktuell im Protest der Studierenden und ProfessorInnen gegen den Bologna-Prozess an den Hochschulen. Oder wird doch nur gegen seine konkrete Umsetzung an den Hochschulen protestiert? Verbesserungen werden angemahnt und sowohl die Kultusministerkonferenz als auch die Hochschulrektorenkonferenz stehen unter unmittelbarem Handlungszwang. Meine Hoffnungen, dass im Bologna-Prozess für die Soziale Arbeit eine Chance bestehen könnte, ihre Professionalisierung und auch ihren Status zu heben, haben sich bisher leider kaum erfüllt. Ob und inwieweit die gegebenen Chancen genutzt werden oder auch nicht, ob und inwieweit eher Fort- oder Rückschritte auf dem Weg zur Professionalisierung der Sozialen Arbeit – insbesondere der Etablierung der Wissenschaft Soziale Arbeit im deutschen Hochschulsystem – konstatiert werden können bzw. müssen, ist Gegenstand meiner folgenden Ausführungen, die ich in Form von sieben zur Diskussion einladenden Thesen vorlege.

2. Risiken und Chancen des Bologna-Prozesses für die Etablierung der Sozialen Arbeit im deutschen Hochschulsystem – sieben Thesen

1. These: Die Akademisierung der 1970er Jahre war ein Phyrrus-Sieg.

Die Akademisierung der Sozialen Arbeit bei der Hochschulreform in den siebziger Jahren des 20. Jahrhunderts war ein Phyrrus-Sieg für die Soziale Arbeit. Die Studienangebote der Fachhochschulen glichen in den folgenden Jahrzehnten einem orientalischen Basar.

In Deutschland musste die Soziale Arbeit für ihre Aufnahme in den tertiären Bildungsbereich 1970 einen hohen Preis bezahlen. Die gesamte Ausbildung lag fortan in den Händen Berufs- und Fachfremder. Denn in der Bildungsreform wurde versäumt, für SozialarbeiterInnen Möglichkeiten zu schaffen, sich selbst über ein universitäres Studium der Sozialen Arbeit für Forschung und Lehre an Hochschulen zu qualifizieren. In Ländern wie den USA, Kanada, Finnland oder Schweden wurde Soziale Arbeit dagegen vollständig in das Wissenschaftssystem und in den tertiären Bildungsbereich integriert. Dort haben fast alle HochschullehrerInnen, die in der Sozialen Arbeit forschen und lehren, ein Master- beziehungsweise Doktoratsstudium in Sozialer Arbeit absolviert, in Deutschland dagegen hat das kaum jemand. Infolge dessen spielen SozialarbeiterInnen in Deutschland in Forschung und Lehre der Sozialen Arbeit nur eine untergeordnete Rolle (vgl. Amthor 2008). Das ist in etwa so, wie wenn ChemikerInnen in der Physik für Forschung und Lehre zuständig sind und keine PhysikerInnen. Diese strukturelle Benachteiligung der Sozialen Arbeit hat außerdem zu einem deutschen Unikum geführt: Soziale Arbeit soll an Fachhochschulen auf wissenschaftlicher Grundlage anwendungsbezogen gelehrt werden, ohne dass hinreichende Voraussetzungen für eine wissenschaftliche Grundlegung der Lehre existieren.

Für die universitäre Sozialpädagogik hat die Bildungsreform aus den siebziger Jahren des 20. Jahrhunderts nicht weniger schwerwiegende Folgen, sie befindet sich seitdem in einem scheinbar unauflösbaren Dilemma: Einerseits verdankt sie ihren Platz an der Universität ihrer Integration in die Erziehungswissenschaft, andererseits ist sie aber historisch und fachlich eng mit der Sozialen Arbeit verbunden. Die Sozialpädagogik ist eine „deutsche Variante der Pädagogik geblieben" (vgl. Niemeyer 2003; Hamburger 2003; Thole 2005 u.a.), während die Soziale Arbeit eine international anerkannte Wissenschaft ist (vgl. Hopps/Collins 1995; Puhl/Maas 1997; Lorenz 2000; 2006; Otto/Thiersch 2005: 1605-1648; Borrmann/Klassen/ Spatscheck 2007; IFSW 2000 u.a.).

Unter den Namen Sozialwesen, Sozialarbeit, Sozialpädagogik, Sozialarbeit/Sozialpädagogik – mit und ohne Schrägstrich – gab es an verschiedenen Orten beliebige kunterbunte Lehrangebote. Wissen aller Art aus unterschiedlichen Disziplinen wurde ohne Verknüpfung untereinander und ohne Bezugnahme auf die berufliche Tätigkeit einer SozialarbeiterIn oder einer SozialpädagogIn vorgetragen. Beinahe jedes Thema wurde Gegenstand einer Lehrveranstaltung, wenn es denn ein Professor nur wollte. Eine nicht zu vernachlässigende Zahl der ProfessorInnen hatte wenig Interesse an Sozialarbeit/Sozialpädagogik. Nur wenige BerufsvertreterInnen der Sozialen Arbeit waren hauptamtlich an den Fachhochschulen angestellt. Die Studierenden wurden nominell für Soziale Arbeit ausgebildet. Soziale Arbeit gab es nicht einmal als eigenständiges Fach und war in den Studienordnungen auf „Praxis und ihre Methoden" reduziert. Dafür mussten die zukünftigen SozialarbeiterInnen nebeneinander und thematisch unverbunden bei einem Pädagogen Pädagogik, bei einem Mediziner Medizin, bei einem Juristen Jura, bei einem Psychologen Psychologie und bei einem Soziologen Soziologie studieren. Sie sollten zwar weder zu PädagogInnen, ÄrztInnen, JuristInnen, PsychologInnen noch zu SoziologInnen ausgebildet werden, dennoch legten die jeweiligen VertreterInnen der Disziplinen bei ihren Prüfungen großen Wert darauf, dass die Studierenden als PädagogInnen, MedizinerInnen, JuristInnen, PsychologInnen und SoziologInnen nachdachten und fachdiszipliniert antworteten; zugleich bleuten sie ihnen ein, dass sie auf keinen Fall PädagogInnen, MedizinerInnen, JuristInnen, PsychologInnen und SoziologInnen seien. Um das zu werden, so wurde den Studierenden versichert, bedürfe es eines eigenen, anspruchsvolleren Studiums.

Das Verhalten nicht weniger berufsfremder ProfessorInnen in der Ausbildung für Soziale Arbeit hat zu bizarren Verhältnissen in der Ausbildung für Soziale Arbeit geführt, die – von denselben ProfessorInnen – wiederum als Eigenart der Sozialen Arbeit diagnostiziert wurden! Diese absonderlichen Verhältnisse haben heftige Kritiken seitens der Berufsverbände, der Arbeitgeber und der Studierenden hervorgerufen. Viele Anstellungsträger und auch AbsolventInnen haben an der Ausbildung pauschal eine Theorielastigkeit und mangelnden Praxisbezug beklagt (vgl. Deutscher Verein für öffentliche und private Fürsorge 1983 u.a.). Nach meiner Einschätzung wurde aber nicht „zuviel Theorie" gelehrt, sondern es wurden Wissen und Theorien, die mit der Sozialen Arbeit wenig bis nichts zu tun hatten, doziert. Den AbsolventInnen fehl(t)en dann für ihre Praxis das erforderliche wissenschaftliche Wissen und die anwendungsbezogenen Theorien der Sozialen Arbeit (vgl. Rothgang 1990; Engelke 1993; 2000; Berger 2001 u.a.).

Allerdings haben sich auch schon frühzeitig ProfessorInnen an Fachhochschulen, obgleich sie keine „gelernten SozialarbeiterInnen" waren, erfolgreich für tiefgreifende Studienreformen engagiert, und sie engagieren sich weiterhin, um die Ausbildung an die Aufgaben und Ziele der Sozialen Arbeit anzupassen, die Ausbildung an internationale Standards heranzuführen und so die strukturell bedingte Misere zu beseitigen (vgl. Ulke 1988; Zink 1988; Tillmann 1994; Wendt 1994; Eikelmann/Hutter 1996; Feth 1996; Mühlum 1996; Obrecht/Staub-Bernasconi 1996; Grohall 1997 u.a.).

2. These: Die Diplom-Rahmenordnung von 2001 war ein Erfolg.

Mit den Reformen der Diplomstudiengänge für SozialarbeiterInnen und SozialpädagogInnen in den neunziger Jahren wurde nicht nur eine einheitliche Benennung des Studiengangs, sondern auch eine Grundlegung des gesamten Studiums auf der Fachwissenschaft Soziale Arbeit erreicht.

Zum 75-jährigen Bestehen der Konferenz der Leitungen der Sozialen Schulen/Fachhochschulen und Fachbereiche Sozialwesen (KFS) am 22. Oktober 1992 in Saarbrücken bin ich gebeten worden, den Festvortrag „Über die Notwendigkeit und die Aufgabe der Sozialen Arbeit als Wissenschaft" zu halten. In meinem Vortrag habe ich neben anderem ausgeführt,

- dass die Fachbereiche Sozialwesen dazu eingerichtet worden sind und vom Staat deswegen unterhalten werden, dass sie Menschen für die Praxis der Sozialen Arbeit ausbilden,

- dass es Aufgabe der Lehrenden sei, ihren Unterricht und damit die Inhalte und Methoden ihres Faches auf die spezifischen Anforderungen Sozialer Arbeit auszurichten,
- dass die vielen Ansätze und ermutigenden Engagements, Soziale Arbeit als Wissenschaft zu installieren, zu erfassen, zu koordinieren und zu unterstützen seien,
- dass es Ziel aller Studienreformbestrebungen sein müsste, ein anwendungsbezogenes, berufsqualifizierendes Studium auf der Grundlage der Sozialarbeitswissenschaft mit dem Abschluss „Diplom-SozialarbeiterIn" einzurichten,
- dass an Universitäten ein eigener Studiengang „Soziale Arbeit" zur Ausbildung des wissenschaftlichen und lehrenden Nachwuchses einzurichten sei,
- dass Promotionsmöglichkeiten für qualifizierte FH-Diplomanden zu schaffen seien,
- dass die KFS sich für Sozialarbeitsforschung an Fachhochschulen einsetzen solle,
- dass mittelfristig die Fachbereiche Sozialwesen in Fachbereiche „Soziale Arbeit" umzubenennen seien (vgl. Engelke 1993: 15f.).

Obgleich mein Vortrag bei den Mitgliedern der KFS einen Sturm der Entrüstung ausgelöst hat – die Forderungen seien „fatal" –, begann in der Folge eine bundesweite Reformbewegung, die ihr Zentrum zunächst in Bayern hatte (vgl. Eikelmann / Hutter 1996). Am Ende dieser Reformbewegung stand die letzte Rahmenordnung für Diplomstudiengänge an deutschen Hochschulen, die die deutsche Hochschulrektorenkonferenz (HRK) und die Kultusministerkonferenz (KMK) im Jahr 2001 zusammen erlassen haben (vgl. Grohall 1997).

Mit dem 21. Jahrhundert hat für die Soziale Arbeit in Deutschland wirklich ein neues Jahrhundert begonnen: Die HRK und die KMK haben im Jahre 2001 eine neue „Rahmenordnung für die Diplomprüfungsordnung im Studiengang Soziale Arbeit an Fachhochschulen" beschlossen (vgl. Sekretariat der Ständigen Konferenz der Kultusminister der Länder in der Bundesrepublik Deutschland 2001). Diese Rahmenordnung – sie löst die Rahmenordnung von 1984/88 ab – geht von einem einheitlichen Studiengang Soziale Arbeit aus, in dem Sozialarbeit und Sozialpädagogik zusammengeführt werden, sowie der Grundannahme davon, „dass sich ein eigenständiges, spezifisch-fachwissenschaftliches Wissen der Sozialen Arbeit entwickelt hat, welches dem Studium als eigenständige Grundlage dienen kann. Dies macht es erforderlich, die wissenschaftlichen Fächer und Lernbereiche der Sozialpädagogik und der Sozialarbeit – eine weit gehende Überschneidung der Aufgabengebiete in der Praxis hat längst stattgefunden – in der Ausbildung gleichrangig zu verbinden und als gemeinsamen Studiengang Soziale Arbeit zu konzipieren. ... Die Rahmenordnung geht davon aus, dass eine Vereinheitlichung des Studiums die sozialarbeiterischen und sozialpädagogischen Besonderheiten gleichwertig in die Ausbildung einbezieht. Der erziehungswissenschaftliche Beitrag zum Studium ist ein wichtiger, integrativer Teil der fachwissenschaftlichen Grundlagen und der Fachwissenschaft Soziale Arbeit" (a.a.O., 34f.).

In dieser Rahmenordnung sind die Prüfungsgebiete „auf der Grundlage der wissenschaftlichen Theorien, der professionellen Kenntnisse und Fähigkeiten der Sozialen Arbeit sowie unter Berücksichtigung des Fremd- und Selbstverständnisses der Profession Soziale Arbeit gebildet worden" (a.a.O., 49). Sie „folgen nicht der Gliederung der üblichen Wissenschaftsdisziplinen (Psychologie, Soziologie, Erziehungswissenschaft, Rechtswissenschaft usw.), sondern gehen davon aus, dass die heute der Sozialen Arbeit zugrunde liegenden wissenschaftlichen Erkenntnisse/Theorien und Methoden unter dem Begriff einer Wissenschaft der Sozialen Arbeit zusammengefasst werden können, auch wenn diese wissenschaftspolitisch nicht allseits anerkannt ist und sich noch nicht institutionalisiert hat. Die ‚Wissenschaft Soziale Arbeit' umfasst im Grundstudium die Prüfungsgebiete ‚Grundlagen der Fachwissenschaft Soziale Arbeit' und im Hauptstudium die Prüfungsgebiete ‚Fachwissenschaft Soziale Arbeit'. Die traditionellen Wissenschaften sind in diesem Zusammenhang als Bezugswissenschaften zu verstehen und in den Prüfungsgebieten 2 bis 4 zusammengefasst" (a.a.O., 49f.).

Einzelne Prüfungsgebiete der Fachwissenschaft Soziale Arbeit sind Geschichte der Sozialen Arbeit, Theorien der Sozialen Arbeit, professionelles Handeln in der Sozialen Arbeit, Organisation der Sozialen Arbeit, Forschung und Entwicklung in der Sozialen Arbeit, Werte und Normen der Sozialen Arbeit und Berufsethik der Sozialen Arbeit. Zu den Prüfungsgebieten gehören außerdem rechtliche und sozialpolitische sowie bezugswissenschaftliche (geistes- und humanwissenschaftliche und gesellschaftswissenschaftliche) Grundlagen. Mit dieser neuen Rahmenordnung und an den daran ausgerichteten Bachelor- und Masterstudiengängen für Soziale Arbeit hat die Ausbildung in Deutschland meines Erachtens wieder Anschluss an die internationalen Standards der International *Association of Schools of Social Work* (IASSW), der *International Federation of Social Work* (IFSW) und des *Council of Social Work Education* (CSWE) gefunden.

3. These: Der Bologna-Prozess bietet gute Chancen.

Die Rahmenbedingungen für die Studienreformen des europäischen Bologna-Prozesses bieten grundsätzlich außergewöhnliche Chancen für eine voll-

ständige Etablierung der Sozialen Arbeit in das deutsche Hochschulsystem sowie für eine gesellschaftliche Aufwertung der Sozialen Arbeit.
Die wichtigsten Ziele, die die europäischen Bildungsminister 1999 in ihrer gemeinsamen Erklärung nennen, sind:

- Einführung eines Systems leicht verständlicher und vergleichbarer Abschlüsse, mit dem Ziel, die arbeitsmarktrelevanten Qualifikationen der europäischen Bürger ebenso wie die internationale Wettbewerbsfähigkeit des europäischen Hochschulsystems zu fördern.
- Einführung eines Systems, das sich im Wesentlichen auf zwei Hauptzyklen stützt: einen Zyklus bis zum ersten Abschluss (undergraduate) und einen Zyklus nach dem ersten Abschluss (graduate). Regelvoraussetzung für die Zulassung zum zweiten Zyklus ist der erfolgreiche Abschluss des ersten Studienzyklus, der mindestens drei Jahre dauert. Der nach dem ersten Zyklus erworbene Abschluss attestiert eine für den europäischen Arbeitsmarkt relevante Qualifikationsebene. Der zweite Zyklus sollte mit dem Master und/oder der Promotion abschließen.
- Einführung eines Leistungspunktsystems als geeignetes Mittel der Förderung größtmöglicher Mobilität der Studierenden. Leistungspunkte (ECTS) sollten auch außerhalb der Hochschulen erworben werden können.
- Förderung der Mobilität durch Überwindung solcher Hindernisse, die der Freizügigkeit in der Praxis im Wege stehen.
- Förderung der europäischen Zusammenarbeit bei der Qualitätssicherung im Hinblick auf die Erarbeitung vergleichbarer Kriterien und Methoden.
- Förderung der erforderlichen europäischen Dimensionen im Hochschulbereich, insbesondere in Bezug auf Curriculum-Entwicklung, Zusammenarbeit zwischen den Hochschulen, Mobilitätsprojekte und integrierte Studien-, Ausbildungs- und Forschungsprogramme (vgl. Hochschulrektorenkonferenz 2006; 2007).

In der Hochschulgesetzgebung des Bundes und der Länder werden diese Forderungen nach einem Europäischen Hochschulraum bereits berücksichtigt. Im Einzelnen sind das:

- internationale Wettbewerbs- und Innovationsfähigkeit der Hochschulen und außeruniversitären Forschungseinrichtungen
- Organisationsautonomie der Hochschulen mit neuen (hierarchischen) Leitungsstrukturen
- (Eigen-)Finanzierung der Hochschulen durch Drittmittel und Studiengebühren
- enge Verflechtung und Kooperation der Hochschulen mit der Wirtschaft
- wirtschaftliche statt kameralistische Buchführung
- größere Flexibilität und Vielfalt durch gestufte Abschlüsse für eine erste Berufsqualifizierung

- Modularisierung der Studienorganisation
- Akkreditierung von Studiengängen durch einen selbstständigen Akkreditierungsrat, der seinerseits Akkreditierungsagenturen einsetzt und kontrolliert
- insgesamt kürzere Studienzeiten
- Flexibilität bei der Rekrutierung und dem Einsatz qualifizierten Personals
- größtmögliche Mobilität der WissenschaftlerInnen und Personaltransfer zwischen staatlichen Einrichtungen und auch mit der Wirtschaft
- ein leistungsorientiertes Dienstrecht nach Auflösung der klassischen Beamtenbesoldung (vgl. Hochschulrektorenkonferenz 2006; 2007).

Mir ist es wichtig, ausdrücklich an die Vielzahl der Ziele, der neuen Strukturen und Möglichkeiten, die alle miteinander verknüpft sind, zu erinnern. Vielfach wird nämlich an den Hochschulen – nicht nur in Kreisen der Sozialen Arbeit – unter dem Bologna-Prozess allein und dann auch noch fälschlicherweise die Umwandlung der Diplom- in Bachelorstudiengänge verstanden. „Bologna" ist vielmehr zum Feindbild entwickelt worden mit dem Ziel, die Bemühungen um ein europäisches Hochschulsystem zum Sündenbock für die aktuellen Krisen im deutschen Hochschulsystem und damit verbundene gesellschaftliche Konflikte zu machen sowie von der eigenen mangelnden Bereitschaft zu Studienreformen abzulenken. Diese Projektion auf den Sündenbock „Bologna" hat für viele Studierende, Professoren und Bildungspolitiker eine verbindende Funktion bekommen. Die heftigen Proteste und Streiks von Studierenden und Professoren gegen „Bologna" treffen nach meiner Einsicht sehr wohl gravierende Mängel bei der Umsetzung der „Ländergemeinsamen Strukturvorgaben für die Akkreditierung von Bachelor- und Masterstudiengängen" und der „Rahmenvorgabe für die Einführung von Leistungspunktsystemen und die Modularisierung" der Kultusministerkonferenz an den Hochschulen, zielen aber auch auf massive Defizite in der Hochschul- und Bildungspolitik.

VertreterInnen der Schulen, Fakultäten und Universitäten für Soziale Arbeit treffen sich seit 100 Jahren regelmäßig auf nationalen und internationalen Konferenzen, um sich über die Ausbildung auszutauschen und sich über Ziele, Inhalte, Methoden und Rahmenbedingungen der Ausbildung abzustimmen. Tragende Rollen haben hierbei international die *International Association of Schools of Social Work* (IAASW) und die *International Federation of Social Workers* (IFSW), in den USA der *Council on Social Work Education* (CSWE) und in Deutschland die Nachfolgeorganisation der *Konferenz der sozialen Frauenschulen*, der heutige *Fachbereichstag Soziale Arbeit*.

Zwischen 2000 und 2004 – also zeitlich parallel zum Bologna-Prozess – wurde unter Führung eines gemeinsamen Komitees der *International Asso-*

ciation of Schools of Social Work (IAASW) und der *International Federation of Social Workers* (IFSW) ein neues Dokument mit „Global Standards for Education and Training of the Social Work Profession" erarbeitet (vgl. Sewpaul/Jones 2004).

Als Ausgangsbasis für das gesamte Dokument sind als Mindestvoraussetzungen für die Ausbildung die Platzierung der Ausbildung im tertiären Bildungsbereich und die internationale Definition der Sozialen Arbeit der IFSW aus dem Jahre 2000 als Grundlage der Ausbildung formuliert. Ein wichtiges Ziel des Komitees war es, die verschiedenen Regionen der Welt mit den ihnen eigenen historischen, politischen, kulturellen, sozialen und ökonomischen Kontexten in die Textfassung einzubeziehen und eine westliche Dominanz zu vermeiden.

In den genannten Dokumenten werden internationale Richtlinien für die Ausbildung in Sozialer Arbeit festgelegt, die in hohem Maße kompatibel mit den Vorgaben zu „Bologna" waren und sind. In der Verknüpfung der Vorgaben von „Bologna" mit den internationalen Standards für die Ausbildung sehe ich eine große Chance für die Professionalisierung der Sozialen Arbeit und die Etablierung der Wissenschaft Soziale Arbeit in das deutsche Hochschulsystem.

4. These: Bologna-Prozess birgt erhebliche Risiken

Die Rahmenbedingungen für die Studienreformen des europäischen Bologna-Prozesses bergen aber auch erhebliche Risiken in sich, die zu einem Rückfall der Studienangebote wie in den siebziger Jahren führen könnten.

Die weltweite Verbreitung und Dominanz des angloamerikanischen Bildungssystems tangiert das deutsche Hochschulsystem nicht nur, sondern ändert es in seinen Grundstrukturen. Es muss nach heutigem Sachstand angenommen werden, dass das deutsche Hochschulsystem prinzipiell neu strukturiert wird. Diese Neustrukturierung stößt auf heftigen Widerstand und provoziert anhaltende Proteste und Streiks. Bislang waren Hochschulangelegenheiten im Rahmen der Kulturhoheit Ländersache. Die Zeit bundesweiter und regionaler politisch gewollter genereller Rahmensetzungen für Studiengänge scheint endgültig vorbei zu sein. Der Staat verliert sein Bildungsmonopol im tertiären Bildungsbereich und delegiert es an die einzelnen Hochschulen (Entstaatlichung). In Bayern wurde schon in den neunziger Jahren die Einrichtung von für alle Fachhochschulen verbindliche Rahmenstudienordnungen, in den sowohl Strukturen als Inhalte festgelegt worden sind, aufgehoben.

Angestrebt und zugestanden ist eine weit gehende Autonomie der Hochschulen. Die Hochschulen sind auch autonom in der inhaltlichen Gestaltung innerhalb des weiten strukturellen Rahmens, den die Beschlüsse der KMK und HRK zum Bologna-Prozess gewähren. Entsprechend werden bei den Akkreditierungen in der Regel nur formale Kriterien der Ausbildung berücksichtigt. Die Vernachlässigung inhaltlicher Standards ist dann nicht bedeutsam, wenn es eine Einigung der *Scientific Community* dahin gehend gibt, was der Inhalt einer Wissenschaft ist. Wenn das nicht gegeben ist, dann wird es schwierig, und der Beliebigkeit sind Tür und Tor geöffnet.

Zur Vermittlung der vielfältigen und anspruchsvollen Kompetenzen, die sich aus den Ansprüchen des Bologna-Prozesses ergeben, sind Lehr-Lern-Modelle notwendig, in denen sowohl grundlegende Kenntnisse vermittelt werden als auch nach dem Prinzip des exemplarischen Lernens „geübt" wird. Selbstständige Lehrleistungen der ProfessorInnen und selbstständige Studienleistungen der Studierenden, die zum Beispiel in Form von angeleitetem Selbststudium oder Lerngruppen erbracht werden können, sind gefragt. Ziel-, aufgaben- und projektorientiertes Lernen, Verknüpfung von Wissen und Handeln, Reflexion der angestrebten Werte und Normen, aussagekräftige und unterstützende Feedbacks bzw. Evaluationen sind konstitutiv für diese Lehr- und Lernmodelle. Die Studierenden haben aktiv zu lernen, Theorien, Erklärungswissen, Änderungswissen (Bezugswissenschaften), Technologien und wissenschaftliche Forschungsmethoden bei der Lösung von Aufgaben und Problemen der Praxis anzuwenden sowie (Sich-)Informieren und (berufliches) Handeln sind miteinander zu verbinden. Computer, Multimedia und alle anderen Instrumente der virtuellen Hochschule sind in die Ausbildung selbstverständlich einzubeziehen. Eine projektorientierte Ausbildung nach dem Prinzip des exemplarischen Lernens ermöglicht erst Kompatibilität der Ausbildung und Vergleichbarkeit der Studieninhalte mit gegenseitiger Anerkennung auch im Ausland erworbener Kompetenzen (Module, Credit-Point-Systems u.a.). Allerdings stellt sich sogleich die Frage: Welche ProfessorInnen sind didaktisch/pädagogisch so qualifiziert und darüber hinaus auch persönlich bereit, die Lehrveranstaltungen so zu planen, durchzuführen – und dabei auch noch die Lebenssituation der Studierenden zu berücksichtigen?

5. These: Aktuell wieder ein orientalischer Basar

Das Bild, das sich aus dem gegenwärtigen Stand der Umsetzung des Bologna-Prozesses für die Soziale Arbeit ergibt, erinnert wieder eher an einen orientalischen Basar.

Mittlerweile wird von amtlichen Stellen berichtet, dass an den deutschen Fachhochschulen in Kürze nahezu alle Diplom-Studiengänge auslaufen und durch Bachelor- und Masterstudiengänge ersetzt werden. An den Universitäten sei der Prozess zwar noch im Gange, werde aber auch zum angestrebten Termin 2010 weit gehend abgeschlossen sein. Albert Mühlum bezeichnet die Ergebnisse dieser Umstellung für die Soziale Arbeit als Wildwuchs, andere sprechen von einer Rolle rückwärts und wieder andere feiern, dass die Bezugswissenschaften wieder die Grundlagenwissenschaften der Ausbildung im Sozialwesen werden können. Es zeigt sich derzeit folgendes Bild:

- Die zu absolvierende Anzahl der Studiensemester für das Bachelorstudium ist in einigen Bundesländern 6 Semester (z.b. NRW), in anderen jedoch 7 Semester (z.b. Bayern); für das Masterstudium sind es in einigen Bundesländern 4 Semester, in anderen 3 Semester.
- Allein in Bayern liegt das praktische Studiensemester an einigen Hochschulen im dritten, an anderen im vierten und an wieder anderen im fünften Semester.
- Die Studienordnungen für das Diplomstudium und das Bachelorstudium sind häufig weit gehend kongruent. Neu ist nur, dass es nur noch ein praktisches Studiensemester statt zwei gibt.
- Generell fehlt eine Orientierung an internationalen Standards; zum Beispiel habe ich nirgends die Definition der Sozialen Arbeit (IFSW) als Grundlage für die Ausbildung gefunden.
- Die Fachwissenschaft Soziale Arbeit bzw. Sozialarbeitswissenschaft wird nur als ein Modul unter anderen Modulen geführt.
- Einige Studiengänge werden „psychotherapeutisiert".
- Andererseits zeigt sich eine „Ökonomisierung" der Ausbildung; Sozialwirtschaft und Sozialmanagement stehen im Vordergrund der Ausbildung.
- Profession und Disziplin werden getrennt und einander gegenüber gestellt, international üblich bestehen Professionen aus Wissenschaft, Praxis und Lehre.

Zwischen VertreterInnen des *Fachbereichstages Soziale Arbeit* (FBTSA) und der *Deutschen Gesellschaft für Erziehungswissenschaften* (DGfE) besteht ein Konsens: „Gemeinsame Promotionswege ... bedeuten eine Vernetzung der Sozialen Arbeit in die Erziehungswissenschaft durch die entsprechenden Forschungsfragen" (vgl. http://p53161.typo3server.info/). Ausdrücklich möchte ich hervorheben: Diese Darstellung ist insgesamt pauschal und plakativ; sie trifft auf einzelne Hochschulen – insbesondere auf Hochschulen in kirchlicher Trägerschaft – nicht oder nur begrenzt zu.

6. These: Wegen fehlender Autoritäten Rückschritte

Da in Deutschland die Autoritäten, die generell eine Fokussierung der Studiengänge für Soziale Arbeit auf die Profession Soziale Arbeit durchsetzen könnten, fehlen, besteht die große Gefahr – von einigen Ausnahmen abgesehen – für ein „mit Volldampf zurück".

Die Chancen, die sich aus dem Bologna-Prozess für eine umfassende Etablierung der Sozialen Arbeit in das deutsche Hochschulsystem ergeben, werden nicht nur nach meiner Einschätzung nicht genutzt. Vielmehr ist festzustellen, dass eine nicht unerhebliche Gruppe von ProfessorInnen, die an Fachhochschulen in Studiengängen der Sozialen Arbeit unterrichten, den Bologna-Prozess nutzen, um ihre Vormachtstellung als BezugswissenschaftlerInnen wieder zurückzuerobern und die Reformen der neunziger Jahre wieder rückgängig zu machen. Zu erinnern ist daran, dass BezugswissenschaftlerInnen – in der Regel ohne praktischen oder/und wissenschaftlichen Bezug zur Sozialen Arbeit – nach wie vor die große Mehrheit unter den ca. 1500 ProfessorInnen, die an Hochschulen in Deutschland für die Ausbildung von SozialarbeiterInnen angestellt sind, bilden (vgl. Amthor 2008). Das zeigt sich nicht zuletzt in den unverbindlichen Empfehlungen des Fachbereichstags Soziale Arbeit.

Der Fachbereichstag Soziale Arbeit (FBTSA) hat am 3. Dezember 2003 „Empfehlungen zur Bestimmung von Basismodulen in Studiengängen der Sozialen Arbeit" beschlossen. Es werden 20 Module ausdifferenziert und benannt. Dann wird aber gesagt: „Es ist möglich, die Titel dieser Module anders zu benennen. Es ist ebenfalls möglich, die in den folgenden Modulen enthaltenen Inhalte innerhalb anderer Module anzubieten. Die inhaltliche Ausfüllung der Module wird durch die Fachbereiche bestimmt. Die in den Modulen genannten Inhaltsbeispiele dienen der Orientierung" (vgl. http://p53161.typo3server.info/).

Der FBTSA hat am 31. Mai 2006 einen „Qualifikationsrahmen Soziale Arbeit (QR SArb)" Version 4.0 verabschiedet und der HRK zur Entscheidung vorgelegt. In der Präambel heißt es unter 1.1 Logik und Verbindlichkeit: „Der QR SArb folgt einer Prozesslogik für die Aus- bzw. Durchführung professioneller Sozialer Arbeit. Ausgangspunkt ist eine Aufgabenstellung, deren Bearbeitung/Lösung durch Fachkräfte der Sozialen Arbeit erfolgen kann/soll/muss" (Bartosch / Maile / Speth u.a. 2006).

Auf eine Kompetenzdiskussion soll verzichtet werden: „Der pragmatische Grund für diesen Weg liegt in der besonderen Situation der Fachbereiche für Soziale Arbeit in Deutschland." Das hinderte die AutorInnen jedoch nicht, konkrete Kompetenzen anzugeben. So heißt es zum Beispiel: „Das Wissen und Verstehen der Absolventinnen und Absolventen baut auf unterschiedlichen Hochschulzugangsberechtigungen (HZB) auf, verbunden mit praktischen, fachlichen Vorerfahrungen unterschiedlicher Tiefe. Sie verfügen über grundlegendes, sicheres Wissen und Verständnis der theoretischen und angewandten Sozialarbeitswissenschaften (sic! EE) sowie zumindest der relevanten Wissensbestände der korrespondierenden Wissenschaftsbereiche" (a.a.O.).

Es wird gesagt, dass „Fachkräfte der Sozialen Arbeit nicht nur individuell, sondern in professioneller und gesellschaftlicher Verantwortung tätig werden. Sie reagieren nicht nur auf bestehende, allgemein erkannte Aufgabenstellungen, sondern agieren auch durch die Bearbeitung von gesellschaftlich und/oder professionell als relevant angesehenen Problemlagen" (a.a.O.).

Die entscheidende Frage lautet für mich daher: Wer kann „ein Zurück mit Volldampf" verhindern und dafür sorgen, dass die Ausbildung für Soziale Arbeit in Deutschland auf den verschiedenen Niveaus der Studienabschlüsse internationalen Standards der Profession Soziale Arbeit genügt? Nach der Entstaatlichung der Hochschulgesetzgebung fehlt meines Erachtens eine solche Autorität. Kann man diese Autorität von dem FBTSA erhoffen? Aufgrund seiner Zusammensetzung und seiner unverbindlichen Empfehlungen wohl kaum. Kann man sie von dem Deutschen *Berufsverband für Soziale Arbeit* (DBSH) erhoffen? Bislang beeinflusst der DBSH die Gestaltung der Ausbildung nicht. Das wird sich auch sobald nicht ändern, sind doch weniger als fünf Prozent aller SozialarbeiterInnen/SozialpädagogInnen in Deutschland im Berufsverband organisiert. Kann man sie von der *Deutschen Gesellschaft für Soziale Arbeit* (DGSA) erhoffen? In der DGSA haben sich nur ca. 280 Mitglieder (bei ca. 1600 ProfessorInnen für Studiengänge Soziale Arbeit an deutschen Hochschulen) zusammengefunden, darunter sind auch viele Nicht-ProfessorInnen.

7. These: Verbindliche Rahmenordnung ist erforderlich

Nur mit verbindlichen Rahmenordnungen für die Ausbildung in der Sozialen Arbeit, die sich an den internationalen Standards der IFSW orientieren, ist eine vollständige Etablierung der Profession Soziale Arbeit im deutschen Hochschulsystem zu erreichen.

Die sich abzeichnenden Tendenzen im Bologna-Prozess lassen meiner Einsicht nach Folgendes erwarten: Über die Gräben zwischen Universitäten und Fachhochschulen werden nicht nur Brücken gebaut, sondern die Gräben werden auch zugeschüttet. Universitäten und Fachhochschulen werden zunächst immer stärker kooperieren, um dann bald zu fusionieren. Die Lehre erfolgt auf drei Niveaus mit je eigenen Abschlüssen: Bachelor-Studiengänge bilden die Basis der Ausbildung. Darauf bauen Masterstudiengänge auf. Die dritte Stufe bilden Promotions-Studiengänge.

Wenn der Bologna-Prozess für die umfassende Etablierung der Sozialen Arbeit im deutschen Hochschulsystem genutzt werden soll – und ich bin entschieden dafür, dass er genutzt wird – dann sind alle Studien- und Prüfungsordnungen für die Ausbildung in Sozialer Arbeit an den „Global Qualifying Standards for Social Work Education and Training" der *International*

Association of Schools of Social Work (IAASW) und der International Federation of Social Workers (IFSW) auszurichten. Diese Standards müssen auch der fachliche Maßstab für die Akkreditierung eines jeden Studiengangs für Soziale Arbeit sein. Studiengänge für Soziale Arbeit mit dem Abschluss „Bachelor of Social Work" sind anwendungs- und praxisorientiert. Studiengänge mit dem Abschluss „Master of Social Work" und Masterabschlüsse für spezielle Arbeitsfelder oder Handlungskompetenzen der Sozialen Arbeit wie „Master of Clinical Social Work", „Master of Social Management" oder „Master of Adult Education" können sowohl anwendungs- als auch forschungsorientiert sein. Die Promotionsstudiengänge in Sozialer Arbeit sind forschungsorientiert.

Die DGSA hat ein „Kerncurriculum Soziale Arbeit / Sozialarbeitswissenschaft" veröffentlicht, in dem Leitlinien, Schlüsselqualifikationen, Studienbereiche und zentrale Studieninhalte der Sozialen Arbeit beschrieben sowie die interne Stufung von Bachelor-, Master- und Doktoratsstudiengängen in der Sozialen Arbeit erläutert und empfohlen werden. Danach ist Soziale Arbeit als eigenständige Fachwissenschaft die Basis der Ausbildung (vgl. Engelke/Leideritz/Maier/Sorg/Staub-Bernasconi 2005). Leitlinien des Kerncurriculums sind:

- die stringente Orientierung der curricularen, inter- und transdisziplinären Wissensorganisation am Objekt- und Handlungsbereich der Sozialen Arbeit, das heißt an „sozialen Problemen", bezogen auf Individuen wie auf die Strukturen sozialer (Teil-)Systeme;
- die Integration der im internationalen Kontext vielfältigen theoretischen und handlungstheoretischen Traditionen sowie der umfangreichen Forschung zu sozialarbeitsrelevanten Fragestellungen unter Berücksichtigung kontextueller wie kontextübergreifender Aspekte;
- die konsequente Erweiterung des Praxisfeldes über die Einzelfall- und Familienarbeit sowie über eine subjektzentrierte Arbeit in sozialpädagogischen Handlungsfeldern hinaus, und zwar im Hinblick auf soziale Probleme, die sowohl bezüglich ihres Vorkommens als auch ihrer Verursachung die Thematisierung einer sich formierenden Weltgesellschaft, ihrer Struktur und Dynamik, und damit auch internationale Soziale Arbeit notwendig machen;
- die problemlose, strukturell gesicherte Durchlässigkeit der Studiengänge Sozialer Arbeit auf Bachelor-, Master- und Promotionsniveau (vgl. a.a.O.).

Makro-Module sind die sieben Studieneinheiten: Allgemeine Grundlagen der Sozialen Arbeit – Bezugswissenschaften der Sozialen Arbeit – Wertlehren, Ethik/Moral und Recht für Soziale Arbeit – Entstehung, Wandel und aktive Veränderung der gesellschaftlichen Rahmenbedingungen Sozialer

Arbeit – Allgemeine Handlungstheorie und spezielle Handlungstheorien (Studienschwerpunkte) – Handlungsfelder Sozialer Arbeit (Studienschwerpunkte) – Sozialarbeitsforschung (vgl. a.a.O.).

Bei der durch Wissenschaft gestützten Ausbildung von SozialarbeiterInnen geht es um die Vermittlung einer „wissenschaftlichen Haltung" – im Sinne einer Haltung, die Welt fragend zu erforschen, Befunde der Wissenschaft in das eigene berufliche Denken und Handeln zu integrieren und sich bewusst zu sein, dass es immer auch andere Antworten geben kann als die, die ich für mich gefunden habe. Maßstab für diese Haltung ist, dass sich die Soziale Arbeit als Wissenschaft gegenüber dem Leben bewährt und der Bezug zum leidenden Menschen nicht verloren geht. Außerdem geht es in der Ausbildung von SozialarbeiterInnen um die Vermittlung einer „ethischen Haltung", die sich am *Code of Ethics* der Sozialen Arbeit orientiert (vgl. Engelke/Spatscheck/Borrmann 2009). Wissenschaftliche und ethische Haltungen können vor einer im negativen Sinn verstandenen „Verwissenschaftlichung" der Sozialen Arbeit schützen und eine fruchtbare Zusammenarbeit von WissenschaftlerInnen und PraktikerInnen ermöglichen.

3. Zum Schluss

Für mich gilt weiterhin das, was Ilse von Arlt (1876-1960) schon vor fast 100 Jahren über die Notwendigkeit der Wissenschaft Soziale Arbeit gesagt hat: *„Soll die Fürsorge ihren ungeheuren Aufgaben in der modernen Welt entsprechen, so muß sie sich des Werkzeugs bedienen, das anzuwenden wir gewöhnt sind, der Wissenschaft!"* (Arlt 1958: 51). Es liegt nicht zuletzt auch am Engagement der Lehrenden und Lernenden in der Sozialen Arbeit, ob die Soziale Arbeit in das deutsche Hochschulsystem vollständig integriert und das Ansehen der in der Sozialen Arbeit Tätigen vermehrt wird.

Literatur

Amthor, Ralph Christian: Zur Zukunft von Forschung und Lehre. Professorinnen und Professoren an den Fachbereichen Soziale Arbeit. In: Soziale Arbeit 5 (57) 2008; S. 162-170

Arlt, Ilse von: Wege zu einer Fürsorgewissenschaft. Wien. 1958

Bartosch, Ulrich / Maile, Anita / Speth, Christine u.a.: Qualifikationsrahmen Soziale Arbeit (QR SArb). Version 4.0. 2006 (http://www.hrk.de/bologna/de/download/dateien/QR_SArb.pdf)

Berger, Rainer (Hrsg.): Studienführer Soziale Arbeit. Münster i.W. 2001

Borrmann, Stefan / Klassen, Michael / Spatscheck, Christian (Hrsg.): International Social Work. Social Problems, Cultural Issues and Social Work Education. Opladen, Farmington Hills 2007

Deutscher Verein für öffentliche und private Fürsorge: Stellungnahme des Deutschen Vereins zu den „Anforderungen an eine berufsqualifizierende Ausbildung der Sozialarbeiter/Sozialpädagogen". Sonderdruck aus dem Nachrichtendienst des Deutschen Vereins für öffentliche und private Fürsorge 5/1983

Eikelmann, Theodor/Hutter, Andreas: Vom „Sozialwesen" zur „Sozialen Arbeit". Reform der Rahmenstudienordnung für die Fachhochschulen in Bayern. In: Engelke, Ernst (Hrsg.): Soziale Arbeit als Ausbildung. Freiburg i.br. 1996; S.150-171

Engelke, Ernst: Soziale Arbeit als Wissenschaft. Eine Orientierung. Freiburg i.br. 1992

Engelke, Ernst: Nach-denken in der Sozialen Arbeit? Über die Notwendigkeit und die Aufgaben der Sozialen Arbeit als Wissenschaft. In: Sozial. Zeitschrift des Berufsverbandes der Sozialarbeiter, Sozialpädagogen, Heilpädagogen (BSH). 1 (44) 1993; S.11-16

Engelke, Ernst (Hrsg.): Soziale Arbeit als Ausbildung. Studienreform und -modelle. Freiburg i.br. 1996

Engelke, Ernst: Gesellschaftlicher Wandel und Hochschulreform – Auswirkungen auf die Ausbildung in der Sozialen Arbeit. In: Archiv für Wissenschaft und Praxis der sozialen Arbeit 1 (31) 2000; S. 73-96

Engelke, Ernst/Spatscheck, Christian/Stefan Borrmann: Die Wissenschaft Soziale Arbeit. Werdegang und Grundlagen. 3., überarb. und erw. Aufl. Freiburg i.br. 2009

Engelke, Ernst /Leideritz, Manuela/Maier, Konrad/Sorg, Richard/Staub-Bernasconi, Silvia: Kerncurriculum Soziale Arbeit/Sozialarbeitswissenschaft für Bachelor- und Masterstudiengänge in Sozialer Arbeit. (http://www.deutsche-gesellschaft-fuer-sozialarbeit.de/pdf/Kerncurriculim. pdf) 2005

Feth, Reiner: Auf dem Wege zur disziplinären Heimat. Studienreform an der Katholischen Fachhochschule für Soziale Arbeit Saarbrücken. In: Engelke, Ernst (Hrsg.): Soziale Arbeit als Ausbildung. Freiburg i.br. 1996; S. 78-108

Grohall, Karl-Heinz: Studienreform in den Fachbereichen für Sozialwesen. Freiburg i.br. 1997

Hamburger, Franz: Einführung in die Sozialpädagogik. Stuttgart 2003

Hochschulrektorenkonferenz (Hrsg.): Bologna-Reader. Texte und Hilfestellungen zur Umsetzung der Ziele des Bologna-Prozesses an deutschen Hochschulen. Bonn. 5. Aufl. 2006

Hochschulrektorenkonferenz (Hrsg.): Bologna-Reader II. Neue Texte und Hilfestellungen zur Umsetzung der Ziele des Bologna-Prozesses an deutschen Hochschulen. Bonn 2007

Hochschulrektorenkonferenz (Hrsg.): Bologna-Reader III. FAQs – Häufig gestellte Fragen zum Bologna-Prozesses an deutschen Hochschulen. Bonn 2008

IFSW (International Federation of Social Workers): Definition of Social Work. (http://www.ifsw.org/ Publications/4.6e.pub.html – 09.04.2003) 2000

IFSW (International Federation of Social Workers): Constitution. (http://www.ifsw.org - 09.04.2003) 2001

Lorenz, Walter: Möglichkeiten einer europäischen Sozialen Arbeit. In: Müller, Siegfried u.a. (Hrsg.): Soziale Arbeit. Gesellschaftliche Bedingungen und professionelle Perspektiven. Neuwied, Kriftel 2000; S.61-78

Lorenz, Walter: Perspectives on European Social Work. From the Birth of the Nation State to the Impact of Globalisation. Opladen, Farmington Hills 2006

Mühlum, Albert: Sozialpädagogik und Sozialarbeit. Ein Vergleich. Frankfurt a.M. (1. Aufl.: 1982) 1996

Niemeyer, Christian: Sozialpädagogik als Wissenschaft und Profession: Grundlagen, Kontroversen, Perspektiven. München. Weinheim 2003

Obrecht, Werner/Staub-Bernasconi, Silvia: Vom additiven zum integrativen Studienplan. Studienreform als Verknüpfung der Profession der Sozialen Arbeit mit der Disziplin der Sozialarbeitswissenschaft an der Schule für Soziale Arbeit in Zürich/Schweiz. In: Engelke, Ernst (Hrsg.): Soziale Arbeit als Ausbildung. Freiburg i.br. 1996; S.264-293

Otto, Hans-Uwe / Thiersch, Hans (Hrsg.): Handbuch Sozialarbeit/Sozialpädagogik. München, Basel. 3. Aufl. 2005

Puhl, Ria / Maas Udo (Hrsg.): Soziale Arbeit in Europa. Organisationsstrukturen, Arbeitsfelder und Methoden im Vergleich. Weinheim, München 1997

Rothgang, Georg-Wilhelm: Praxisrelevanz fachwissenschaftlicher Inhalte im Studium Sozialarbeit/ Sozialpädagogik. Befragung von Studierenden im Integrierten Praktikum. In: neue praxis 1 (20) 1990; S. 81-86

Sekretariat der Ständigen Konferenz der Kultusminister der Länder der Bundesrepublik Deutschland (Hrsg.): Entwurf. Empfehlungen der Studienreformkommission Pädagogik/Sozialpädagogik/ Sozialarbeit. Bd. 2: Ausbildungsbereich Sozialwesen. Bonn 1984

Sekretariat der Ständigen Konferenz der Kultusminister der Länder in der Bundesrepublik Deutschland (Hrsg.): Rahmenprüfungsordnung Sozialwesen mit Erläuterungen. Bonn 1988

Sekretariat der Ständigen Konferenz der Kultusminister der Länder in der Bundesrepublik Deutschland (Hrsg.): Rahmenordnung für die Diplomprüfung im Studiengang Soziale Arbeit – Fachhochschulen. Bonn 2001

Sewpaul, Vishanthie / Jones, David: Global Standards for the Education and Training of the Social Work Profession. (http://www.ifsw.org/cm_data/GlobalSocialWorkStandards2005.pdf) 2004

Thole, Werner (Hrsg.): Grundriss Soziale Arbeit. Ein einführendes Handbuch. Wiesbaden 2. überarb. und aktualisierte Aufl. 2005

Tillmann, Jan: Sozialarbeitswissenschaft im Werden. In: Schatteburg, Uta (Hrsg.): Aushandeln, Entscheiden, Gestalten – Soziale Arbeit, die Wissen schafft. Hemmingen bei Hannover 1994; S. 17-50

Ulke, Karl-Dieter (Hrsg.): Ist Sozialarbeit lehrbar? Zum wechselseitigen Nutzen von Wissenschaft und Praxis. Freiburg i. Br. 1988

Wendt, Wolf Rainer (Hrsg.): Sozial und wissenschaftlich arbeiten. Status und Positionen der Sozialarbeitswissenschaft. Freiburg i. Br. 1994

Zink, Dionys: Aufforderung zur Konstitution von Sozialarbeitswissenschaft an Fachhochschulen. In: Ulke, Karl-Dieter (Hrsg.): Ist Sozialarbeit lehrbar? Freiburg i. Br. 1988; S. 40-54

Christa Paulini

Zur Bedeutung von Berufsverbänden für die Professionalisierung Sozialer Arbeit

ABSTRACT

Der Blick auf die Berufsverbände der Sozialen Arbeit macht deutlich, dass sie zur „Formung des Berufes" entscheidend beigetragen haben. Die Akzeptanz und das Interesse heutiger Fachkräfte der Sozialen Arbeit an einer eigenen Berufsvertretung ist deutlich geringer geworden, die Berufsvertretungen sind zersplittert und starke Anstrengungen aller beteiligten Akteure sind notwendig, damit eine berufsständische Vertretung wieder selbstverständlicher Teil der Fachkultur Sozialer Arbeit wird.

1   Einleitung

In Deutschland gründet sich der erste Berufsverband in der Sozialen Arbeit 1903, Berufsverbände blicken also auf eine lange Geschichte zurück. Fast ebenso lang wird in der Geschichte der Sozialen Arbeit die Frage der Professionalisierung diskutiert. Gerne wird in diesen Zusammenhang auf die Rede von Abraham Flexner verwiesen (vgl. u.a. Cloos 2008: 18, Riemann 2000: 11ff., Staub-Bernasconi 2009, Züchner 2007: 195), der 1915 auf einer Tagung der „National Conference of Charities and Corrections" in seinem Vortrag „Is Social Work a profession?" diese Frage ablehnend beantwortet, da es Sozialer Arbeit „am ‚scietific knowledge', an eigenem wissenschaftlichen Fachwissen fehle" (Züchner 2007: 195). Diese Rede verstärkte in den USA die „intensiven Bemühungen um das Erreichen eines professionellen Status" (Reichert/Wieler 2001: 1613) im Bereich der Ausbildung[1] ebenso wie im Berufssystem.[2]

---

1   Die Studiengänge für *Social Work* werden ausgebaut und in das universitäre System integriert. Die Schulen bilden eigene Gremien – ab 1952 dem *Council of Social Work Education* – zur Beurteilung und Bewertung von Studiengängen. (Reichert/Wieler 2001:1614).

2   Die *National Association of Social Work* (NASW) organisiert 1987 ca. 29 % aller Berufsangehörigen.

2   Entwicklung in Deutschland
     – Berufsentwicklung und Professionalisierungskonzepte

Ein Vergleich der Professionsentwicklung in Deutschland[3] und den USA zeigt deutliche Unterschiede sowohl bei Verankerung der Ausbildung im universitären Bereich als auch bei der Stärke der beruflichen Vertretung. Soziale Arbeit als Beruf entwickelt sich zu Beginn des 20. Jahrhunderts aus der ehrenamtlichen Arbeit. Die Integration von Frauen in die Armen- und Waisenpflege und in die neuen Fürsorgegebiete führten langfristig zur Schaffung der sozialen Berufsarbeit als Frauendomäne und als „Eignungsberuf" für Frauen. Die Entwicklung zur besoldeten Berufsarbeit verläuft langsam. Zu Beginn des Ersten Weltkrieges sind Frauen überwiegend ehrenamtlich tätig. 1913 arbeiten in 559 Gemeinden (über 10.000 Einwohner) 16.939 Frauen ehrenamtlich (94,32 %) und 5,68 % (1.021) hauptamtlich (vgl. Apolant 1916: 330).

Die Arbeitsbedingungen der hauptamtlichen Kräfte zeigen große Unterschiede bei Urlaubsanspruch, Altersversorgung, Bezahlung etc. Verdienstspannen zwischen 660 (Hagen) und 3.450 Mark (Charlottenburg) bei gleicher Tätigkeit sind keine Seltenheit (vgl. Apolant 1913: 76-157). *„Für die Generation der Gründerinnen beruflicher Sozialarbeit zu Beginn des 20. Jahrhunderts gab es keinen Zweifel daran, dass diese sich auf dem Weg zur Professionalisierung befindet"* (Burkhard Müller 2002: 729). Die Professionalisierungskonzepte unterscheiden sich jedoch. Während Alice Salomon auf Professionalisierung durch Methodenentwicklung[4] setzt, verfolgt Gertrud Bäumer den Ansatz der Institutionalisierung.[5] Beide Professionalisierungskonzepte – so Burkhard

---

3   Die Systematik geht von einer Verberuflichung (Nachweis einer anerkannten Qualifikation) und Verfachlichung (Nachweis einer einschlägigen Qualifikation) zur Akademisierung (Nachweis eines Studiums) und Professionalisierung (Nachweis eines fachlich einschlägigen Studiums) aus (vgl. Merten 2005: 660f.).

4   Alice Salomon veröffentlicht 1926 das Buch „Die soziale Diagnose" Im Vorwort verweist sie auf das methodische Konzept von Mary Richmond. „Auch der Titel der Schrift ist von dem Buch ‚Social Diagnosis' von Mary E. Richmond (.....) übernommen. Ganze Abschnitte der Schrift geben Gedanken wieder, die sich in diesem grundlegenden amerikanischen Werk finden. Andere Ausführungen lehnen sich an ein Buch von Karl D. Schweinitz „The Art of Helping People out of Trouble" (.....) an, und schließlich ist ein ungedruckter Vortrag von Porter Lee, dem Leiter der New Yorker Schule für soziale Arbeit, für ein Kapitel benutzt" (Salomon 1927, V). Salomon verspricht sich davon neue Anregungen für das soziale Bildungswesen in Deutschland. Sie stellt „den neuen Beruf neben den des Arztes, Richters oder Pfarrers und begründet diesen Anspruch (...) mit der Entwicklung einer eigenen Methodik der Diagnose und Intervention" (Müller 2005: 735f.). Salomon greift die Methodenfrage in den nächsten Jahren in unterschiedlichen Veröffentlichungen immer wieder auf.

5   G. Bäumer leitet den Professionalitätsanspruch Sozialer Arbeit aus der Entwicklung ihrer Institutionen ab und unterscheidet dabei drei Etappen („Caritative Ausübung freiwilliger Liebestätigkeit", „Bewusstsein, dass die Notlagen Einzelner gesellschaftlich bedingt sind und es zur Lösung sozialer Einrichtungen bedarf", „Übergang der Sozialreform in eine staatssozialistische Wohlfahrts- und Kulturpolitik" verbunden mit der Entwicklung eines Kompetenzprofils der Beschäftigten) (Bäumer 1929: 213 zitiert nach Müller 2005: 736f.).

Müller – sind bis heute konstitutiv für die Soziale Arbeit, da Soziale Arbeit sowohl ganzheitlich auf die Klienten blickt als auch in „sozialstaatlichen Rahmenbedingungen" eingebunden ist (vgl. Müller 2005: 737).

Ende der 1960er Jahre führen die gesellschaftlichen Veränderungen[6] zu einer komplexen sozialwissenschaftlichen Debatte über die gesellschaftlichen Perspektiven der Sozialarbeit/Sozialpädagogik (vgl. Dewe/Otto 2001: 1399). Der Boom sozialpädagogischer Berufe zu Beginn der 1970er Jahre ist begleitet von einer erneuten Diskussion um die Frage „Ist Soziale Arbeit eine Profession?" Eine Vielzahl von Professionalisierungstheorien werden diskutiert, die „analytisch auf eine Bestimmung von vermeintlich exklusiven Bestandformeln (Exklusivität der Zuständigkeit, Exklusivität der Wissensbasis, Zuschreibung eine funktionalen Autorität etc.) professionelle(r) Praxis (....) zielten" (Dewe/Otto 2001: 1399) und die Frage „Ist Soziale Arbeit eine Profession" wird erneut negativ beantwortet.

Erneute Veränderungen ergeben sich ab Mitte der 1990er Jahre mit der Hinwendung zu einem handlungsorientierten und kompetenzbezogenen Professionsmodell (vgl. Heiner 2004: 20). Die Qualität der Zuständigkeit, das heißt die Binnenstrukturen und die Logik sozialpädagogischen Handelns im Spannungsfeld von Wissensanwendung und Fallverstehen steht nun im Mittelpunkt (vgl. Dewe/Otto 2001: 1400). Soziale Berufe werden als Berufe begriffen, die im Schatten des Wohlfahrtsstaates entstanden sind und vom Staat mit bestimmten Aufgaben betraut worden sind (vgl. Heiner 2004: 20). Diese kurzen Ausführungen zeigen wie sehr sich die Professionalisierungskonzepte immer wieder verändern.

Bei der Betrachtung der Berufsverbände und ihrer Entwicklung im nächsten Abschnitt wird sehr deutlich, dass die Fachfrauen in den Berufsverbänden – ähnlich wie Salomon und Bäumer – nicht daran zweifeln, dass sie sich auf dem Weg zur Professionalisierung befinden (vgl. Müller 2005: 729).

3 Die Berufsverbände der Sozialarbeiterinnen

3.1 Von der Gründung bis zur Auflösung 1933

Die drei Berufsverbände der Sozialarbeiterinnen gründeten sich bewusst als Frauenberufsverbände und verankerten sich in der bürgerlichen und konfessionellen Frauenbewegung. Mit der Gründung von Frauenberufsverbänden antworteten bürgerliche Frauen auf die prekäre berufliche Lage und schafften sich Unterstützung bei der Durchsetzung ihrer beruflichen Interessen (Kerchner 1992).

---

6   Hier verweise ich beispielhaft auf die Diskussion im Rahmen des 4. Jugendhilfetages in Nürnberg 1970 zum Thema „Kindheit und Jugend in der Gesellschaft".

Der *Verband der Berufsarbeiterinnen der Inneren Mission* wurde 1903 gegründet und organisiert die in Vereinen und Anstalten der Inneren Mission haupt- und ehrenamtlich tätigen Frauen. Ziele des Verbandes sind die Förderung des fachlichen Austausches unter anderem im Rahmen von Konferenzen sowie eine Verbesserung der wirtschaftlichen Situation durch eine Erhöhung der Gehälter und der Absicherung im Alter und bei Krankheit (vgl. Vorstände-Verband 1903). Der neue Verband war eingebunden in die bestehende evangelische Verbandsstruktur und eng verbunden mit der evangelischen Frauenbewegung; erster Vorsitzender des Verbandes wurde Pastor Burckhardt[7]. Die Mitgliederentwicklung im „Verband der Berufsarbeiterinnen der Inneren Mission" verlief langsam aber stetig. 1916 organisierte der Verband 2.000 Mitglieder, 1918 2.300 und in den 1920er Jahren bewegte sich die Mitgliederzahl zwischen 3.285 (1923) und 3351 (1932) (vgl. Paulini 2001: 97ff.).

Die Gründung des *Vereins katholischer Sozialbeamtinnen Deutschlands* wurde von der Zentrale des Katholischen Frauenbundes initiiert und vorangetrieben. Der Verein wurde am 11. November 1916 in Köln gegründet, erste Vorsitzende war Helene Weber[8]. Der Verein sollte zur Förderung der religiössittlichen und beruflichen Weiterbildung und der wirtschaftlichen Interessensvertretung der katholischen Sozialbeamtinnen beitragen (Bachem 1930: 14). Der neue Verein war eingebunden in die kirchlichen/katholischen Strukturen und eng verbunden mit der katholischen Frauenbewegung. Die Mitgliederentwicklung verlief langsam; 1918 organisierte der Verein 320 Mitglieder; 1924 1.000 und 1930 1.558; die Mitgliederzahl stieg bis 1932 auf 2.013 (vgl. Paulini 2001: 118ff.).

Der *Deutschen Verband der Sozialbeamtinnen* wurde als interkonfessioneller Berufsverband am 28. November 1916 in Berlin gegründet. Die Versammlung entschied sich für eine ausschließliche Organisierung hauptberuflicher Kräfte; erste Vorsitzende wurde Adele Beerensson[9]. Der Wunsch nach einer eigenen Berufsorganisation entstand hier aus der Zerrissen-

---

7   Johannes Burckhard (1853-1914), Vorstandsvorsitzender des „Vorständeverband der evangelischen Jungfrauenvereine Deutschlands" griff das Anliegen zum Zusammenschluss auf. Näheres zu seiner Person findet sich in dem Gedächtnisheft für ihn in der Zeitschrift: Fürsorge für die weibliche Jugend, 23/1914, März 1914.

8   Helene Weber (1881-1962) hatte drei Arbeitsschwerpunkte in ihrem Leben: Sie war politisch sowohl in der Weimarer Republik als auch in der Bundesrepublik als Abgeordnete aktiv; war langjährige Vorsitzende des Berufsverbandes katholischer Fürsorgerinnen (1916-1962) und aktiv im katholischen deutschen Frauenbund (vgl. Paulini 1999: 229 ff., Pregardier/Mohr 1991).

9   Adele Beerensson (1879-1940) ist Mitglied der Berliner Mädchen- und Frauengruppen für soziale Hilfsarbeit. 1916 ist sie Geschäftsführerin der Sozialen Frauenschule Schöneberg und rechte Hand von Alice Salomon und unterrichtet ebenso als Dozentin. Neben vielen Ehrenämtern ist sie hauptberuflich von 1925-1933 Hauptgeschäftsführerin des Deutschen Verbandes der Sozialbeamtinnen. Nach der Machtergreifung der Nationalsozialisten emigriert sie nach England (Salomon 1927: 21, Reinicke 1990: 269).

heit zwischen fachlicher und wirtschaftlicher Vertretung. Einige von ihnen hatten sich – soweit sie früher in kaufmännischen Berufen tätig waren – den dortigen Berufsverbänden angeschlossen und fanden in den kaufmännischen Berufsorganisationen Unterstützung und den Rückhalt einer Berufsorganisation, ihre berufliche Organisation erfolgte also in den kaufmännischen Berufsorganisationen,[10] die Reflexion der sozialen Arbeit, auch der Ausbildung, erfolgte in den Mädchen- und Frauengruppen für soziale Hilfsarbeit (vgl. Paulini 2001: 128). Diese Zweiteilung erwies sich bei zunehmender „Festigung" des Berufes für die Berufsarbeiterinnen als immer unbefriedigender (vgl. Israel 1926: 556). Die Forderung nach einer ausschließlichen Organisation hauptberuflicher Kräfte führte zu gewissen „Irritationen" in den Mädchen- und Frauengruppen für soziale Hilfsarbeit. Hedwig Wachenheim verknüpfte das Wohl der sozialen Hilfsarbeiterin mit dem Allgemeinwohl und forderte für Sozialbeamtinnen eine nicht zu lange Arbeitszeit, eine angemessene Bezahlung und eine gute Berufsausbildung (vgl. Wachenheim 1916: 21). Die Mitgliederentwicklung verlief sehr erfolgreich; 1919 organisierte der Verband 1.366 Mitglieder, anschließend stieg die Mitgliederzahl von 2.099 (1920) auf 4.500 (1930). Ab 1926 war der *Deutsche Verband der Sozialbeamtinnen* der stärkste Berufsverband (vgl. Paulini 2001: 139 ff.).

3.1.1   Gemeinsamkeiten – Unterschiede

Der Blick auf die drei Berufsverbände zeigt, dass die Religionszugehörigkeit eine der entscheidenden Faktoren ist, die zur Gründung unterschiedlicher Verbände führt. Trotz der Unterschiede bei der Mitgliederstruktur und der Frage der männlichen Mitarbeit[11] entwickeln alle drei Berufsverbände in den nächsten Jahren ähnliche Organisationsstrukturen; sie gliedern sich in Orts-, Landes- und Bezirks- und Fachgruppen. Die Sozialarbeiterinnen treffen sich in den Ortsgruppen zum Austausch über Berufsfragen, zur fachlichen Fortbildung und zum Erleben von Gemeinschaft, um ihrer Vereinzelung entgegenzuwirken.

Die Themen der Ortsgruppenabende und die der stattfindenden Freizeiten zeigen die Unterschiede zwischen konfessioneller und interkonfessioneller Ausrichtung. Die Verbände und ihre Mitglieder haben gleiche Problemlagen (schwierige Arbeitsbedingungen, Burn-out, Vereinzelung, Moti-

---

10   So sind z.B. Gertrud Israel und Adele Beerensson Mitglieder im Kaufmännischen Verband für weibliche Angestellte. Den Festgruß der Mitglieder an Agnes Herrmann brachte Adele Beerensson zum Ausdruck (....) " (Israel Gertrud 1914/1915:. 54, Heft Nr ohne Angaben).

11   Die beiden konfessionellen Verbände entschieden sich für eine gemeinsame Organisation ehrenamtlicher und hauptamtlicher Mitglieder und bezogen Männer in die Führungsverantwortung entweder ganz (BAI) oder teilweise (VKDS) mit ein.

vationsverluste, Erschöpfungszustände); die Methoden der Motivierung der Mitglieder unterscheiden sich durch die weltanschauliche Ausrichtung. Bei den konfessionellen Verbänden stehen neben fachlichen Themen Bibelarbeiten, Andachten oder auch Exerzitien auf dem Programm. Während sich die konfessionellen Verbände auf ihren Glauben stützen, motivieren sich die Mitglieder des Deutschen Verbandes mehr über den Bezug auf das Volksganze, auf die Volksgemeinschaft, mit allgemeinen humanitären Zielen des Lebens und der Gemeinschaft.

Alle drei Verbände geben Mitteilungen zur Information und zur Pflege des Zusammenhalts an die Mitglieder heraus und bauen Unterstützungen wie Stellenvermittlung, Altersvorsorge, Fonds für bedürftige Mitglieder, Vermittlung günstiger Versicherungen und preisgünstige Erholungsmöglichkeiten für ihre Mitglieder auf. 1918 sind in den Berufsverbänden der Sozialbeamtinnen insgesamt 3.249 Mitglieder organisiert; am Ende der Weimarer Republik organisieren die drei Berufsverbände der Sozialarbeiterinnen insgesamt 9.764 Mitglieder.[12]

Mit den Mitte / Ende der 1920er Jahre gegründeten Sozialarbeiterverbänden, die zahlenmäßig nur einige hundert Sozialarbeiter[13] organisieren, bestehen meist lose Kooperationsbeziehungen und eine Zusammenarbeit in Sachfragen. Der damalige Organisationsgrad der SozialarbeiterInnen wird auf mindestens 30 % und maximal 50 % geschätzt (Schneider 2001: 6).[14]

3.1.2 Selbstverständnis der Sozialarbeiterinnen

Die damaligen Sozialarbeiterinnen waren hoch motiviert und sahen ihre Arbeit als „Dienst am Volksganzen" oder als „tätige Nächstenliebe". „In der Wohlfahrtsarbeit selbst aber gehört unser Schaffen dem ganzen Volke ....." (Kröhne 1921:19). Sozialbeamtinnen sind mit ihren Arbeitgebern „verbunden im Streben nach gemeinsamen Zielen: der höchsten Leistung in der sozialen Arbeit" (Beerensson 1919: 4). Sie sind eingebunden in einem Dreieck und zwar in „die Pflicht gegenüber der Volksgemeinschaft als solcher – die

---

12 Eine kleinere Anzahl von Sozialarbeiterinnen waren in unterschiedlichen Gewerkschaften und im Beamtenbund organisiert (vgl. Paulini 2001: 205).

13 Eine Ausnahme bildete hier die Fachgruppe für evangelische Wohlfahrtspfleger innerhalb des Diakonen-Verbandes mit ca. 2.000 Mitgliedern. Die Verbände für Sozialarbeiter gründeten sich ebenfalls getrennt nach Konfessionen (vgl. Reinicke 1990: 113-181).

14 Eine Aussage zur Anzahl der Sozialarbeiterinnen in der Weimarer Zeit bleibt schwierig. Heynacher (1925) wertete 4.041 Fragebögen von Fürsorgerinnen aus; Bedienstete in der privaten Wohlfahrtspflege und männliche Kräfte wurden dabei nicht erfasst (Heynacher 1926: 152-166). Auch der Hinweis bei Cloos/Züchner (2005: 724) von 30.000 Sozialbeamtinnen/Kindergärtnerinnen (Volkszählung 1925) bringt nur bedingt Klarheit, da sich Sozialbeamtinnen und Kindergärtnerinnen ab Mitte der 1920er Jahre getrennt organisierten (vgl. Paulini 2001: 281-301).

Pflicht gegen den eigenen Stand – die Pflicht gegen die, denen geholfen werden soll, also die Arbeit selbst" (Israel 1917: 83). Im Rahmen dieses Dreiecks ergaben sich Verpflichtungen und Arbeitsansätze für die Sozialarbeiterin und ihren Berufsorganisationen. Die Lösung des Problems der „ungeeigneten und unberufenen Kräfte" (Israel 1917: 88) ist Aufgabe der Berufsorganisation und nicht Aufgabe der Schulen.

3.1.3 Herausforderungen nach 1918

Nach 1918 standen die Berufsverbände der Sozialarbeiterinnen vor schwierigen Entscheidungen. Die Anerkennung als tariffähige Berufsorganisation erforderte für die konfessionellen Verbände die Trennung von ihren ehrenamtlichen Mitgliedern und die Verbände mussten entscheiden, ob sie sich weiter als Frauenberufsverbände organisieren wollten.

Die Sozialarbeiterinnenverbände entscheiden sich gegen den Beitritt in größere Gewerkschaften. Als kleine Berufsgruppe sahen sie die Wahrung ihrer Interessen – bedingt durch die „Eigenart des Berufes" – in größeren Gewerkschaften nicht gewährleistet. Deshalb gründeten sie mit anderen Verbänden – Kindergärtnerinnen, Krankenpflegerinnen und Diakone – einen *Gesamtverband der Berufsorganisationen der Wohlfahrtspflege* und schlossen sich 1920 zu einer *Arbeitsgemeinschaft der Wohlfahrtspflegerinnen* zusammen (Israel 1924: 112) und bleiben Frauenberufsverband.

Die gemeinsame Zeitschrift der Arbeitsgemeinschaft der Wohlfahrtspflegerinnen Deutschlands „Soziale Berufsarbeit" (1921-1935) entwickelte sich zum Forum, in dem alle die Sozialbeamtinnenverbände betreffenden Themen, seien es Ausbildung, Bezahlung, Gesundheitszustand oder Abgrenzung als Berufsverband etc. diskutiert und wichtige Informationen zu neuen Gesetzen, Fortbildungen, Fachliteratur u.v.m. veröffentlicht wurden. Die Stellenvermittlungen der drei Verbände wurden zusammengelegt, eine gemeinsame Geschäftsstelle geschaffen und die Kosten analog der Mitgliederzahl verteilt.[15]

3.1.4 Die Interessenvertretung der Verbände zwischen Berufsethos und wirtschaftlichen Forderungen

Die Interessensvertretung in den 1920er Jahren war von sich widersprechenden Einflüssen geprägt. Der Dienst an der Gesamtheit des Volkes war Ziel und Aufgabe des Berufsverbandes. Die Sozialbeamtin brauchte für diese Aufgabe das nötige Rüstzeug, gesunde wirtschaftliche Grundlagen und die

---

15   DVS 47 %, evang. Verbandes 36 %, kath. Verbandes 17 % (Mitteilungsblatt, Nr. 4, April 1951:1).   **83**

Anerkennung der Eigenart ihrer Arbeit (vgl. Beerensson 1919: 4). Trotz der Ablehnung des Streiks kämpften Sozialbeamtinnen hart für bessere tarifliche Eingruppierungen und bessere Arbeitsbedingungen. Dazu schlossen sie Bündnisse, sowohl im Bereich der Frauenbewegung als auch im Bereich der Gewerkschaften und verhandelten mit Landkreistag, Städtetag, Ministerien sowie den wichtigen Fachverbänden wie zum Beispiel dem *Deutschen Verein für öffentliche und private Fürsorge.* Die Kommunalisierung der Wohlfahrtspflege erschwerte diese Verhandlungen, da viele unterschiedliche Ansprechpartner berücksichtigt und einbezogen werden mussten.

Auf die Zuspitzung der wirtschaftlichen Lage ab 1929 reagierten die Berufsverbände im Rahmen der *Arbeitsgemeinschaft der Wohlfahrtspflegerinnen* mit einer Schärfung des gewerkschaftlichen Profils. Gehaltskürzungen, Personalabbau und Notverordnungen waren prägend für die Zeit ab 1929. Die Strategie der Berufsverbände war es hier mit vielen anderen Verbänden und Organisationen vor einem übereilten Abbau und „falschen" Sparmaßnahmen zu warnen. Alle Kräfte der Sozialbeamtinnen gingen ab 1931 in die Berufsvertretung zur Vermeidung der eigenen Arbeitslosigkeit und gegen den inhaltlichen Abbau der Wohlfahrtspflege.

Am Ende der Weimarer Republik lässt sich feststellen, dass sich die Berufsverbände der Sozialarbeiterinnen sowohl hinsichtlich ihres Organisationsgrades als auch der Einbindung in den fachlichen Diskurs etabliert hatten. Mit den Verbänden der männlichen Sozialbeamten bestand eine Zusammenarbeit in Sachfragen; zur Frage Trennung der Arbeitsgebiete zwischen Männern und Frauen wurde ab Mitte der 1920er Jahre eine grundsätzliche Übereinstimmung erzielt.[16] Die Anforderungen an die Fachkräfte (Kompetenzprofil) seitens der Berufsverbände wurden ständig erhöht. Der Dienst am Volksganzen oder tätige Nächstenliebe waren als Ziele des beruflichen Handelns formuliert. Die wirtschaftliche Vertretung ihrer Mitglieder war geprägt von Erfolg und Misserfolg gleichermaßen. Als Unterstützung organisierten Berufsverbände Fortbildungen, fachlichen Austausch und boten emotionalen Rückhalt. Sie sahen sich verantwortlich für die Wahrung der beruflichen Standards und formulierten selbstbewusst Forderungen an die Ausbildungsstätten.[17]

---

16 „Für verschiedene Gebiete wurden diese Voraussetzungen auch bei den Männern festgestellt, ihr Arbeitsgebiet aber innerhalb der Wohlfahrtspflege begrenzt, und zwar auf die Fürsorge für die männliche Jugend, auf die Trinker- und Geschlechtskrankenfürsorge für Männer, für Arbeitsvermittlung, Berufsberatung" (Beerensson 1928: 6).

17 Forderungen sind u.a.: stärkeres Gewicht psychologisch-pädagogischer und verwaltungstechnischer Fragen, eine stärkere Verbindung zwischen Praxis und Schulen durch Einbeziehung von bewährten Familienfürsorgerinnen in Arbeitsgemeinschaften, Regelung des Praktikantinnenjahres, stärkere Auslese von ungeeigneten Schülerinnen (vgl. Paulini 2001: 365f.) sowie Reduzierung der Ausbildungskapazitäten zur Vermeidung von Arbeitslosigkeit (vgl. Lüdy 1929: 68).

3.2 Die Entwicklung der Berufsverbände zwischen 1933 und 1945

Nach der Machtübernahme durch die Nationalsozialisten im Januar 1933 zeigte sich, dass der größte Teil der Mitarbeiterinnen in den Wohlfahrtsämtern und Amtsstuben zur Anpassung bereit waren; dies betraf auch die Sozialarbeiterinnen bei freien Trägern – trotz großer Unterschiede innerhalb der Verbände.[18] Diese Anpassung wurde getragen von der Erleichterung, nun am Aufbau des Volkes mitwirken zu können, und durch die Tatsache erleichtert, dass die bestehenden Gesetze (Fürsorgepflichtverordnung, Reichsjugendwohlfahrtsgesetz) vom Staat beibehalten wurden.[19] Außerdem gelang den Nationalsozialisten mit der Betonung des Volksaufbaus, der Volksgemeinschaft und dem Schlagwort „Gemeinnutz geht vor Eigennutz" eine fast nahtlose Anknüpfung an die Argumentation der drei hier in Rede stehenden Berufsverbände in der Weimarer Zeit.

Die Berufsverbände der Sozialarbeiterinnen wurden zum 1. Juli 1933 in der Deutschen Arbeitsfront (DAF) zusammengefasst und damit aufgelöst. Ihr Anspruch auf Vertretung beruflicher Belange erlosch; nur die konfessionellen Verbände konnten als Gesinnungsverband unter strengen Auflagen

---

18 Ich greife an dieser Stelle sehr unterschiedliche Eindrücke hinsichtlich der Anpassung von Sozialarbeiterinnen bei freien Trägern auf. Für die AWO berichtet Lotte Lemke, dass die ehrenamtlichen und hauptamtlichen Mitglieder nach Auflösung und Verbot des Verbandes ihre Mitarbeit einstellten (Lemke 1969: 158f), wobei sich die Mitarbeiterinnen in den von der NSV übernommenen Einrichtungen entschieden haben. Als Beispiel für die Akzeptanz im evangelischen Bereich verweise ich auf den nahtlosen Wechsel der Führungsfrauen des Verbandes evangelischer Wohlfahrtspflegerinnen zur neuen Fachschaft in der DAF (vgl. Fachgruppen 1934: 59) und den Mitgliederschwund des ab 1933 gegründeten evangelischen Gesinnungsverband „Bund evangelischer Frauen im sozialen Dienst". der 1936 nur noch 1.260 Mitglieder hatte, d.h. nur ca. 40 % der alten Mitglieder sind dem Verband treu geblieben. Außerdem verweise ich u.a. auf Artikel von Ilse von der Wense über „Ländliche Wohlfahrtspflege im Wandel der Zeit" (1933), „Die Mitarbeit der Volkspflegerin in der Volksgesundheitspflege" (1934) und von Dr. Antonie Morgenstern, Dresden, über „Die fürsorgerischen Aufgaben an zu Sterilisierenden und Sterilisierten" (1936), die die inhaltliche Anpassung an die neue Ausrichtung der Wohlfahrtspflege sehr deutlich zeigen. Beim Verein katholischer Sozialbeamtinnen zeigt sich eine leicht andere Tendenz. Die Mitglieder wurden 1933 nochmals deutlich auf den Schutz des Konkordats sowie auf die Wahlmöglichkeit des Beitritts zur neuen Fachschaft in der DAF hingewiesen, falls sie in der freien Wohlfahrtspflege arbeiteten (vgl. Rundbriefe vom 19.6.1933, Archiv KDFB). Die Mitgliederzahl des katholischen Gesinnungsverbandes, dem Hedwigsbund, geht bis 1935 nur geringfügig zurück, d.h. die katholischen Fürsorgerinnen halten ihrem Verband die Treue.

19 Bei den Sozialarbeiterinnen gab es – neben den überzeugten Nationalsozialistinnen, deren Anzahl nicht bekannt ist – die große Gruppe derjenigen, die sich in die „neue Zeit mit ihren Anforderungen" langsam einfügten oder versuchten, für sich Nischen zu finden. Ein Beispiel ist für mich Elisabeth Siegel (1901-2002), die nachdem sie 1933 aus ihrer bisherigen Lehrtätigkeit entlassen wurde, die Zeit zwischen 1933-1945 im freiwilligen Arbeitsdienst, an der *Staatlichen Fachschule für Frauenberufe* in Bremen und von 1938 bis 1945 als „Oberin" an einer höheren Mädchenschule in Magdeburg arbeitete (vgl. Siegel 1981).

weiter bestehen.[20] Verbindungslinien zwischen den alten Berufsverbänden und der neuen Fachschaft werden durch Personen sichtbar.[21] Die neue Fachschaft organisierte – bedingt durch die faktische Zwangsmitgliedschaft in der DAF – zum 1. April 1935 über 10.000 Mitglieder. Damit gelang es, Mitglieder aus allen drei ehemaligen Berufsverbänden in die neue Fachschaft zu integrieren.

Die Arbeitsweise in Fachgruppen, Orts- und Landesgruppen wurde vorerst beibehalten ebenso die Organisation als Frauenberufsverband. Die Hoffnung, in den neuen Strukturen die Möglichkeit zum fachlichen Gespräch und zur Fortbildung weiter erhalten zu können, zerschlugen sich sehr schnell. Die monatlichen Treffen in den Ortsgruppen waren für alle Mitglieder verpflichtend. Hauptarbeitsgebiet der Fachschaft war die Berufserziehung und Berufsschulung der Mitglieder (vgl. Pißel 1935: 91). Dies bedeutete letztendlich die Beschäftigung mit den „Aufgaben der Volkspflegerin in der nationalsozialistischen Wohlfahrtspflege und ihre fürsorgerischen Aufgaben bei der Rassen- und Erbgesundheitslehre".

Neben dem Abbau von Arbeitsplätzen, der weiter bestehenden Arbeitslosigkeit und den Herabgruppierungen ab Mitte/Ende 1933[22] sorgte auch die unklare Stellung der berufstätigen Frau im Nationalsozialismus[23] für Unsicherheit unter den Berufskräften.

Mit Beginn des Zweiten Weltkrieges begann auch für die Sozialarbeiterin der Dienst an der Heimatfront. „Die Zeit stellt sie jetzt vor eine doppelte Bewährungsprobe: Hüterin und Bewahrerin der deutschen Volkskraft zu sein und durch einen ständigen Zustrom aufbauender Kräfte die innere Front zu stärken und zu sichern" (Harpe 1940: 2).

Der Blick auf die Berufsverbände zwischen 1933 bis 1945 zeigt, dass in der neuen Fachschaft alles Handeln dem neuen Verständnis von nationalsozia-

---

20 Der evangelische Verband wurde 1939 aufgrund eines Erlasses des Reichsinnenministeriums endgültig aufgelöst; der katholische Verband blieb als „Hedwigsbund" bestehen (vgl. Paulini 2001: 391-398).

21 Beispielsweise wechselte Annemarie Pißel, Geschäftsführerin des evangelischen Verbandes, in die Geschäftsführung der neuen Fachschaft (vgl. Fachgruppen, In: SB, 14/1934, Heft 3: 59).

22 Grundlage war das *Gesetz zur Änderung von Vorschriften auf dem Gebiet des allgemeinen Beamten-, des Besoldungs- und des Versorgungsrechtes* vom 30. Juni 1933.

23 Endgültig stabilisierte sich die Rolle der berufstätigen Frau in der Wohlfahrtspflegerin – die Fachschaft spricht gerne von der geschulten Frau – mit dem erneuten Erlass des Reichsinnenministers Frick vom 5.10.1935. der nochmals klarstellte, dass eine grundsätzliche Entfernung oder Herabstufung von weiblichen Beamtinnen und Angestellten nicht in der Absicht des nationalsozialistischen Staates liegt und Frauen besonders auf dem Gebiet der Jugendfürsorge, der Jugendpflege und des Unterrichts gebraucht werden würden (vgl. Schoen 1985: 208). Der Erlass wiederholte dabei fast wörtlich die bereits im November 1933 veröffentlichte Presseerklärung des Ministeriums, die die Fachschaft zur Information ihrer Mitglieder veröffentlicht hatte (vgl. Pressemitteilung vom Reichsministerium des Innern, in: SB, 13/1933, 11. Heft: 136).

listischer Wohlfahrtspflege untergeordnet wurde. Die Spielräume waren gering. Die Fachschaft suchte Unterstützung bei den zuständigen Ministerien, bei der Deutschen Arbeitsfront, der NS-Volkswohlfahrt und den Frauenorganisationen der Partei. Für arbeitslose Mitglieder wurden Qualifizierungsmaßnahmen organisiert und Wohlfahrtsschülerinnen wurden dazu angehalten, ihr Qualifikationsprofil zu erweitern (vgl. Ortsgruppe Berlin: 161). Als Hypothek dieser Zeit für die künftige Arbeit der Berufsverbände sieht Olga Heerdegen, dass junge Fürsorgerinnen in die Sozialarbeit kommen, „die die Vorzüge einer fachlich orientierten Berufsorganisation höchstens noch vom Hörensagen kannten" (Heerdegen 1976: 81).

3.3 Die Wiedergründung der Berufsverbände nach 1945

Auch nach dem Zweiten Weltkrieg gründeten sich die Berufsverbände entlang der konfessionellen sowie der Geschlechtergrenzen; die Zusammenarbeit erfolgte in Arbeitsgruppen. Die erste Arbeitsgemeinschaft (ab 1951) umfasste die drei Berufsverbände der Sozialarbeiterinnen, die zweite erweiterte wurde 1955 gegründet und in ihr sind alle damaligen (sechs) Berufsverbände der Sozialarbeit vertreten.[24] Sowohl der *Berufsverband der katholischen Fürsorgerinnen* als auch der *Deutsche Berufsverband der Sozialarbeiterinnen* (DBS) knüpften relativ problemlos an die Zeit vor 1933 an. Der DBS organisierte 1951 3.000 Mitglieder; die Mitgliederzahl stieg bis 1961 auf 4.400 Mitglieder an. Auch dem katholischen Verband gelang die Anknüpfung an alte Traditionen. 1950 waren 2.200 Mitglieder in 60 Ortsgruppen organisiert. Im Gegensatz dazu bleibt die Mitgliederzahl im *Bund Evangelischer Fürsorgerinnen* klein. Die Notwendigkeit einer eigenen evangelischen Organisation war der nachfolgenden Generation nicht mehr vermittelbar. Ende 1970 entschloss sich der Verband zur Auflösung (vgl. Reinicke 1990: 249, Paulini 2001: 422). Mitte/Ende der 1950er Jahre waren bereits wieder 6.000 bis 7.000 Sozialarbeiterinnen in den drei Berufsverbänden organisiert.

Eine deutliche Entspannung zeigte sich beim Umgang mit Gewerkschaften. Während es der evangelische Verband seinen Mitgliedern freistellte sich gewerkschaftlich zu organisieren, entschied sich der *Deutsche Berufsverband der Sozialarbeiterinnen* ab 1952 für eine eigenständige gewerkschaftliche Vertretung. Ein Anschluss an größere Gewerkschaften (ÖTV, GEW, DAG) scheiterte 1962 erneut an den Bedenken, dass die Interessen von Sozialarbeiterinnen nicht angemessen vertreten werden könnten (vgl. Otte 1976: 126f.).

---

24 Dies sind die drei Sozialarbeiterinnenverbände sowie der *Deutsche Verband der Sozialarbeiter*, der *Berufsverband Katholischer Sozialarbeiter* und der *Berliner Berufsverband der Sozialarbeiter*, der Männer und Frauen gemeinsam organisiert.

Die Themen der Bundestagung des DBS 1951 zeigen, dass sich die berufliche Situation – im Vergleich zur Weimarer Republik – keineswegs verbessert hat. Sie zeigen aber auch, dass die Verbände an die Erfahrungen und Lösungsansätze vor 1933 anknüpften. Auch bei den Mitteilungsblättern ist diese Tendenz deutlich. Hier informieren die Verbände ihre Mitglieder über aktuelle Entwicklungen in den jeweiligen Arbeitsbereichen, über Eingaben des Verbandes, anstehende Gesetzesentwürfe sowie aktuelle nationale und internationale Entwicklungen. Die fachlichen Diskussionen im Bereich der Sozialen Arbeit können also nicht nur anhand der Veröffentlichungen im Wissenschaftsbereich, sondern ebenso im Kontext der Berufsverbände anhand der Mitteilungsblätter gut nachvollzogen werden.

Eine weitere wichtige Veränderung war für die weiblichen Berufsverbände die Entscheidung, ihr Organisationsprinzip als Frauenberufsverband Ende der 1950er Jahre aufzugeben. In der Diskussion wurde deutlich, dass für die Befürworterinnen die Herleitung des Sozialarbeiterinnenberufes aus der „besonderen Eignung der Frau" in der heutigen Situation nicht mehr relevant war. Der Verband entschied sich mit großer Mehrheit für die Öffnung des Verbandes und änderte ab 1963 seinen Namen in „Berufsverband der Sozialarbeiter".[25] Damit wurde eine Entwicklung in Gang gesetzt, in der Zusammenhänge zwischen Berufsentwicklung und Geschlechtszugehörigkeit und ihre Auswirkungen auf Bezahlung, Sozialprestige etc. aus dem Blickfeld geraten. Im Vordergrund stand nun das Leitbild der neutralen Fachkraft.

Die gesellschaftlichen Veränderungen Anfang der 1970er Jahre führten zu Konflikten innerhalb der (Berufs-)Generationen unter anderem über Ziele und Methoden der Sozialen Arbeit. Die in den folgenden Jahren durchgesetzte Gründung von Fachhochschulen führte zum Leitbild des „wissenschaftlich ausgebildeten Praktikers" (vgl. Lüders 1989). Die Aspekte eines neuen Selbstverständnisses sind nun: mehr männlich-akademisch, gewerkschaftlich orientiert, kritisch kämpferisch engagiert, gründend auf eine sozialwissenschaftliche Fundierung des Berufes und der Berufsausbildung (vgl. Groddeck 1994: 31f.).

Parallel zu den Veränderungen im Ausbildungsbereich gab es im Bereich der Berufsverbände seit Mitte/Ende der 1960er Jahre erneute Bemühungen, einen einheitlichen Berufsverband zu schaffen. Der Weg dazu ist jedoch wesentlich mühseliger als gedacht. Erst 1993 gelingt die Einigung aller SozialarbeiterInnen-Verbände in einem Berufsverband (DBSH) nachdem Versuche von 1973 und 1978 gescheitert sind. Die bittere Konsequenz dieses langwierigen Prozesses ist unter anderem, dass heute nur noch ca. 6.200 Mit-

---

25 Dieser Entscheidung schlossen sich Mitte der 1960er Jahre auch die beiden konfessionellen Verbände an.

glieder (plus/minus) im *Deutschen Berufsverband für Soziale Arbeit* (DBSH) organisiert sind.

Der Vergleich mit der „National Association of Social Workers" in den USA[26] zeigt einen erschreckend niedrigen Organisationsgrad in Deutschland und gleichzeitig eine zersplitterte Interessensvertretung, die die Durchsetzungsfähigkeit von beruflichen Interessen stark beeinträchtigt.

3.4 Berufliches Engagement in Deutschland

Der Blick auf die heutige Situation von Berufsvertretungen in der Sozialen Arbeit verdeutlicht, dass die Mitgliedschaft in Gewerkschaften bzw. Berufsverbänden nicht mehr zur selbstverständlichen Fachkultur der Sozialen Arbeit gehört. Die Tradition der Berufsangehörigen, sich mehr über die Unterschiede als über die Gemeinsamkeiten zu definieren, ist geblieben und zeigt sich in der Vielzahl der fachspezifischen Vereinigungen. Die gezielte Artikulierung eigener beruflicher Interessen ist schwierig geblieben. Auch heute argumentieren SozialpädagogInnen/SozialarbeiterInnen mit dem Wohl der KlientInnen und sozialer Gerechtigkeit. Die Verbesserung der eigenen Arbeitssituation oder die Abwendung einer Verschlechterung wird nur in Ausnahmefällen benannt. Die Unterscheidung, inwieweit es sich dabei um eine „strategische Argumentation" handelt oder ob sich darin die Grundüberzeugung widerspiegelt, dass die Interessen der KlientInnen vorrangig zu behandeln seien, bleibt schwierig. Vielleicht sind SozialarbeiterInnen ja wirklich die „Überbescheidenen" und „eine miserabel organisierte Berufsgruppe" (vgl. Feßmann zitiert nach Bornhöft 2001:18).

Die Beantwortung dieser Frage bleibt schwierig. Tatsache ist jedoch, dass die berufliche Interessensvertretung zersplittert ist und eine Zusammenarbeit nicht stattfindet. SozialarbeiterInnen/SozialpädagogInnen sind heute bei Ver.di, in der GEW und im DBSH organisiert und dort unterschiedlich verankert. Im Bereich der GEW gibt es für Fachkräfte in der sozialen Arbeit seit 1986 den „Organisationsbereich Jugendhilfe und Sozialarbeit" und eine Fachgruppe „Sozialpädagogische Berufe" (vgl. Eibeck/Hocke 2001); bei Ver. di sind SozialpädagogInnen/SozialarbeiterInnen – je nach Anstellungsträger – entweder im „Fachbereich 3 Gesundheit, Soziale Dienste, Wohlfahrt

---

26 In den USA geht man – so Schätzungen von 1987 – von ca. 440.000 - 460.000 in der Sozialen Arbeit Tätigen aus, davon haben ungefähr 200.000 einen BSW oder MSW oder höheren Ausbildungsabschluss. Die *National Association of Social Work* hat 130.000 Mitglieder, knapp 100.000 haben einen *Bachelor of Social Work, Master of Social Work* oder einen höheren Ausbildungsabschluss. Die jährliche Zuwachsrate der Mitgliederzahl lag 1989/90 bei 5 %. Im Jahre 2000 hatte die NASW 155.000 Mitglieder und mehr als 19.000 außerordentliche studentische Mitglieder (vgl. Naleppa 1992: 93, Reichert/Wieler 2001: 1615).

und Kirchen" oder im „Fachbereich 7 Gemeinden" organisiert (www. ver. di.de) und beim DBSH organisieren sich Mitglieder in Fachgruppen. Insgesamt ist von ca. 150.000 bis 155.000 Mitglieder in Gewerkschaften bzw, Berufsverbänden auszugehen.[27]

Die Einschätzung, wie viele Berufsangehörige nun wirklich organisiert sind, bleibt schwierig und ist abhängig von der Bezugsgröße, das heißt der Zahl der Beschäftigten der Sozialen Arbeit. Je nach Bestimmung der Bezugsgröße (Gesamtbeschäftigtenzahl oder Beschäftigte in den sozialpädagogischen Kernberufen[28]) schwankt der Organisationsgrad zwischen 14 Prozent (Bezugsgröße 1.133.000 Beschäftigte – Stand 1999, vgl. Rauschenbach 1999) oder 22 Prozent (Bezugsgröße 694.000 Beschäftigte Stand 1999, vgl. Cloos/ Züchner 2005: 715).[29] Gewerkschaften und Berufsverbände kämpfen in Deutschland mit Mitgliederrückgängen und Akzeptanzproblemen. Karges/ Lehner und Wegmann stellen fest, dass die Akzeptanz unter den nicht-organisierten Fachkräften in der Sozialen Arbeit gering ist, denn 60 Prozent der Befragten sind der Meinung, dass sie am bisherigen Verhalten der Gewerkschaften nichts Positives finden, nur 28 Prozent nennen als Grund für eine Nicht-Organisation Zeitmangel (vgl. 2001: 259).

4 Ausblick

Berufspolitische Interessensvertretung fällt nicht einfach als Geschenk vom „Himmel", sondern muss gefordert und gefördert werden. Der Vergleich mit den USA weckt Hoffnungen und zeigt einen höheren Organisationsgrad (1987: 29 %; 2000 34 % plus 4-5 % studentische Mitglieder) und eine einheitliche Berufsvertretung. Damit berufspolitisches Engagement auch in Deutschland selbstverständlicher Bestandteil der Fachkultur Sozialer Arbeit wird, bedarf es sowohl der Kenntnis der bestehenden Vertretun-

---

27 Rückblickend liegt die geschätzte Mitgliederzahl bei der ÖTV für sozialpädagogische Gewerkschaftsmitgliedern bei 100.000 (vgl. Eibeck / Hocke 2001), 1999 gab es bei der GEW ca. 34.500 Mitglieder, die im Bereich Jugendhilfe und Sozialarbeit tätig waren; dies entspricht 12,8% der Gesamtmitglieder (www.gew.de/oe/druck/start.htm, 24.04.03: 2). Der DBSH organisiert ca. 6.000 bis 6.200 Mitglieder (Stand 2001 www.dbsh.de), in der DAG waren nach einer inoffiziellen Schätzung 10.000 bis 12.000 Sozialarbeiter-/pädagogInnen und (mehrheitlich) ErzieherInnen organisiert (vgl. Bornhöft 2001: 63f.).

28 Zu den Kernberufen werden ErzieherInnen, SozialarbeiterInnen und SozialpädagogInnen gezählt. Die Gruppe der ErzieherInnen ist mit 400.000 Beschäftigten die größte Gruppe, gefolgt von 223.000 SozialarbeiterInnen und SozialpädagogInnen (vgl. Cloos/Züchner 2005: 715).

29 Karges/Lehner/Wegmann (2001) sprechen von 32,5 % und Nodes (2001) von 8 %. Beachtet werden muss hier außerdem, dass der Mitgliederschwund der Gewerkschaften bei diesen Zahlen nicht berücksichtigt werden konnte und deshalb von einem leicht geringeren Organisationsgrad ausgegangen werden muss.

gen als auch der Einsicht, dass nur durch ein breites gewerkschaftliches und berufsverbandliches Engagement die eigenen Arbeitsbedingungen langfristig zu verbessern sind.

Dies stellt meines Erachtens unterschiedliche Anforderungen an die einzelnen Akteure: Bei den beruflichen Vertretungen, dem *Berufsverband für Soziale Arbeit* (DBSH) und den Gewerkschaften (Ver.di, GEW), sehe ich die Notwendigkeit, die Vorteile einer Mitgliedschaft und eines Engagements noch stärker zu verdeutlichen und offensiver um Mitglieder zu werben. Die Ausbildungsstätten, das heißt (Fach-)Hochschulen, Berufsakademien und Universitäten, sind gefordert, in Lehre und Forschung zur Förderung der beruflichen Identität beizutragen und die Notwendigkeit einer beruflichen Interessensvertretung für Studierende deutlicher zu machen. Mut machen hier neuere empirische Studien, die unter anderem nach dem Einfluss der Ausbildung und eventuell notwendigen Veränderungen fragen (vgl. Busse, Ehlert u.a. 2006, Becker-Lenz/Müller 2009) oder die die Sicht der Berufsangehörigen auf ihren Beruf sowie auf ihre habituelle Praxis näher betrachten (vgl. Heiner 2004, Kruse 2004, Heiner 2007, Cloos 2008). Die derzeitigen handlungsfeldspezifischen Fachverbände sehe ich gefordert, ihre Mitglieder auf die Wichtigkeit eines berufsverbandlichen/gewerkschaftlichen Engagement hinzuweisen und deutlich zu machen, dass „nur" das Engagement bei ihnen keine gewerkschaftliche Vertretung ersetzt.

Außerdem braucht es die „Entstehung und Weiterentwicklung einer organisatorisch abgestützten, professionellen Kultur der Reflexivität in der Berufspraxis" (Heiner 2007: 215f.), da professionelles Handeln immer eine Kombination von persönlicher und institutioneller Leistung ist (....) (ebenda: 216). Ob das Projekt „die eigene Interessensvertretung ernster nehmen und dafür aktiv werden" wirklich Chancen bei den Berufsangehörigen hat, ist schwer abzuschätzen; im Interesse der Beschäftigten und der AdressatInnen Sozialer Arbeit entscheide ich mich, optimistisch in die Zukunft zu blicken.

Literatur

1917-1967, 50 Jahre Katholische Schule für Sozialarbeit, Berlin 1967

Apolant, Jenny: Stellung und Mitarbeit der Frau in der Gemeinde, Nach dem Material der Zentralstelle für Gemeindeämter der Frau in Frankfurt a.M., 2. Aufl. Leipzig und Berlin 1913

Apolant, Jenny: Die Mitwirkung der Frau in der kommunalen Wohlfahrtspflege. In: Die Frau, 23/1916, Heft 6, März 1916; S. 330-338

Aus einem Bericht des früheren Deutschen Sozialbeamtinnenverbandes (DVS) aus den Jahren 1928 und 1929. In: Mitteilungsblatt Deutschen Berufsverbandes der Sozialarbeiterinnen, Nr. 4, April 1951; S. 1-3

Bachem, Jenny: Geschichte des Vereins von 1916-1930: In: II. Geschichte und Probleme der Berufsbewegung katholischer deutscher Sozialbeamtinnen, Köln 1930; S. 13-29

Bäumer, Gertrud: Die sozialpädagogische Erzieherschaft und ihre Ausbildung. In: Nohl, H./Pallat, L. (Hrsg.): Handbuch der Pädagogik, Bd. V. Langensalza 1929; S. 209–226

Beerensson, Adele: Weg und Ziel. In: Die Sozialbeamtin, 1/1919, Heft 1, Oktober 1919; S. 1-4

Beerensson, Adele: Tagung der Arbeitsgemeinschaft. In: 8/1928, Nr. 1/2, Januar/Februar 1928; S. 6-7

Bornhöft, Michael: Eine gestörte Beziehung? Soziale Arbeit und ihr Verhältnis zu den sie vertretenden Gewerkschaften, Diplomarbeit an der Katholischen Fachhochschule, Berlin 2001

Burckhardt, Johannes: Gedächtnisheft für den bisherigen Herausgeber P. Joh. Burckhardt. In: Fürsorge für die weibliche Jugend, 23/1914, Nr. 3, März 1914

Busse, Stefan/Ehlert Gudrun: Professionalisierung und Professionalität des Personals in der Sozialen Arbeit. In: Bütow, Birgit/Chasse, Karl August/Maurer, Susanne (Hrsg.): Soziale Arbeit zwischen Aufbau und Abbau, Transformationsprozesse im Osten Deutschlands und die Kinder- und Jugendhilfe, Wiesbaden 2006; S. 161-175

Cloos, Peter/Züchner, Ivo: Das Personal der Sozialen Arbeit. In: Thole, Werner (Hrsg.): Grundriss Soziale Arbeit, Ein einführendes Handbuch, 2. überarb. und akt. Aufl. 2005; S. 711-730

Cloos, Peter: Die Inszenierung von Gemeinsamkeit, Eine vergleichende Studie zu Biografie, Organisationskultur und beruflichen Habitus von Teams in der Kinder- und Jugendhilfe, Weinheim und München 2008

Dewe, Bernd/Otto, Hans-Uwe: Profession. In: Otto, Hans-Uwe/Thiersch, Hans (Hrsg.): Handbuch Sozialarbeit, Sozialpädagogik, 2. völlig überarb. Aufl. Neuwied 2001; S. 1399-1423

Eibeck, Bernd/Hocke, Norbert (2001): Neue Konzepte für eine Zukunftsbranche gefragt, Gewerkschaften und soziale Berufe, 20. Februar 2001 zu finden unter www.gew.de.

Fachgruppen innerhalb der Fachschaft der Wohlfahrtspflegerinnen. In: Soziale Berufsarbeit, Heft 3, März 1934; S. 59-60

Groddeck, Norbert: Expansion, Qualifizierungsfalle und unterentwickelte Fachkultur. Stichworte zur gegenwärtigen Situation der Sozialarbeit/Sozialpädagogik als Arbeitsfeld und Fachdisziplin. In: Groddeck, Norbert/Schumann, Michael (Hrsg.): Modernisierung Sozialer Arbeit durch Methodenentwicklung- und -reflexion, Freiburg 1994; S. 26-40

Harpe von, Martha: Einsatz außenfürsorgerischen Kräfte im Krieg. In: Nachrichtendienst deutscher Verein für öffentliche und private Fürsorge, 1940; S. 2-3

Heerdegen, Olga: Der Neubeginn. In: Berufsverband der Sozialarbeiter und Sozialpädagogen e.V. (Hrsg.): Ein Berufsverband zwischen Beharren und Verändern, 60 Jahre DVS - DBS, Essen 1976; S. 81-90

Heiner, Maja: Professionalität in der Sozialen Arbeit, Theoretische Konzepte, Modelle und empirische Perspektiven, Stuttgart 2004

Heiner, Maja: Soziale Arbeit als Beruf, Fälle – Felder – Fähigkeiten, München 2007

Heynacher, Martha: Die Berufslage der Fürsorgerinnen, Bearbeitung einer in außerpreußischen Ländern vorgenommenen statistischen Erhebung (Ergänzung zum Vorbericht für den 39. Deutschen Fürsorgetag). In: DV (Hrsg.): Verhandlungen des 39. Deutschen Fürsorgetages des DV am 14., 15. und 16. Oktober 1925 in Breslau, Heft 7, Karlsruhe 1926; S. 152-166

Israel, Gertrud: Ein Vierteljahrhundert Frauenberufsorganisationen, in: Die Frauenfrage, 16/1914/1915, S. 53-54

Israel, Gertrud: Die Sozialbeamtin als Glied der Volksgemeinschaft. In: Die Frau, 25/1917, Heft 3, Dezember 1917; S. 83-88

Israel, Gertrud: Die Gestaltung der deutschen Frauenberufsbewegung im Rahmen der allgemeinen Gewerkschaftsbewegung seit der Revolution. In: Die Frau, 31/1924, Heft 4, Januar 1924; S. 108-112

Israel, Gertrud: Zehn Jahre soziale Berufsverband, Ein Rückblick: In: Die Frau, 33/1926, Heft 9, Juni 1926; S. 556-559

Karges, Rosemarie/Lehner, Ilse M./Wegmann, Hedwig: Wenig Engagement in eigener Sache. In: Blätter der Wohlfahrtspflege, 148/11.+12, 2001; S. 258-260

Kerchner, Brigitte: Beruf und Geschlecht, Frauenberufsverbände in Deutschland 1848 - 1908, Göttingen 1992

Kröhne, Marie: Wie kann die Wohlfahrtspflegerin ihre Aufgabe der ausgleichenden Fürsorge erfüllen. In: Soziale Berufsarbeit, 1/1921, Heft 5, September 1921; S. 18-19

Kruse, Jan: Arbeit und Ambivalenz, Die Professionalisierung Sozialer und informatisierter Arbeit, Bielefeld 2004

Lemke, Lotte: 50 Jahre Arbeiterwohlfahrt, Bearbeitet und zusammengestellt von Lotte Lemke, Arbeiterwohlfahrt Bundesverband e.V., Bonn 1969

Lüders, Christian: Der wissenschaftlich ausgebildete Praktiker. Entstehung und Auswirkung des Theorie-Praxis-Konzeptes des Diplomstudiengangs Sozialpädagogik, Weinheim 1989

Lüdy, Elisabeth: Arbeitsmarktbericht aus dem Facharbeitsnachweis für Wohlfahrtspflege und geistige Berufe. In: Soziale Berufsarbeit, 9/1929, Heft 7/8, Juli/August 1929; S. 67-68

Mertens, Roland: Professionalisierung. In: Kreft Dieter/Mielenz, Ingrid (Hrsg.): Wörterbuch Soziale Arbeit, vollständig überarb. und erg. Aufl., Weinheim und München 2005; S. 660-663

Morgenstern, Antonie: Die fürsorgerischen Aufgaben an und zu Sterilisierenden und Sterilisierten, in: Soziale Arbeit, Beilage zu Deutschlands Freie Berufe, Ausgabe B Folge 8, August 1936, S. 116-121

Müller, Burkhard: Professionalisierung. In: Thole, Werner (Hrsg.): Grundriss Soziale Arbeit, Ein einführendes Handbuch, 2. überarb. und akt. Aufl. 2005; S. 731-750

Naleppa, Matthias: Berufsverbände der Sozialarbeit, Struktur von Berufsverbänden der Sozialarbeit in der Bundesrepublik Deutschland und den USA im Vergleich, Grafing 1992

Nodes, Wilfried: Wir sind wer? Wer sind wir denn! In: Forum-Sozial, 3/2001; S. 11-14

Ortsgruppe Berlin: Kurse für stellenlose Wohlfahrtspflegerinnen. In: Soziale Berufsarbeit, 14/1934, 9. Heft, September 1934; S. 161

Otte, Hildegard: Der DBS von 1950-1968. In: Deutscher Berufsverband der Sozialarbeiter und Sozialpädagogen e.V. (Hrsg.), Ein Berufsverband zwischen Beharren und Verändern, 60 Jahre DVS – DBS, Essen 1976; S. 91-141

Paulini, Christa: Helene Weber. In: Eggemann, Maike/Hering, Sabine (Hg.), Wegbereiterinnen der modernen Sozialarbeit, Historische Grundlagentexte zur Theorie und Praxis der Wohlfahrtspflege, Ein Studienbuch, Weinheim und München 1999; S. 229-254

Paulini, Christa: Der Dienst am Volksganzen ist kein Klassenkampf, Die Berufsverbände der Sozialarbeiterinnen im Wandel der Sozialen Arbeit, Opladen 2001

Pißel, Annemarie: Jahresbericht der Fachgruppe der Volkspflegerinnen. In: Soziale Berufsarbeit, 15/1935, Heft 6, Juni 1935b; S. 89-91

Pregardier, Elisabeth/Mohr Anne: Ernte eines Lebens: Helene Weber (1881-1962) Essen 1991

Pressemitteilung, In: Soziale Berufsarbeit, 13/1933, 11. Heft, S. 136

Rauschenbach, Thomas: Das sozialpädagogische Jahrhundert. Analysen und Entwicklung Sozialer Arbeit in der Moderne, Weinheim; München 1999

Reichert Elisabeth/Wieler Joachim: Soziale Arbeit in den USA, In: Otto, Hans-Uwe/Thiersch, Hans (Hrsg.): Handbuch Sozialarbeit, Sozialpädagogik, 2. völlig überarbeitete Aufl., Neuwied 2001; S. 1611-1621

Reinicke, Peter: Die Berufsverbände der Sozialarbeit und ihre Geschichte, Von den Anfängen bis zum Ende des zweiten Weltkrieges, 2. überarb. und erw. Aufl. Frankfurt/Main 1990

Riemann, Gerhard: Die Arbeit in der sozialpädagogischen Familienberatung, Interaktionsprozesse in einem Handlungsfeld der Sozialen Arbeit, Weinheim und München 2000

Salomon, Alice: Soziale Diagnose, 2. Aufl. Berlin 1927a

Salomon, Alice: Die Ausbildung zum sozialen Beruf, Berlin 1927b

Schoen, Paul: Armenfürsorge im Nationalsozialismus, Die Wohlfahrtspflege in Preußen zwischen 1933 und 1939 am Beispiel der Wirtschaftsfürsorge, Weinheim und Basel 1985

Schneider, Volker: Sind wir, was wir glauben? In: Forum-Sozial, 3/2001; S. 5-7

Siegel, Elisabeth: Dafür und dagegen, Ein Leben für die Sozialpädagogik, Stuttgart 1981

Staub-Bernasconi, Silvia: Der Professionalisierungsdiskurs zur Sozialen Arbeit (SA/SP) im deutschsprachigen Kontext im Spiegel internationaler Ausbildungsstandards Soziale Arbeit – eine verspätete Profession? In: Becker-Lenz, Roland / Busse, Stefan / Ehlert, Gudrun / Müller, Silke (Hrsg.): Professionalität in der Sozialen Arbeit, Standpunkte, Kontroversen, Perspektiven, Wiesbaden 2009; S. 21-45

Vorstände-Verband der evangelischen Jungfrauenvereine Deutschlands (Hrsg.): Verhandlungen der I. Konferenz von Berufsarbeiterinnen der Inneren Mission, Berlin 1903

Verein katholischer deutscher Sozialbeamtinnen, Rundbrief vom 19. Juni 1933, An unsere Mitglieder in der katholischen freien Wohlfahrtspflege, Verfasserin Jenny Bachem, Archiv KDFB, Mappe 1-222-1

Wachenheim, Hedwig: Die Berufsorganisation der sozialen Hilfsarbeiterin. In: Blätter für Soziale Arbeit, Organ des „Deutschen Verbandes der Jugendgruppen und Gruppen für soziale Hilfsarbeit", des „Zentralvereins für Arbeitnehmerinneninteressen", Sitz Berlin und des „Jugendbundes Prag", 8/1916, Heft Nr. 4, 1. April 1916; S. 21-23

Wense von der, Ilse: Ländliche Wohlfahrtspflege im Wandel der Zeit, in: Soziale Berufsarbeit, 13/1933, 8. Heft, August 1933, S. 87-90

Wense von der, Ilse: Die Mitarbeit der Volkspflegerin in der Volksgesundheitspflege, in: Soziale Arbeit, Beilage zu Deutschlands Freie Berufe, Fachliches Schulungsblatt der Deutschen Arbeitsfront, April 1934a, Folge 4, S. 49-53

Züchner, Ivo: Aufstieg im Schatten des Wohlfahrtsstaates, Expansion und aktuelle Lage der Sozialen Arbeit im internationalen Vergleich, Weinheim, München 2007

Wolfram Fischer

Fallrekonstruktion und Handlungskompetenz im Kontext der Professionalisierung der Sozialen Arbeit

ABSTRACT

Die Frage nach dem Zusammenhang von Theorie und Praxis in Professionen wird konzeptionell mit einem zirkulären Verhältnis von Wissen und Handeln beantwortet, bei dem keine der beiden Positionen Priorität beanspruchen kann. Dies läuft in der professionellen Praxis auf eine fallrekonstruktive wissenschaftliche Empirie hinaus, deren Ergebnisse kommunikativ mit den Klienten der Sozialen Arbeit fortgeschrieben werden. Veränderte Diagnose- und Interventionsbegriffe sind die Folge (und die Voraussetzung). Sie werden am Beispiel der nachhaltigen Einführung der narrativ-biographischen Diagnostik in einem Modellprojekt der stationären Jugendhilfe abschließend vorgestellt.

1   Einleitung

Ein zentrales Thema jeder Profession ist die gelingende Verbindung von generellem wissenschaftlichem Wissen und der spezifischen beruflichen Handlungspraxis in einem Problemlösungskontext nicht alltäglicher, die Klienten der Profession meist existenziell betreffender Fragen. Während die Handlungspraxis – wie jedes Handeln – immer spezifisch, also temporal und lokal situiert ist und ihre Stärke im flexiblen und situationsgerechten *Handeln* hat, beansprucht ersteres trans-situationale Qualitäten, die Kontinuität und Unabhängigkeit von arbiträren Bedingungen durch Kenntnis von Regeln, überprüften Zusammenhängen, Entstehungsbedingungen und Folgen von Gegebenheiten, also durch *Wissen* versprechen.[1] Wie können beide Sphären, vereinfacht gesagt die des *Handelns und Wissens*, so aufeinander bezogen werden, dass ihre Verbindung nicht zu einem Kompromiss führt, bei dem etwas verloren geht, sondern die Optionen erhalten oder besser noch, die jeweiligen Potenziale, Kompetenzen und Wirkmöglichkei-

---

1   Vgl. hierzu etwa Stichweh, 1996, S. 54f.

ten gesteigert werden können? Wie können Wissenschaft und Praxis so verbunden werden, dass dabei eine bessere, handlungs- und steuerungsfähige Wissenschaft und eine bessere, wissenschaftsgestützte Praxis herauskommen? Diese komplexe – und keineswegs zum ersten Mal gestellte – Frage wird hier für die Soziale Arbeit angegangen.[2] Es wird dabei einmal die Behauptung stark gemacht, dass fallrekonstruktive Verfahren in der Sozialen Arbeit die differenzierte Problem- und Ressourcenwahrnehmung sowie die Handlungskompetenz aller Beteiligten fördern, und somit die gestellten Aufgaben und Probleme besser gelöst werden können. Ausgehend von einem Professionsbegriff, dessen Einheit in der Wechselwirkung (Georg Simmel) und der nicht hierarchisierbaren Differenz von Theorie und Praxis liegt, bedeutet dies zum anderen auch eine Beförderung der Wissenschaften im Bereich der Sozialen Arbeit. Mit anderen Worten, fallrekonstruktive Arbeit optimiert auch im Wissenschaftsfeld selber die wechselseitige Konstitution von Theorie und Empirie. Ohne dass hier explizit auf die nun schon rund zwei Jahrzehnte andauernde an- und abschwellende Professionalisierungsdiskussion innerhalb der Sozialen Arbeit eingegangen wird, sieht der Verfasser in der gelingenden Kopplung von Wissenschaft und beruflicher Praxis innerhalb der Sozialen Arbeit eine wesentliche Komponente von Professionalität und rechnet so diesen Beitrag dem entsprechenden Selbstverständigungs-Diskurs zu.[3]

2 Wissen und Handeln – wie hängt das zusammen?

Implizite Vorannahmen über den Zusammenhang von Wissen und Handeln sind folgenreich für die Konstitution des Wissenschafts- und Praxisfeldes einer Profession. Erlebt zum Beispiel der Absolvent eines Studiums des Sozialwesens die Zeit seiner akademischen Ausbildung primär als abstrakten Theorie- und Wissenserwerb, wird er später in der beruflichen Praxis eine starke Differenz erfahren. Diesen – auch bei den klassischen Professionen wie Lehrern, Juristen, Ärzten und Theologen wohlbekannten – Praxisschock mag der Novize einer beruflichen Position im Sozialwesen je nach Geschmack, also entsprechend eher praktischer oder theoretischer Vorlieben, als angenehm oder unangenehm empfinden. Jedenfalls macht dann das wissenschaftliche Wissen für die Praxis keinen Unterschied, wird als überflüssig, interessant, arbiträr etc., aber nicht als unterstützend wahrgenommen. Ganz gleich, ob der Absolvent es dann verachtet oder aus sicherer

---

2 Vgl. für viele den Sammelband Schrapper, 2004b sowie Fischer, 2010a.

3 Vgl. etwa auch im Kontext rekonstruktiver Forschung Becker-Lenz, 2005; Gildemeister, 1992; Gildemeister/Robert, 1987, 1997; Kutzner, 2005.

Distanz wertschätzt, die Orientierung im beruflichen Feld und die Handlungspraxis erfolgen unabhängig von wissenschaftlichem Wissen. Eine solche Situation ist unbefriedigend für die Praxis wie die Wissenschaft, und man wird in diesem Fall kaum von gelungener Professionalität sprechen.

Das vorliegende prinzipielle Problem kann abstrakt als Frage nach dem Zusammenhang von (in diesem Fall sozialer) Wirklichkeit und ihrer Beschreibung gefasst werden. Will man nicht von vorneherein diese Beziehung dichotomisieren und zu einfach auf ein unidirektionales Abbildungsschema reduzieren, müssen Konzepte gefunden werden, die die Beschreibung der Wirklichkeit selber als deren Bestandteil sehen, die sich ihr verdankt und auf sie einwirkt. Ganz offensichtlich ist dies für den Bereich sozialer Wirklichkeit, denn jede mögliche Beschreibung ist hier schon verstrickt in vorgängige soziale Praxis und hat Folgen für sie.

Die bekannten zweiseitigen Positionen dieser Relation sind etwa: Symbol – Wirklichkeit; Sprache – Welt; Theorie – Praxis; Theorie – Empirie. Doch wie hängen diese Größen zusammen? Fragt man hier nicht erkenntnistheoretisch *(Wie ist Wirklichkeitserkenntnis möglich?)*, sondern handlungstheoretisch *(Wie lässt sich Handeln verstehen und steuern?)*, lassen sich zwei Grundmodelle unterscheiden.

Das erste Modell legt eine *lineare Relation* zwischen den beiden Seiten der Unterscheidung zugrunde. Erst kommt Wissen, dann das Handeln (oder umgekehrt: erst das Handeln, daraus resultiert Wissen). Es gibt unidirektional eine kausale Richtung, eine Ursache und einen Effekt, beides kann nicht gegeneinander ausgetauscht werden oder ineinander übergehen. Das professionstheoretische Modell, das diesem Schema entspricht, ist das der Applikation,[4] der „angewandten Wissenschaft". Erst gibt es wissenschaftlich erzeugtes Wissen, dann gibt es Anwendungen in der Praxis der Profession. Erst gibt es wissenschaftlich gestützte Diagnose, dann gibt es therapeutische Intervention. Das übersituative, allgemeine (wissenschaftlich erzeugte) Wissen ist hier privilegiert, der Anwendungsfall ist das selektive Derivat. Qualität bemisst sich in diesem Modell am Maßstab des generellen unspezifischen Fachwissens und der Einpassung des jeweils praktischen Handelns in diese Form. Tendenziell führt dieses Modell zur Entwertung lokalen, spezifischen und auch individuell gewonnenen Wissens und einer Entwertung des beruflichen Handelns in der Sozialen Arbeit als „bloß" praktisch, heuristisch oder intuitiv. Eine solche Entwertung der Handlungspraxis mit negativen Folgen für die Klienten lässt sich exemplarisch innerhalb der Medizin beobachten. Auch die Verschiebung des primären Akzents vom wissenschaftlichen Wissen auf die Praxis innerhalb des linearen Modells verschiebt das Problem nur auf die andere Seite.

---

4 Vgl. so auch Stichweh, 1996, S. 61f.

Denn sieht man in der Handlungspraxis den hauptsächlichen „eigentlichen" Kern der Profession, gerät wissenschaftliches Wissen zu leicht aus dem Blick und wird zugunsten lokaler gegebenenfalls interessenabhängiger Praxis nicht mehr wahrgenommen oder sogar explizit als zweitrangig, als l'art pour l'art bezeichnet. Damit wird dann zweifellos das Kind mit dem Bade ausgeschüttet und eine hypertrophe Praxis vergibt sich die Chance wissenschaftlicher Unterstützung. Professionstheoretisch wäre dies per definitionem ein Rückschritt in eine vor-professionelle Berufsauffassung.

Das zweite Modell legt eine *zirkuläre Relation* zwischen Wissen und Handeln zugrunde. Ohne die relative Selbstständigkeit der beiden Sphären von Wissenschaft und Praxis – jeweils für sich als Wissens- und Handlungssphären – aufzugeben, wird hier von einer wechselseitigen Begründung und Ausrichtung von Wissen und Handeln in allen Phasen eines Entscheidungsprozesses ausgegangen. Wissen und Handeln stehen hier in keiner hierarchischen Position zueinander. Es werden hier „Merk- und Wirkkreisläufe" [5] gesehen, bei denen sowohl einem aktualisierbaren Wissen immer Handeln und Erleben vorausgehen als auch Handeln immer geprägt ist von vorgängigem Wissen (Erwartungen an Abläufe und kognitiv vorstrukturierte Wahrnehmung der Situation). Für die Beobachtung und Beschreibung eines solchen Kreislaufs (die auch als Selbstbeobachtung ausfallen kann) lassen sich zwar Wissens- oder Handlungsmomente analytisch akzentuieren, sie sind jedoch in jedem Moment, jeder Phase einer Handlung *beide* vorhanden und wirksam. Wissen und Tun sind Momente im Handlungs- und Erlebensprozess, die gegenseitig aufeinander angewiesen sind. Für eine Logik, die es gewohnt ist, primär in Kausalitäten zu denken und Wirkungen nicht auf Ursachen rückbeziehen kann *oder* die die Innenwelt und Außenwelt cartesisch klar trennen muss *oder* die Signifikant und Signifikat, Noesis und Noema immer klar zuordnen und einen Positionswechsel nicht zulassen kann *oder* für die Anfang und Ende klar unterscheidbar und nicht ineinander überführbar sein können, für eine solche Logik ist eine zirkuläre Relation unmöglich, *weil nicht sein kann, was nicht sein darf.* Sie führt in Paradoxien, für die dann gilt, sie wissenschaftlich und praktisch zu eliminieren. Sie werden als Fehler, Unschärfen, Abweichungen von der Regel etc. einsortiert, rufen nach reduzierteren Beobachtungen und genaueren Messungen, sollen so „geheilt" werden. Gleichwohl sind Prozesse im Bereich des Lebens, der Selbstorganisation, der sprachlichen Kommunikation, (inklusive der hermeneutischen Auslegung von Texten) und der gesellschaftlichen Differenzierung besser zu verstehen, wenn die Zirkularität dieser Vorgänge empi-

---

5 Vgl. diese Begrifflichkeit aus der Biologie und dem Bereich der Humanmedizin in Weiterentwicklung der Konzepte von Jakob von Uexküll in: Uexküll / Wesiack, 1988.

risch erkannt und konzeptionell anerkannt wird. Für eine solche Betrachtungsweise liegen mittlerweile auch eine Reihe von verschiedenen Konzepten und Theorien vor, die allerdings für den Bereich der Sozialen Arbeit zum Teil noch aufzugreifen sind.[6]

Für die Professionstheorie innerhalb der Sozialen Arbeit erscheinen mir dabei zwei Themenbereiche unaufgebbar. Zum einen geht es um Steuerungsfragen und deren Optimierung, zum anderen um die angemessene Berücksichtigung des Klienten. Soziale Arbeit, die nicht beides in *einem Zuge* realisieren kann, kann meines Erachtens nicht Profession genannt werden. Fallrekonstruktive Arbeit beansprucht im Sinne einer zirkulären Relation von Wissen und Handeln, sowohl Steuerungsprobleme wie Handlungsprobleme von Klienten sinnvoll angehen zu können.

Dies soll zunächst professionstheoretisch und im übernächsten Abschnitt an einem Praxisprojekt zur *narrativ-biographischen Diagnostik, Interaktionsanalyse und Intervention* in der Jugendhilfe skizziert werden.

3 Professionelle Paradoxie und ihre Aufhebung in fallrekonstruktiver Arbeit

Das hier bevorzugte zirkuläre Verständnis des Zusammenhangs von Wissen und Handeln führt in unaufhebbare Paradoxien. Trotz seiner Wechselwirkungen sind Wissen und Handeln nicht ineinander überführbar, es

---

6   Die flüchtigen Bemerkungen dieses ganzen Abschnitts weisen mit jeweils unterschiedlichen Terminologien auf gewichtige wissenschaftstheoretische Diskussionen hin, die hier nicht geführt werden können. Eine fundamentale und bis heute überzeugende Kritik am Cartesianismus, die nur vereinzelt in die Sozialwissenschaften aufgenommen wurde, lieferte Helmuth Plessner, 1981, S. 78-126, bereits in den 1920er Jahren. In seiner Grundvorstellung von Formen des Lebendigen spielt die Differenz von betrachteter Einheit zur Umgebung und die sie trennende semipermeable Membran eine wesentliche Rolle – ein Modell, das später die Systemtheorie weiter ausgebaut hat. Von grundlegender Bedeutung sind in unserem Zusammenhang auch die in der Kritik an Edmund Husserl und Max Weber geschärften Konzeptentwicklungen von Alfred Schütz, 1960, 1971, und Aron Gurwitsch, 1974, die über die Arbeiten von Thomas Luckmann (Berger/Luckmann, 1969; Schütz/Luckmann, 1979/1984) und seiner Schüler in der gegenwärtigen Wissenssoziologie wirksam wurden. Eine davon unabhängige, aber methodisch konvergierende Tradition spannt sich vom Pragmatismus über George Herbert Mead, 1969a, 1969b und den methodologischen und empirischen Arbeiten von Anselm Strauss (Glaser/Strauss, 1965, 1967; Strauss, 1971, 1984, 1985, 1994) bis in die aktuellen fallrekonstruktiven Modelle in der Sozialen Arbeit (vgl. etwa Fischer, 2002, 2004; Hildenbrand, 1999; Nölke, 1994; Riemann, 1991, 2000; Schütze, 1992, 1993, 1994, 1997). Der Verfasser weiß sich von diesen Traditionen geprägt, und sie kommen auch in dem hier dargestellten Praxisprojekt in eigenen Weiterentwicklungen zum Tragen. Für die weitere Fachentwicklung sind die grundlagentheoretischen Versuche des Pragmatismus (Fischer, 2010a), konstruktivistische Theoreme (Foerster, 1993; Foerster/Glasersfeld/Heil/Schmidt/Watzlawick, 1995) und systemtheoretische Arbeiten (Baecker, 1994, 1997; Bommes/Scherr, 2000; Luhmann, 1997; Scherr, 2002) erst noch auszuschöpfen.

gibt kein vor- oder nachgängiges Wissen, das Handeln vollkommen erfasst und kein Handeln, das sich vollkommen auf Wissen gründet. Die Paradoxien sind prinzipiell nicht auflösbar, sondern als Bestandteil professioneller Arbeit in den praktischen Verstehens- und Interaktionsprozessen „aufzuheben". Fritz Schütze hat auf diese prinzipiellen Paradoxien des professionellen Handelns überzeugend aufmerksam gemacht.[7] In Anlehnung an strukturfunktionalistische (Parsons'sche) Konzepte von Profession resultieren für ihn die prinzipiellen Paradoxien vorwiegend in der gesellschaftlichen Institution Profession selber, die einmal aufgrund der Alltagsfremdheit der höhersymbolischen Sinnwelt der Profession und der damit einhergehenden gesellschaftlichen Macht, zum anderen wegen der asymmetrischen Beziehungen zwischen Klient und Experten (die in viele Dimensionen von Wissen und Handeln aufzufächern sind) immer wirksam sind. Fehlentwicklungspotenziale sind seiner Einschätzung nach immer aktiv, wenn abstraktes Wissen auf Einzelfälle vereinfacht angewandt wird, die Interaktionsbasis zwischen Professionellem und Klienten vernachlässigt wird und die alltagsweltlichen Verstrickungen des Klienten nicht hinreichend berücksichtigt werden. Unaufhebbar different bleiben die wechselseitig unterschiedlichen Idealisierungen und Erwartungen an den möglichen Ausgang der Interaktion und Wahrnehmung seiner faktisch-situativen Merkmale. Im Fortgang des genannten Aufsatzes belegt Schütze, dass interaktionistische Konzepte und fallrekonstruktive Arbeit bei Anerkennung unlösbarer Paradoxien professionellen Handelns die Fehlentwicklungspotenziale gleichwohl eindämmen können.

Auf der Linie dieser Argumentation soll hier festgehalten werden, dass Professionen, die diese Paradoxien kognitiv oder handlungspraktisch auflösen (zugunsten des individuellen Klienten, zugunsten des Anstellungsträgers oder zugunsten eines abstrakten Standesinteresses der Profession), ihre Unterstützungsfunktion für Klienten einbüßen. Sie verlieren sich entweder in den kurzfristigen Interessen des Klienten, die womöglich schon zur Problemkonstitution beigetragen haben, überlassen die Praxisentscheidungen problemferner ökonomischer oder politischer Steuerung oder machen den Klienten zum bloßen Datenlieferanten für abstrakte wissenschaftliche Theorien. Demgegenüber setzt Fallverstehen allgemeines Wissen, die Entstehung eines Problems und seine situative Vergegenwärtigung in Beziehung und ermöglicht so nicht nur symptomatische, sondern langfristige und nachhaltige Problembearbeitungen. Genauer, durch fallrekonstruktive Arbeit werden der Optionsraum erweitert, Handlungskompetenzen gesteigert und somit Problemlösungsverhalten erwei-

7 Schütze, 1996, S.183-190.

tert. In der professionellen Fallbearbeitung realisiert sich so die Einheit von Theorie und Praxis.[8]

Doch um wessen Optionen und Handlungskompetenz geht es bei der Lösung sozialer Probleme, so wie sie im Rahmen Sozialer Arbeit auftreten?

Soziale Probleme gibt es nicht unabhängig von gesellschaftlicher Definition und Wechselwirkungen innerhalb konkreter gesellschaftlicher Verhältnisse und Verhaltensweisen. Somit sind soziale Probleme nicht einfach objekt-technisch, instrumentell, sondern immer nur interaktiv-kommunikativ anzugehen. Hier schlägt nicht nur die professionsinhärente eigentümliche Klienten- und Interaktionszentrierung jeder Profession als Einrichtung expertenhafter Hilfe durch (Stichweh 1996: 62), sondern Problemgenesen entstehen immer auch interaktiv-kommunikativ, zeigen sich so, lassen sich so beobachten, und sind so – das ist die professionelle pragmatische These - auch bearbeitbar. Somit ist Handlungskompetenz als Verstehens- und Kommunikationskompetenz immer auch nur interaktiv herzustellen und nur so im genauen Sinne auch möglicherweise für beide Interaktionsseiten problemlösend. Die Steigerung von Handlungskompetenz in der Sozialen Arbeit bedeutet besseres Selbst- und Fremdverstehen, eine Steigerung der Handlungskompetenz von Professionellem und Klienten in einem wechselseitigen Prozess. Asymmetrien mit ständig wechselndem Bezug mal zugunsten des Professionellen, mal zugunsten des Klienten sind dabei der Motor für Kommunikation, die jeweils Hinsichten erweitert, Optionen zugänglich macht und Handlungsräume sowohl in der professionellen Interaktion wie auch im sonstigen Leben von Klient und Professionellem erweitert.

4 Narrativ-biographische Diagnostik, Interaktionsanalyse und Intervention in der Jugendhilfe

Statt weiterer theoretischer Abklärungen soll der Nachweis fallrekonstruktiver Leistungsfähigkeit im Kontext der Professionalisierung der Sozialen Arbeit im Folgenden an einem Praxisprojekt aus der Jugendhilfe dargestellt werden.[9] Doppelter Ausgangspunkt für das Praxisprojekt ist eine

---

8 Dies entspricht auch der Oevermannschen Professionstheorie, vgl. Hildenbrand, 2009; Oevermann, 1996, 2000.

9 Es handelt sich um ein Kooperationsprojekt, das der Autor zusammen mit Martina Goblirsch bei *Mut zur Zukunft*, Kirchberg a.d.J., einer Einrichtung der Jugendhilfe 2001-2006 durchführte; siehe auch Fischer/Goblirsch, 2004a, 2004b, 2004c. Die Leitung der Einrichtung war hier initiativ und hat die notwendigen betriebsinternen Umstellungen angeregt und nachhaltig getragen, sowie ihre MitarbeiterInnen motiviert, in der Kooperation mit wissenschaftlichen fallrekonstruktiven

Defiziterfahrung aus der Jugendhilfe. Zum einen geht es um ein Scheitern von Kindern und Jugendlichen in der Weise, dass sie in den Handlungsbereich der Jugendhilfe geraten; zum anderen geht es um die selbstkritische Erfahrung durchweg ungenügender Interventionen und Angebote seitens der Jugendhilfe. Konkret wird dieses Ungenügen sichtbar in einem „Verschleiß" von Hilfsangeboten durch die Jugendlichen, einem fortgesetzten Aufkündigen von sozialen Bindungen, dem Herausfallen aus heimerzieherischen und jugendpsychiatrischen Hilfen bei Fortbestehen der gravierenden sozialen Probleme. Sie lassen sich summarisch kennzeichnen als mangelnde Integration in die Familie, Schulverweigerung, Eigentumsdelikte, Drogenkonsum, Gewalt etc., die verbunden sind mit wiederkehrenden Konflikten mit Ordnungskräften und dem Gesetz wie den vielfältigen negativen kurz- und langfristigen Folgen einer umfassenden sozialen Desintegration für den Jugendlichen wie seines gesellschaftlichen Umfeldes. Die genannte Jugendhilfeeinrichtung war zwar mit einem individualpädagogisch und zum Teil erlebnispädagogisch orientierten sozialpädagogischen Konzept durchaus erfolgreich und konnte offenbar den Kreislauf fortgesetzter institutioneller Hilflosigkeit brechen und somit wirklich Hilfe gewähren. Dennoch wurde der Bedarf nach einer Steigerung professioneller Handlungskompetenz im unmittelbaren Arbeitsfeld und auch für das „zuliefernde" Vorfeld amtlicher Jugendhilfe gespürt und artikuliert. So kam es 2001 bis 2004 zu einer befristet angelegten Wissenschafts-Praxis-Kooperation der Einrichtung (unter Einbezug der beteiligten Jugendämter und von Akteuren aus der Jugendpsychiatrie) mit meinem Lehrstuhl mit dem Ziel, die Handlungskompetenz in wissenschaftlich unterstützten Lernprozessen der eigenen Arbeit zu steigern. In dem dreijährigen Prozess wurde die Methode und Praxis der Fallrekonstruktion in ihrer besonderen Form einer narrativ-biographischen Diagnostik und Intervention als nachhaltiges Instrument des gesamten sozialpädagogischen Prozesses theoretisch wie praktisch entwickelt und innerhalb der Einrichtung auch organisatorisch strukturell in dauerhafte Arbeitsprozesse und Positionen umgesetzt.

Der gesamte Prozess kann hier nicht in seinem Ablauf rekonstruiert werden; es muss genügen, systematisch die wichtigsten Punkte zu skizzieren und auf die Frage der Steigerung von Handlungskompetenz hin zu orientieren.

Verfahren neue Wege zu gehen. Ohne ihren dankenswerten Willen zu einer nachhaltigen Implementation hätte sich dieses Diagnostik-Interventions-Projekt nicht realisieren lassen. Ebenso ist den Jugendlichen und ihren Eltern, v.a. den Müttern zu danken, die sich hier kooperativ haben einbeziehen lassen. In diesem Kontext entstand die Dissertation von Martina Goblirsch zur narrativbiographischen Diagnostik und Intervention (Goblirsch, 2010).

4.1 Warum sind schwierige Jugendliche so schwierig?

Es gibt sicher viele Möglichkeiten, diese Frage zu beantworten, und je nach Variante kommen dann auch verschiedene Steuerungsvorstellungen in den Blick.[10] Ich wähle eine Antwort, die in den Gravitationsbereich biographischer Konzepte und Theoreme fällt.

Schwierige Jugendliche sind schwierig, weil sie in ihrem Leben Antworten (und das schließt Verhaltensweisen ein) auf Fragen entwickelt haben, die ihnen ein schwieriges Leben stellte.

Diese Formulierung impliziert einmal eine Leistung der Jugendlichen. Es wird hier eine Handlungsfähigkeit, zuerst eben nicht als Fehlverhalten, sondern als adäquate Leistung und somit als Ressource (an-)erkannt. Aber sie beinhaltet auch bereits das Wissen, dass die gefundenen Antworten aus unterschiedlichen Gründen schwer oder gar nicht lebbar sind. Sie werden individuell, familiär oder gesellschaftlich nicht akzeptiert oder funktionieren über kurz oder lang nicht wirklich. „Das Leben ist geprägt von Kreisläufen aus äußerer und innerer Beeinträchtigung, von Krisen, geringen oder geschwächten Potenzialen und Ressourcen der Eltern und Familien auf der einen, aber auch zu wenig, zu später oder falscher Unterstützung und Hilfe auf der anderen Seite" (Ader / Schrapper 2004: 55). Man kann diese im Leben der Jugendlichen auf bestimmte Fragen gewachsenen Antworten *Strukturen* nennen, weil sie immer wieder auftreten und Orientierung wie Verhalten der Jugendlichen in ihrer Lebenswelt formieren. In diesen lebensgeschichtlich gewachsenen Strukturen stecken gleichermaßen die Schwächen wie die Ressourcen. Ressourcen und Schwächen eines Lebensvollzuges sind in dieser Sicht zwei Seiten einer Medaille. Dies ist wissenschaftlich wie praktisch von Bedeutung. Wissenschaftlich heißt es, dass der hier gewählte genetische prozesshafte Strukturbegriff lediglich Aussagen über Entstehungsbedingungen von Verläufen, Erwartungen, mögliche (und damit ausgeschlossene) Anschlussoperationen etc. machen kann, aber die Frage, ob dies gut oder schlecht sei, also die Frage nach Erwünschtheit oder Ethik und Moral nicht mitliefern kann. Sofern solche Fragen gestellt werden sollen oder bereits aus diesen und jenen Gründen aufgekommen sind bzw. nicht ignoriert werden können, ist nicht zu erwarten, dass genetische Strukturbetrachtungen hierzu etwas Entscheidendes beisteuern können; sie bleiben als wichtiges, wissenschaftlich gewonnenes Wissen im neutralen Vorfeld. Dies ist gleichzeitig eine Chance für die – in diesem Falle sozialpädagogische – Praxis.

---

10 Vgl. etwa Ader/Schrapper, 2004 mit dem von den Autoren entwickelten Modell der Fallkonsultation, siehe auch Ader/Schrapper/Thiesmeier, 2001; Henkel/Schnapka/Schrapper, 2002.   **103**

Da die Gewordenheit der Strukturen und ihre sich wiederholenden operationalen Aktualisierungen von vorneherein nicht nur pathologisch oder pathogen angesehen werden, kann schon das Wissen um Entstehungsbedingungen biographischer Orientierungen eine biographische Ressource kennzeichnen. Es ließe sich, vorausgesetzt Methoden zur Erfassung und Beschreibung biographischer Strukturierung stehen zur Verfügung, dann im sozialpädagogisch begleitenden Handeln in einem praktischen Aushandlungsprozess auf bereits vorhandene Ressourcen und ihren Ausbau und nicht nur (aber natürlich auch!) auf pädagogisch angesagte Strukturveränderungen setzen.

4.2 Warum scheitern Bemühungen der Jugendhilfe?

Betrachtet man einmal die institutionelle Seite der Jugendhilfe kann man thetisch und rhetorisch zugespitzt etwa Folgendes behaupten. Einrichtungen und Maßnahmen der Jugendhilfe scheitern vielfach,
- wenn – und weil – sie zu stark an Symptomen orientiert sind;
- wenn ihr Ziel abstrakt „Integration" ist, man aber nicht weiß, was dies konkret heißen könnte, und wie man es praktisch erreicht;
- wenn sie in die „gleiche Kerbe hauen" wie die gesellschaftlichen Institutionen (Familie, Schule), wodurch die Jugendlichen bereits stigmatisiert sind (Wiederholung des Exklusionsprozesses);
- wenn sie das negative Strukturpotenzial verstärken und das positive Strukturpotenzial ihrer Klientel nicht erkennen;
- kurzum, wenn – und weil – sie *Jugendliche nicht verstehen*.

Ader und Schrapper haben vor allem die kurzfristige Symptomfixierung und Ausblendung von lebensweltlichen und lebensgeschichtlichen Entstehungszusammenhängen als Defizit der Jugendhilfe herausgestellt. „Das Symptom schiebt sich so in den Vordergrund, wodurch die Entwicklung eines problematischen Lebensverlaufes in seinen familiären und sozialen Zusammenhängen aus dem Blick zu geraten droht. Mit solchen Wahrnehmungs- und Deutungsmustern der Professionellen finden die Hilfesysteme oftmals keinen Zugang zu den subjektiven Sichtweisen, Handlungslogiken und Erklärungen von Kindern und Eltern" (a.a.O.: 55f.). Dieser Zugang kann prinzipiell nur durch Verstehen der *Jugendlichen und Verstehen* der eigenen institutionellen und professionellen Potenziale, Fehlleistungen und Blind-Spots erfolgen. Nur so kann die Misserfolgsspirale, zu der die fortgesetzte Eigenproduktion ihrer Klienten durch die Jugendhilfe selber gehört, unterbrochen werden.

4.3 Fallrekonstruktion als Gegenstrategie

Verstehen der Jugendlichen impliziert Sich-Verstehen in der Kommunikation im Sinne von sich selber und einander verstehen. Verstehen als abschließende Position im Kommunikationsprozess, die diesen überhaupt erst zur Kommunikation werden lässt, ist sowohl im alltagssprachlichen wie soziologischen Sinne eine Grundoperation, um angesichts dieser kritisch eingeschätzten Situation der Jugendhilfe zu besseren Hilfen und sozial-pädagogisch förderlichen Begleitprozessen zu gelangen. Es ist jedoch genau diese Grundoperation kommunikativer Verständigung, die ganz allgemein im professionellen Betreuungskontext schnell zugunsten einer instrumentell orientierten Expertenhaltung außer Kraft gesetzt wird. Symptomorientiertes Abfragen geht dann vor Zuhören, negativ beispielhaft für diese Art professioneller Deformation ist Arzt-Patienten-Kommunikation. „Den positiven Sinn von Weltsicht, Handlungsstrategie und Verhaltensrepertoire eines ‚schwierigen Kindes' aus seiner Lern- und Bildungsgeschichte, d.h. aus seiner Aneignung und Erprobung erfolgreicher Erklärungs- und Handlungsmuster für das eigene Überleben zu verstehen, muss der Kern eines originär sozialpädagogischen Zugangs zu ‚schwierigen Kindern' sein" (ebd.). Dabei ist Verstehen nicht nur der Anfang eines Prozesses, auf den etwas anderes folgt, sondern es ist immer notwendig und produktiv, solange mit den Jugendlichen kommuniziert wird. So gesehen ist Verstehen auch mehr als die wissenschaftliche Analyse,[11] die immer mehr Zeit braucht, als praktische Interaktion zulässt und die sich ganz oder zeitweise der aktuellen Kommunikation mit dem Klienten entziehen *muss*. Verstehen beginnt schon in der Kommunikationssituation zwischen Jugendlichem und Sozialpädagogen selber und wirkt nicht nur funktional kurzfristig befriedend, verständigend und eine gemeinsam geteilte Welt produzierend, (das Grundmodell des Nichtverstehens in der Kommunikation ist der Streit), sondern es vermittelt in der impliziten Rückmeldung dem Jugendlichen, dass er bei aller Einzelproblematik akzeptiert werden kann, weil er *verstehbar* ist, auch wenn er im Einzelnen problematische Verhaltensweisen dabei produziert. Der Aufbau einer positiven Identität kann für den Jugendlichen nur über solche oft impliziten und vor allem kontinuierlichen Rückmeldungen von Nachvollziehbarkeit und Verständnis erfolgen. Auf dieser Basis können auch neue positive Selbst- und Fremderfahrungen gemacht werden, neue Verhaltensweisen ausprobiert werden, die, wenn

---

11 Eine alte fragwürdige Kontroverse der Wissenschaftstheorie rhetorisch konterkarierend, könnte man sagen, „Verstehen" ist *mehr* als „Erklären", und damit den Anspruch der positivistisch orientierten Wissenschaftslogik genau umdrehen.

sie sich stabilisieren lassen, langfristig zur Nutzung eigener Handlungspotenziale des Klienten und nachhaltig zum Abbau von Problemstrukturen führen können. Eine wichtige Eigenschaft des Verstehensprozesses ist die Wechselseitigkeit. Sie führt dazu, dass die Professionellen sich auch selber im Prozess der Kommunikation neu verstehen lernen; ihr eigenes Handeln mit seinen Möglichkeiten und Grenzen wird konkret als das sichtbar, was sie in die Situation einbringen.

Innerhalb der *wissenschaftlichen* Nutzung von Verstehensoperationen in bestimmten interaktionistischen und wissenssoziologischen Forschungstraditionen[12] wird der Verstehensprozess zunächst durch eine konsequent klienten-orientierte Forschungs- und Erhebungshaltung begonnen. Die Analyse – es ist genauer gesagt ein Verfahren von De-Konstruktion und Re-Konstruktion – steigert das Verstehensprinzip durch die Grundoperation der Fallrekonstruktion. Es handelt sich hier – bei durchaus unterschiedlichen wissenschaftlichen Teiltraditionen und abweichenden Teilverfahren – generell um den Versuch ganzheitlichen Verstehens durch die Rekonstruktion von Orientierungs- und Handlungsstrukturen in ihrer Genese. Letzteres ist wichtig, denn Strukturen können nicht punktuell verstanden werden,[13] sondern müssen, da sie prozesshaft sind, als Prozesse, in ihrer Historie und Generierungspotenz verstanden werden. Der Blick geht dabei nicht nur auf das Symptom oder problematische Einzelphänomene, sondern in einer prinzipiell ökologischen und ganzheitlichen Sichtweise wird versucht, den Fall und seine Bedingungsstrukturen als Ensemble aus Wechselprozessen zu verstehen, die sich strukturiert haben und weiter strukturieren, also im Erleben und Handeln Kontinuität gewonnen haben und den Klienten und seine Interaktanten weiterhin orientieren. Diese fallrekonstruktive Analyse klärt immer auch darüber auf, welche institutionellen Anteile die Strukturen mit erzeugen. Sie zeigen etwa, wie die Familie beim Jugendlichen strukturbildend wirkt, ein Wirkungszusammenhang, dem im hier dargestellten Projekt auch durch Interviews mit Eltern Rechnung getragen wird. Sie zeigen auch die Rolle, Leistung und Fehlleistungen von Institutionen der Jugendhilfe und deren Akteuren und dienen den Professionellen so zur Selbstaufklärung über ihr Handeln. Wird dieses wissenschaftlich analytisch erzeugte Wissen zur Strukturgenese in geeigneter Form in den Kommunikationsprozess mit dem Jugendlichen zurückgespeist, ist eine Steigerung der Handlungskompetenz von Klient und Pro-

---

12 Siehe einige Referenzen in Fußnote 6.

13 Es handelt sich hier um einen fluiden Strukturbegriff, bei dem Struktur und Prozess nicht getrennt sind, sondern Struktur nur im Prozess ihrer Aktualisierung (also Reproduktion oder auch Transformation) real und wirksam ist; grundlegend Giddens, 1995; Piaget, 1980.

fessionellem zu erwarten. Dies ist der Grundgedanke (Fischer, 2002, 2004) des hier vorgestellten Praxisprojekts. Der Anspruch fallrekonstruktiver Methodik, theoretisch und praktisch relevantes Wissen zu produzieren, ist dabei keineswegs originär.[14] Was den hier skizzierten Ansatz auszeichnet, ist eine Verwurzelung in der soziologischen Biographieforschung (Fischer-Rosenthal, 1995, 1996, 2000c) und die Modifikationen im spezifischen Praxisprozess. Einem Vorschlag von Martina Goblirsch folgend hat sich für das im Praxisprojekt entwickelte und hier vorgestellte komplexe Verfahren, das biographische Analysen, Interaktionsanalyse und *Interventionsvorschläge* verbindet, die Bezeichnung *„narrativ-biographische Diagnostik"* durchgesetzt.

5 Warum narrativ-biographisch und warum Diagnostik?

Es wird hier im Rückgriff auf die soziologisches Biographieforschung ein strukturales Biographiekonzept verwendet, das eine wesentliche Orientierungsleistung des Menschen in modernen Gesellschaften im Mittel biographischer Strukturierung (Fischer-Rosenthal, 2000b, 2000a) erkennt. Dass im Leben eines Menschen etwas so gekommen ist und immer wieder so kommt, obwohl es auch anders sein könnte, wird versucht über biographische Rekonstruktionen aufzuhellen. Dabei ist der Strukturbegriff – wie bereits erwähnt – formal wie in seiner inhaltlichen Ausprägung zugleich Ressource wie selektive Begrenzung. Er erlaubt es, die in professionellen Kontexten übliche pathogene Betrachtungsweise durch eine ressourcenbezogene Betrachtung zu erweitern. Zu erkennen, was *wirklich möglich* ist, ist für die Gewinnung neuer Handlungsoptionen unabdingbar. Warum dabei die offensichtliche Präferenz für eine besondere Form der Kommunikation, nämlich die Narration? In Narrationen lassen sich besonders gut Erfahrungen ausdrücken und mitteilen, wer man ist als jemand, der eine Geschichte hat und Geschichten erlebt hat. Geschichten, die im kommunikativen Setting gemeinsam produziert werden, schaffen eine gemeinsam geteilte Welt. Mikrogenetisch werden hier Prozesse der Selbstkonstitution und Identitätsbildung sichtbar.[15] Im aktuellen kommunikativen Prozess, also einer dialogischen Leistung, werden diese für eine Rekonstruktion von

---

14 Vgl. für viele Jakob/Wensierski, 1997; Müller, 1997.

15 Vgl. klassisch zum Narrationsbegriff als Mittel der Erfahrungskonstitution und seiner Kritik Labov/Waletzky, 1997 und das ganze Jahrgangsheft zum Thema Journal of Narrative and Life History (heute Narrative Inquiry) 1997: Vol 7; zu Narrationen im Alltag Ochs/Capps, 2001; zum Positionieren als aktualsprachlicher Leistung von Narration und Mikrogenese von Identität Bamberg, 1997, 1999, 2004; Lucius-Hoene/Deppermann, 2002. **107**

Orientierungsstrukturen notwendigen Prozesse greifbar und damit auch für Entwicklungen und Selbststeuerungen verfügbar.

Der *Diagnostikbegriff* ist historisch weit gehend durch die Medizin geprägt und damit wegen seiner klassifikatorischen Logik und expertokratischen Praxis für die Soziale Arbeit problematisch. Zwar scheint er mit ihren „hoheitsstaatlichen" Aufgaben, zu denen man in der Profession durchaus ein gemischtes Verhältnis hat, gut zusammen zu passen, er steht jedoch in starker Spannung zu demokratischen und partizipativen Vorstellungen von kommunikativer Verständigung mit den Betroffenen zur Lösung sozialer Probleme. Die in jüngster Zeit erneut aufkommende Debatte[16] zum Stellenwert von Diagnostik in der Sozialen Arbeit zeigt jedoch, dass Methoden zur wissenschaftlichen Beschreibung von Problemen und daran ansetzende Hilfeleistung elementar zum Repertoire einer Profession gehören. Diesen professionellen und professions-politischen Diskurs durchaus wahrnehmend und respektierend wird hier der Diagnosebegriff benutzt und um eine *prinzipiell kommunikative Dimension* erweitert. Etwas salopp formuliert, wo Diagnostik drauf steht, ist noch mehr drin. Mit dem Verfahrensvorschlag einer narrativ-biographischen Diagnostik wird somit auch ein Beitrag zu dieser Diskussion geleistet, dem es einerseits um die Anerkennung und professionelle Absicherung einer wissenschaftlichen Beschreibungs- und Analysetechnik geht, andererseits um *dialogische und kommunikative Formen der Entscheidungsfindung* und der nachhaltigen sozial-pädagogischen Begleitung. Sozialpädagogische Intervention – wenn man überhaupt den auf den professionellen Akteur und sein Handeln fixierten Begriff verwenden will – wird gedacht als ein andauernder dialogischer Prozess, bei dem die Verschiedenheit und Asymmetrie der Interaktanten nicht als Problem, sondern überhaupt erst als die notwendige Voraussetzung für Kommunikation[17] verstanden wird. Es ist das Spezifikum dieser Art von sozialpädagogischer Interaktion, dass sie dazu führen kann und soll, dass lebenspraktische Probleme nicht nur einfach zur Sprache kommen (und das ist ja im Vergleich mit wortloser „Behandlung" auch schon viel!), sondern dass sie im gleichen Zuge in öffnender Weise neue Erfahrungs- und Handlungsräume begründet. Narrativ-biographische Diagnostik ist eine Methode der Steigerung professioneller Handlungskompetenz. Sie führt zu einer kontinuier-

---

16 Vgl. etwa Hanses, 2000; Heiner, 2004; Mollenhauer/Uhlendorff, 1995a, 1995b; Peters, 1999; Schrapper, 2004a; Uhlendorff, 1997, 1999; kritisch zur Wiederbelebung eines nicht-dialogischen verobjektivierenden und damit Herrschaft ausübenden Diagnoseverständnisses vor allem Kunstreich, 2003; Kunstreich/Langhanky/Lindenberg/May, 2004; Kunstreich/Müller/Heiner/Meinhold, 2003; Langhanky, 2004.

17 Vgl. zu einer Theorie des Dialogs, bei dem Differenz, nicht Symmetrie vorausgesetzt ist Marková, 2003.

FALLREKONSTRUKTION UND HANDLUNGSKOMPETENZ IM KONTEXT DER PROFESSIONALISIERUNG

lich besseren Kommunikation zwischen Professionellem und Klienten, weil Verstehenselemente der Interaktion gefördert werden. Sie führt weiter zu besserem Verstehen der Verläufe und Strukturen und damit zum Verstehen von Problem-Genese und Ressourcen. Das Selbstverstehen der Akteure Klient und Professioneller und das wechselseitige Sich-verstehen werden so gefördert. Schließlich sind die Fallrekonstruktionen erfahrungs- und handlungsnah und daher besonders geeignet, den sozialpädagogischen Prozess als Interaktionsprozess nachhaltig zu begleiten. Fallrekonstruktionen steuern nicht, indem sie vorschreiben, was zu tun sei, aber sie ermöglichen eine genaue Wahrnehmung von aktualisierbaren Ressourcen und Entstehungsbedingungen problematischer Strukturen. Die aktuelle Leistung im sozialpädagogischen Prozess besteht dann darin, einmal mit den Beteiligten Rahmenbedingungen der Hilfe zu formulieren, zum anderen in der Fähigkeit, in der aktuellen und fortlaufenden, nie planbaren Interaktion mit dem Jugendlichen dessen Potenziale zu aktivieren und problemgenerierende Strukturen zu erkennen und abbauen zu helfen.

6 Wissenschaftliche Rekonstruktion und professionelle Intervention

Ohne hier in die technischen Einzelheiten gehen zu können,[18] sollen nun abschließend ein paar Merkmale und Grundkonzepte der narrativ-biographischen Diagnostik in ihren rekonstruktiven und interventiven Bereichen skizziert werden.

Die Rekonstruktion biographischer Strukturen erfolgt auf der Grundlage eines narrativ-biographischen Interviews mit dem Jugendlichen und den Eltern (meist der Mutter, da häufig der Vater nicht bekannt oder erreichbar ist). Vorhandenes Aktenmaterial aus der Jugendhilfe wird abklärend, kontrastiv so wie zur Ermittlung institutioneller Effekte mit einbezogen. Die Perspektivität (z.B. selektives Interesse) der jeweiligen Datenquelle wird voll in Rechnung gestellt, ohne dabei eine Wahrheits-Hierarchie von Datentypen anzunehmen. Die multiperspektiv mehrstufig durchgeführte Analyse folgt konzeptionell drei Hauptunterscheidungen, dem gelebten, dem erzählten (präsentierten) und dem erlebten Leben. Die jeweils gewonnenen Strukturaussagen werden miteinander in Bezug gesetzt. Es werden abschließende sozialpädagogische Empfehlungen formuliert. Diese – wenn man so will zeitlich diachron und vertikale – Analyse wird durch die Rekonstruktion von Interak-

---

18 Vgl. hierzu Fischer/Goblirsch, 2004a, 2004b, 2004c, 2004d sowie die Dissertation von Martina Goblirsch, 2010.

tionsstrukturen, die sich aus aktuellen Situationen per Videoaufzeichnung und Analyse ermitteln lassen, erweitert.[19] Dabei handelt es sich zeitlich um eine synchron und horizontale Betrachtungsweise. Der Ertrag dieser Rekonstruktion ist vor allem eine Einsicht in die mikrogenetischen Prozesse, die sich in beliebigen alltäglichen Interaktionen abspielen. Sie eignen sich daher besonders auch zur Wahrnehmungsschärfung von Alltagsprozessen mit den Jugendlichen und gegebenenfalls kommunikativen Gegensteuerungen.

Intervention stellt sich also nicht dar als einmaliger, gezielt geplanter Akt. Vielmehr geht es nach Abstecken eines Rahmens um die ständige kommunikative Umsetzung des Strukturwissens über die Grenzen und Möglichkeiten des Klienten in der Interaktion mit ihm. Je nach verfügbaren Möglichkeiten und personellen Ressourcen der sozialpädagogischen Betreuung werden hieraus unterschiedliche Begleitprozesse resultieren. Das fallrekonstruktiv erzeugte Wissen wird als Strukturwissen im Feld nur handlungsrelevant, wenn es interaktiv mit den Klienten realisiert wird. Hier liegt die Grenze wissenschaftlicher Arbeit, denn aus Strukturanalysen ergeben sich nicht automatisch Handlungsanweisungen. Es ist die kommunikativ aktive Leistung des Professionellen zusammen mit dem Klienten und seinen sonstigen Interaktionspartnern, wie er das im Einzelnen macht. Die Rückführung des Wissens ins Praxisfeld liegt jenseits eines Modells von Behandlung oder Anwendung, es geht vielmehr um nachhaltige interaktive Modifikationen, an denen beide Seiten aktiv beteiligt sind. Die letztlich angezielte nachhaltig veränderte Handlungssteuerung der Lebensführung liegt beim Klienten, der Professionelle begleitet und unterstützt ihn.

Die skizzierten Arbeitsprozesse haben sich im Modellprojekt als erfolgreich erwiesen. Das Verfahren der narrativ-biographischen Diagnostik wurde in der Jugendhilfeeinrichtung nachhaltig in die Prozesse der Rekrutierung und Begleitung der Jugendlichen eingebaut und ist heute Bestandteil der Arbeitsroutine. Qualitätssichernde Maßnahmen in Professionen werden gegenwärtig meist unter dem Gesichtspunkt von Kostenersparnis gefordert und legitimiert. Dieses Verfahren ist in Ausbildung und Durchführung zeit- und personalintensiv. Eine realistische Kostenrechnung muss allerdings auch in Rechnung stellen, was die bisherige „schlechte Praxis" kostet. Vergleicht man etwa fünf gescheiterte Jahre Jugendhilfe für einen Jugendlichen, finanziert aus der öffentlichen Hand, wird in der Gegenüberstellung auch die Kostenbilanz für das Verfahren der narrativ-biographischen Diagnostik durchaus positiv ausfallen. Seine Integration als methodisches Regelangebot in die Studienphase von Studierenden der Sozialen Arbeit erscheint mir im Sinne besserer Ausbildung für die Profession nicht nur sinnvoll, sondern notwendig.

19 Vgl. genauer zur Videoanalyse von Interaktionen Fischer, 2009, 2010b.

Literatur

Ader, Sabine / Schrapper, Christian: Wie aus schwierigen Kindern schwierige Fälle werden. Ein Handlungsforschungsprojekt zur Diagnostik und Bearbeitung problematisch zugespitzter Betreuungsverläufe in der Kinder- und Jugendhilfe. In: Schrapper, Christian (Hrsg.): Sozialpädagogische Forschungspraxis. Weinheim, München 2004; S. 51-62

Ader, Sabine / Schrapper, Christian / Thiesmeier, Monika (Hrsg.): Sozialpädagogisches Fallverstehen und sozialpädagogische Diagnostik in Forschung und Praxis. Münster 2001

Baecker, Dirk: Soziale Hilfe als Funktionssystem der Gesellschaft. In: ZfS, 23; 1994; S. 93-110

Baecker, Dirk: Helfen im Kontext eines Funktionssystems. In: Vogel, Hans-Christoph / Kaiser, Jana (Hrsg.): Neue Anforderungsprofile in der Sozialen Arbeit: Probleme, Projekte, Perspektiven. 20. Bd. Aachen 1997; S. 41-54

Bamberg, Michael: A constructivist approach to narrative development. In: Bamberg, Michael (Hrsg.): Narrative development - six approaches. Mahwah, NJ 1997; S. 89-132

Bamberg, Michael: Is there anything behind discourse? Narrative and the local accomplishment of identities. In: Maiers, Wolfgang / Bayer, Betty M. / Esgalhado, Barbara Duarte / Jorna, René / Schraube, Ernst (Hrsg.): Challenges to theoretical psychology. North York, Ontario 1999; S. 220-227

Bamberg, Michael: Narrative discourse and identitites. In: www.clarku.edu/~mbamberg/Papers/Narrative_Discourse_and_Identities.pdf; Oct 15 2004

Becker-Lenz, Roland: Das Arbeitsbündnis als Fundament professionellen Handelns. Aspekte des Strukturdilemmas von Hilfe und Kontrolle in der Sozialen Arbeit. In: Pfadenhauer, Michaela (Hrsg.): Professionelles Handeln. Wiesbaden 2005; S. 87-104

Berger, Peter L. / Luckmann, Thomas: Die gesellschaftliche Konstruktion der Wirklichkeit. Eine Theorie der Wissenssoziologie. Frankfurt a.M. 1969

Bommes, Michael / Scherr, Albert: Soziologie der Sozialen Arbeit. Eine Einführung in Formen und Funktionen organisierter Hilfe. Weinheim und München 2000

Fischer, Wolfram: Fallrekonstruktion und Intervention. In: Burkhart, Günter / Wolf, Jürgen (Hrsg.): Lebenszeiten. Erkundungen zur Soziologie der Generationen. (Festschrift für Martin Kohli zum 60. Geburtstag). Opladen 2002; S. 63-87

Fischer, Wolfram: Fallrekonstruktion im professionellen Kontext: Biographische Diagnostik, Interaktionsanalyse und Intervention. In: Hanses, Andreas (Hrsg.): Biographie und Soziale Arbeit. Institutionelle und biographische Konstruktionen von Wirklichkeit. Baltmannsweiler 2004; S. 62-86

Fischer, Wolfram: Rekonstruktive Videoanalyse. Wahrnehmungs- und interaktionstheoretische Grundlagen, Methoden. Universität Kassel http://nbn-resolving.org/urn/resolver.pl?urn=urn:n bn:de:hebis:34-2009032326755; 12.7.2009

Fischer, Wolfram: Die Praxis des Wissens der Praxis. In: Haubl, Rolf / Ehmer, Susanne / Busse, Stephan (Hrsg.): Wissen wir was wir tun? Theorie und Praxis in der Supervision und in der Sozialen Arbeit. Göttingen 2010a; S. im Druck

Fischer, Wolfram: Videoanalyse. In: Bock, Karin / Miethe, Ingrid (Hrsg.): Handbuch qualitative Methoden in der Sozialen Arbeit. Opladen 2010b; S. im Druck

Fischer, Wolfram / Goblirsch, Martina: Fallrekonstruktion und Intervention in der Sozialen Arbeit. Narrativ-biographische Diagnostik im professionellen Handeln. In: Psychosozial, 27 (2 (Nr. 96)); 2004a; S. 77-96

Fischer, Wolfram / Goblirsch, Martina: Konzept und Praxis der narrativ-biographischen Diagnostik. In: Schrapper, Christian (Hrsg.): Sozialpädagogische Diagnostik und Fallverstehen in der Jugendhilfe. Weinheim 2004b; S. 49-59

Fischer, Wolfram / Goblirsch, Martina: Narrativ–biographische Diagnostik in der Jugendhilfe. Fallrekonstruktion im Spannungsfeld von wissenschaftlicher Analyse und professioneller Handlungspraxis. In: Heiner, Maja (Hrsg.): Diagnostik und Diagnosen in der Sozialen Arbeit. Ein Überblick. Frankfurt a. M. 2004c; S. 127-140

Fischer, Wolfram / Goblirsch, Martina: Transgenerationale Fallrekonstruktion bei verhaltensoriginellen Jugendlichen. In: FQS, Forum Qualitative Sozialforschung http://www.qualitative-research. net; 2004d;

Fischer-Rosenthal, Wolfram: Biographische Methoden in der Soziologie. In: Flick, U. / Kardorff, E. v. / Keupp, H. / Rosenstiel, L.v. / Wolff, St. (Hrsg.): Handbuch Qualitative Sozialforschung. 2. Aufl., Weinheim 1995; S. 253-256

Fischer-Rosenthal, Wolfram: Strukturale Analyse biographischer Texte. In: Brähler, Elmar / Adler, Corinna (Hrsg.): Quantitative Einzelfallanalysen und qualitative Verfahren. Gießen 1996; S. 147-209

Fischer-Rosenthal, Wolfram: Address Lost: How to Fix Lives. Biographical Structuring in the European Modern Age. In: Breckner, Roswitha / Kalekin-Fishman, Devorah / Miethe, Ingrid (Hrsg.): Biographies and the Division of Europe. Experience, Action and Change on the 'Eastern Side'. Opladen 2000a; S. 55-75

Fischer-Rosenthal, Wolfram: Biographical work and biographical structuring in present-day societies. In: Bornat, Joanna / Chamberlayne, Prue / Wengraf, Tom (Hrsg.): The Turn to Biographical Methods in Social Science. London 2000b; S. 109-125

Fischer-Rosenthal, Wolfram: Vom Eigenen und Fremden in der Spätadoleszenz. Biographische Strukturierung als Aneignungsprozeß. In: Schilling, Michael (Hrsg.): Leben und Studieren im neuen Jahrtausend. Wien 2000c; S. 91-108

Foerster, Heinz von: Wissen und Gewissen. Frankfurt 1993

Foerster, Heinz von / Glasersfeld, Ernst von / Heil, Peter J. / Schmidt, Siegfried J. / Watzlawick, Paul (Hrsg.): Einführung in den Konstruktivismus. 2. Aufl. München 1995

Giddens, Anthony: Die Konstitution der Gesellschaft. Grundzüge einer Theorie der Strukturierung. 2., Frankfurt a.M. 1995

Gildemeister, Regine: Neuere Aspekte der Professionalisierungsdebatte. In: Neue Praxis, 22; 1992; S. 207-219

Gildemeister, Regine / Robert, Günther: Identität als Gegenstand und Ziel psychosozialer Arbeit. In: Frey, Hans-Peter / Haußer, Karl (Hrsg.) Stuttgart 1987; S. 219-233

Gildemeister, Regine / Robert, Günther: "Ich geh da von einem Fall aus..." Professionalisierung und Fallbezug in der Sozialen Arbeit. In: Jakob, Gisela / Wensierski, Hans-Jürger (Hrsg.): Rekonstruktive Sozialpädagogik. Konzepte und Methoden sozialpädagogischen Verstehens in Forschung und Praxis. Weinheim und München 1997; S. 23-38

Glaser, Barney G. / Strauss, Anselm L.: Awareness of dying. Chicago, 1965

Glaser, Barney G. / Strauss, Anselm L.: The discovery of grounded theory - strategies for qualitative research. Chicago 1967

Goblirsch, Martina: Biographien verhaltensschwieriger Jugendlicher und ihrer Mütter. Mehrgenerationale Fallrekonstruktionen und narrativ-biographische Diagnostik in Forschung und Praxis. Wiesbaden 2010

Gurwitsch, Aron: Das Bewußtseinsfeld. Berlin / New York 1974

Hanses, Andreas: Biographische Diagnostik in der Sozialen Arbeit. Über die Notwendigkeit und Möglichkeit eines hermeneutischen Fallverstehens im institutionellen Kontext. In: Neue Praxis, 30 (4); 2000; S. 357-379

Heiner, Maja (Hrsg.): Diagnostik und Diagnosen in der Sozialen Arbeit. Berlin 2004

Henkel, Joachim / Schnapka, Markus / Schrapper, Christian (Hrsg.): Was tun mit schwierigen Kindern? Sozialpädagogisches Verstehen und Handeln in der Jugendhilfe. Münster 2002

Hildenbrand, Bruno: Fallrekonstruktive Familienforschung. Opladen 1999

Hildenbrand, Bruno: Die Stellung des Klinischen Soziologen zwischen Wissenschaft und Lebenspraxis. In: Psychotherapie & Sozialwissenschaft, 11 (2); 2009; S. 8-26

Jakob, Gisela/Wensierski, Hans-Jürgen von (Hrsg.): Rekonstruktive Sozialpädagogik. Konzepte und Methoden sozialpädagogischen Verstehens in Forschung und Praxis. Weinheim & München 1997

Kunstreich, Timm: Neo-Diagnostik - Modernisierung klinischer Professionalität? (gleichnamiges Themenheft). In: Widersprüche, 23 (88); 2003; S. 7-10

Kunstreich, Timm/Langhanky, Michael/Lindenberg, Michael/May, Michael: Dialog statt Diagnose. In: Heiner, Maja (Hrsg.): Diagnostik und Diagnosen in der Sozialen Arbeit. Berlin 2004; S. 26-39

Kunstreich, Timm/Müller, Burkhard/Heiner, Maja/Meinhold, Marianne: Diagnose und/oder Dialog? Ein Briefwechsel. In: Widersprüche, 23 (88); 2003; S. 11-31

Kutzner, Stefan: Der Übertragungsmechanismus als Fallstrick in der Sozialhilfe. Zur Kooperation zwischen Sozialarbeiter und Klient. In: Pfadenhauer, Michaela (Hrsg.): Professionelles Handeln. Wiesbaden 2005; S. 105-124

Labov, Willam/Waletzky, Joshua: Narrative Analysis: Oral Versions of Personal Experience. In: Journal of Narrative and Life History, 7 (1-4); 1997; S. 3-38

Langhanky, Michael: Handeln ohne Diagnostik. In: Schrapper, Christian (Hrsg.): Sozialpädagogische Diagnostik und Fallverstehen in der Jugendhilfe. Weinheim, München 2004; S. 36-43

Lucius-Hoene, Gabriele/Deppermann, Arnulf: Rekonstruktion narrativer Identität. Ein Arbeitsbuch zur Analyse narrativer Interviews. Opladen 2002

Luhmann, Niklas: Die Gesellschaft der Gesellschaft. 2 Bde. Frankfurt a. M. 1997

Marková, Ivana: Dialogicality and Social Representations. The Dynamics of Mind. Cambridge, UK 2003

Mead, George Herbert: Die Genesis des sozialen Selbst und die soziale Kontrolle. In: Kellner, Hansfried (Hrsg.): Ders. Philosophie der Sozialität, < Aufsatzsammlung>. Frankfurt 1969a; S. 69-101

Mead, George Herbert: Die Objektivität der Perspektiven. In: Strauss, Anselm L. (Hrsg.): Ders., Sozialpsychologie, < Aufsatzsammlung>. Neuwied 1969b; S. 420-434

Mollenhauer, Klaus/Uhlendorff, Uwe: Sozialpädagogische Diagnosen II. Selbstdeutungen verhaltensschwieriger Jugendlicher als empirische Grundlage für Erziehungspläne. Weinheim & München 1995a

Mollenhauer, Klaus/Uhlendorff, Uwe: Sozialpädagogische Diagnosen. Über Jugendliche in schwierigen Lebenslagen. Weinheim & München 1995b

Müller, Burkhard: Sozialpädagogisches Können. Ein Lehrbuch zur multiperspektivischen Fallarbeit. 3, Freiburg 1997

Nölke, Eberhard: Lebensgeschichte und Marginalisierung. Hermeneutische Fallrekonstruktionen gescheiterter Sozialisationsverläufe von Jugendlichen. Wiesbaden 1994

Ochs, Elinor/Capps, Lisa: Living Narrative: Creating Lives in Everyday Storytelling. Cambridge, MA 2001

Oevermann, Ulrich: Theoretische Skizze einer revidierten Theorie professionalisierten Handelns. In: Combe, Arno/Helsper, Werner (Hrsg.): Pädagogische Professionalität. Frankfurt a.M. 1996; S. 70-182

Oevermann, Ulrich: Die Methode der Fallrekonstruktion in der Grundlagenforschung sowie der klinischen und pädagogischen Praxis. In: Kraimer, Klaus (Hrsg.): Die Fallrekonstruktion. Frankfurt a. M. 2000; S. 58-156

Peters, Friedhelm (Hrsg.): Diagnosen - Gutachten - hermeneutisches Fallverstehen. Rekonstruktive Verfahren zur Qualifizierung individueller Hilfeplanung. Frankfurt a.M. 1999

Piaget, Jean: Der Strukturalismus. Stuttgart 1980

Plessner, Helmuth: Die Stufen des Organischen und der Mensch. Einleitung in die philosophische Anthropologie. Gesammelte Schriften Bd. 4. 1. Aufl., Frankfurt am Main 1981

Riemann, Gerhard: Arbeitsschritte, Anwendungsgebiete und Praxisrelevanz der sozialwissenschaftlichen Biographieanalyse. In: Sozialwissenschaften und Berufspraxis, 14 (3); 1991; S. 253-264

Riemann, Gerhard: Die Arbeit der sozialpädagogischen Familienberatung. Interaktionsprozesse in einem Handlungsfeld der sozialen Arbeit. Weinheim & München 2000

Scherr, Albert: Sozialarbeitswissenschaft - Grundzüge eines theoretischen Programms. In: Thole, Werner (Hrsg.): Grundriss Soziale Arbeit. Ein einführendes Handbuch. Opladen 2002; S. 259-271

Schrapper, Christian (Hrsg.): Sozialpädagogische Diagnostik und Fallverstehen in der Jugendhilfe. Weinheim, München 2004a

Schrapper, Christian (Hrsg.): Sozialpädagogische Forschungspraxis. Positionen, Projekte, Perspektiven. Weinheim, München 2004b

Schütz, Alfred: Der sinnhafte Aufbau der sozialen Welt. 2., Wien 1960

Schütz, Alfred: Wissenschaftliche Interpretation und Alltagsverständnis menschlichen Handelns. In: Ders. (Hrsg.): Gesammelte Aufsätze. 1. Den Haag 1971; S. 3-54

Schütz, Alfred / Luckmann, Thomas (Hrsg.): Strukturen der Lebenswelt. 2 Bde. Frankfurt a.M. 1979/1984

Schütze, Fritz: Sozialarbeit als "bescheidene" Profession. In: Dewe, B / Ferchhoff, W / Radtke, F.-O (Hrsg.): Erziehen als Profession. Opladen 1992; S. 132-170

Schütze, Fritz: Die Fallanalyse. Zur wissenschaftlichen Fundierung einer klassischen Methode der Sozialen Arbeit. In: Rauschenbach, Th. / Ortmann, Fr. / M.-E., Karsten (Hrsg.): Der sozialpädagogische Blick. Lebensweltliche Methoden in der Sozialen Arbeit. 1993. München 1993; S. 191-221

Schütze, Fritz: Ethnographie und sozialwissenschaftliche Methoden der Feldforschung. Eine mögliche methodische Orientierung in der Ausbildung und Praxis der Sozialen Arbeit. In: Groddeck, N / Schumann, M (Hrsg.): Modernisierung Sozialer Arbeit durch Methodenentwicklung und -reflexion. Freiburg i. Br. 1994; S. 189-297

Schütze, Fritz: Organisationszwänge und hoheitsstaatliche Rahmenbedingungen im Sozialwesen. Ihre Auswirkungen auf die Paradoxien des professionellen Handelns. In: Combe, Arno / Helsper, Werner (Hrsg.): Pädagogische Professionalität. Frankfurt a.M. 1996; S. 183-275

Schütze, Fritz: Kognitive Anforderungen an das Adressatendilemma in der professionellen Fallanalyse der Sozialarbeit. In: Jakob, G. / Wensierski, H.-J. (Hrsg.): Rekonstruktive Sozialpädagogik. Konzepte und Methoden sozialpädagogischen Verstehens in Forschung und Praxis. Weinheim & München 1997; S. 39-60

Stichweh, Rudolf: Professionen in einer funktional differenzierten Gesellschaft. In: Combe, Arno / Helsper, Werner (Hrsg.): Pädagogische Professionalität. Frankfurt a.M. 1996; S. 49-69

Strauss, Anselm L.: Professions, work, and careers. San Francisco, 1971

Strauss, Anselm L.: Chronic illness and the quality of life. 2nd, St. Louis 1984

Strauss, Anselm L.: Social organization of medical work. Chicago 1985

Strauss, Anselm L.: Grundlagen qualitativer Sozialforschung. München 1994

Uexküll, Thure von / Wesiack, Wolfgang: Theorie der Humanmedizin, München. München 1988

Uhlendorff, Uwe: Sozialpädagogische Diagnosen III. Ein sozialpädagogisch-hermeneutisches Diagnoseverfahren für die Hilfeplanung. Weinheim & München 1997

Uhlendorff, Uwe: Sozialpädagogisch-hermeneutische Diagnosen in der Jugendhilfe. In: Peters, Friedhelm (Hrsg.): Diagnosen - Gutachten - hermeneutisches Fallverstehen. Rekonstruktive Verfahren zur Qualifizierung individueller Hilfeplanung. Frankfurt a. M. 1999; S. 126-143

Silvia Staub-Bernasconi

Professionalisierung der Sozialen Arbeit – Ein uneingelöstes Versprechen

ABSTRACT

In diesem Beitrag werden die neoliberalen Entwicklungstendenzen in der Sozialen Arbeit in Praxis, Ausbildung und Theoriebildung kritisiert. Den Deprofessionalisierungstendenzen werden handlungswissenschaftlich basierte Kriterien auf verschiedenen Wissensebenen entgegengestellt und professionsethisch begründet, die dem Anspruch einer Profession und Disziplin entsprechen und es PraktikerInnen ermöglichen, ihr Handeln professionell zu begründen und zu reflektieren.

1   Einleitung

Die Einstiegsfrage zu diesem Thema müsste lauten: Besteht denn zwischen Lehrenden und PraktikerInnen überhaupt Konsens darüber, dass sich Soziale Arbeit professionalisieren, ihr Vorgehen wissenschaftlich und gemäß ihrem Ethikkodex begründen soll? Und wenn ja, wie soll das geschehen? Die Antwort lautet: Von einem Konsens kann nicht die Rede sein. Von der Extremposition, dass die „Sozialarbeitswissenschaft" ein entschwindendes „Phantom" ist (Merten 2008), sind alle nur denkbaren Vorstellungen vertreten: Die einen beklagen die fehlende, andere die Überprofessionalisierung, wieder andere sprechen von halber Professionalisierung, verhinderter oder zumindest erschwerter Professionalisierung durch „Fürsorgliche Verstrickung" oder der prinzipiellen Unmöglichkeit von Professionalisierung, da Soziale Arbeit im Unterschied zu den Professionen – ein weisungsgebundener Beruf sei usw. Die Diskussion ist, wie ich zu zeigen versuchte (Staub-Bernasconi 2009b) – international betrachtet – auf dem Niveau der 60er Jahre des letzten Jahrhunderts stecken geblieben (Toren 1969). Das Problem wird dadurch noch verstärkt, dass es in Deutschland auch nach 50 Jahren Fachhochschulentwicklung im Zusammenhang mit der Bologna-Reform nicht möglich war, einen Grundkonsens über professionelle Basiskompetenzen herzustellen. Im *Qualifikationsrahmen Soziale Arbeit* (QR SArb 2006) (Bartosch et al. 2006) für den Bachelor- und Masterlevel wird einleitend festgehalten, dass „auf eine Kompetenzdiskussion u.a.

115

verzichtet (wird)" (S. 12) – und dies ausgerechnet im Rahmen einer Reform, die das Thema „Beschäftigungsfähigkeit" derart hochhält. Der pragmatische Grund für diesen Weg liege „in der besonderen Situation der Fachbereiche Sozialer Arbeit in Deutschland ... da jeder Fachbereich für sich in Anspruch nimmt, auch bisher vollständige Qualifikationen für die Soziale Arbeit vermittelt zu haben. ... Der Ausweis von z. B. vermittelten Kompetenzen ... bleibt jedem Fachbereich unbenommen (und sinnvoll). ... " (S. 12). Dieser Verzicht, begleitet von einer Je-Ka-Mi-Vorstellung (Jeder-Kann-Mitmachen, A.d.V.) wiegt insofern schwer, als sich eine Profession in Bezug auf einen, mit bestimmtem Wissen, speziellen Arbeitsweisen / Methoden verbundenen Zuständigkeitsbereich ausweisen können müsste.

2 Die Folgen des uneingelösten Professionalisierungsversprechens

Bis heute ist – vor allem im deutschsprachigen Kontext – die Professionalisierung der Sozialen Arbeit ein unentschiedenes Projekt. Und dieses „schwarze Loch" hat Folgen, die ich an einem Interviewausschnitt mit einer Sozialarbeiterin (S.B.) in einem Sozialdienst (SozialAktuell 2008: 40-41) sowie anhand eines neuen Grundsatzpapiers der Wohlfahrtsverbände in den *Blättern der Wohlfahrtspflege* (2009: 85-88) aufzeigen möchte:

2.1 Beispiel: Bericht über eine heutzutage verbreitete Praxis

Das Menschenbild von S.B. wird „immer wieder auf die Probe gestellt, damit sie die Klienten nicht vorschnell des Missbrauchs verdächtigt. Nur so findet sie ein gutes Mittelmaß zwischen Hilfestellung und Kontrolle. ‚Ich bemühe mich, die Menschen zu unterstützen. Ich finde es schade, dass das Aufdecken und Bearbeiten von Missbrauch Zeit und Ressourcen für KlientInnen, welche unsere Unterstützung wirklich benötigen, wegnimmt.' Sie weiß durchaus um die Probleme, die das Leben mit dem geringen Budget der Sozialhilfe mit sich bringt. Und sie hat Verständnis für die Verzweiflung und den Ärger, dem ihre Klienten in ihrem Büro Luft machen. Doch Betrug sei keine Lösung und verschlimmere nur die jeweilige Lage.

Die rechtlichen Kontrollen häufen sich, die Richtlinien werden immer schärfer. Wer die geforderten Unterlagen nicht fristgerecht beim Sozialdienst einreicht, dem kann heute die Sozialhilfe bis auf Null gestrichen werden. Das bedeutet für säumige Sozialhilfeempfänger nicht weniger als den Wegfall der Lebensgrundlage. ‚Doch einigen Klienten fällt der fehlende Geldbetrag auf dem Konto nicht einmal auf', so S.B. Ein Fall für die SozialinspektorInnen? ... Die Mitarbeitenden des Sozialdienstes ... befürworten die Sozialinspektoren. Für S.B. sind sie eine große Hilfe, mehr noch: 'Die InspektorInnen sind eine Legitimation meiner Arbeit.' Sie ist sich sicher, dass der Öffentlichkeit dadurch bewusst wird, dass die MitarbeiterInnen in dem Sozialdienst nicht wegschauen oder die rosa Brille aufhaben. ... Weniger toll findet S.B. die überbordende administrative Tätigkeit ... obwohl personelle Ressourcen knapp sind. ... Als Ausgleich zur alltäglichen Anspannung im Büro treibt S.B. regelmäßig Sport und erholt sich mit Freunden im Ausgang. ,Ansonsten interessiere ich mich auch für die politische Diskussion, die sich um meinen Berufszweig zentriert' ... So verfolge ich nach Möglichkeit die Berichterstattung in den Medien'." (2008: 40-41)

Die Sozialarbeiterin hat das, was ihr der so genannte „Zeitgeist" und der öffentlich-politische Diskurs vorgibt, ohne jede Hinterfragung internalisiert. Sie findet es nur „schade", nicht etwa professionsethisch skandalös, dass sie mehr Zeit für die Aufdeckung von Missbrauch sowie für die verwaltungsbezogene Dokumentation als für den Aufbau einer Vertrauens-, Motivations- und Arbeitsbeziehung sowie die Unterstützung der SozialhilfeempfängerInnen bei der Bewältigung ihres Alltags und der damit verbundenen Probleme aufwenden muss. Sie möchte die Klienten „nicht vorschnell", muss sie aber eben doch des Missbrauchs, also „langsam" verdächtigen. Sie hat „Verständnis" für die Verzweiflung und den Ärger ihrer Klienten, diagnostiziert dabei aber kein wissenschaftlich gut belegtes, massiv verletztes Bedürfnis nach Gerechtigkeit (z.B. Montada/Kals 2000). Dafür stellt sie unmittelbar im Anschluss daran fest, dass sie KlientInnen, welche die Unterlagen nicht rechtzeitig beibringen (oder ihrer Mitwirkungspflicht nicht nachkommen, wie zu ergänzen wäre), kurzum die Sozialhilfe bis auf Null streichen kann bzw. muss. Kein Wort über die sozialen Folgen einer solchen Kürzung, die je nachdem auch eine Familie mit Kindern, also unschuldige Abhängige im Sinn einer Kollektivstrafe trifft. Kein Wort über die menschenrechtswidrige Verweigerung der Existenzsicherung und damit die Verletzung des Ethikkodexes der Profession. Die Legitimation ihrer Arbeit erfolgt nicht durch diesen Kodex, sondern durch Fürsorginspektoren, denen sie Kontrollaufträge erteilt. Wo lernt man so etwas? Was sie wirklich bedauert und beklagt, ist der „enorme administrative Aufwand"; aber hat sie denn überhaupt eine Vorstellung von Professionalität und „professionellem Aufwand" als Alternative? Sie betreibt Sport, vielleicht unter anderem auch um ihr tägliches Unbehagen am Arbeitsplatz abzubauen. Ihr Interesse für die politische Diskussion und die Medienberichterstattung – beispielsweise zur Sozialschmarotzerdebatte – bleibt folgenlos. Sie hat sich mit den Rahmenbedingungen arrangiert und wurde zu deren folgsamen Vollstreckerin. Ist sie die vielzitierte „hilflose Helferin" oder ist sie eine „hilflos gemachte Helferin"? – Jede andere Profession würde/

müsste ein Mitglied, das die erzwungene Vernachlässigung oder gar Verweigerung von Hilfe aufgrund von Dokumentations-, Verwaltungs- und Polizeiaufgaben sowie Menschen- bzw. Sozialrechtsverletzungen als Methode legitimiert, als professionsschädigend ausschließen.

2.2 Beispiel: „Professionalität" im Rahmen der Qualitätsziele der Freien Wohlfahrtspflege

In den Blättern der Wohlfahrtspflege zum Thema Verbraucherschutz wurde ein Arbeitspapier der Bundesarbeitsgemeinschaft der Freien Wohlfahrtspflege mit dem Titel „Qualitätsziele der Wohlfahrtspflege zur Erreichung ihrer spezifischen Dienstleistungsqualität" (Mai 2008) vorgestellt (2009: 85-88). Darin heißt es:

1. Leitbildorientierung
Grundanliegen der Leitbildorientierung ist eine „Orientierung für das berufliche und organisatorische Handeln".
Die Wortwahl zielt auf „Beruf", nicht auf „Profession".

2. Orientierung am persönlichen Nutzen
„Nutzerinnen und Nutzer, ... Klientinnen und Klienten oder ratsuchende Menschen betrachten wir unter Achtung ihrer Souveränität, Selbstbestimmung ... Selbstverantwortung ... und Kreativität als Kundinnen und Kunden. ... Diese Orientierung ist eine Abkehr von einem institutionsorientierten Denken hin zu einem personorientierten Handeln in der Sozialen Arbeit, ..." „Der Einsatz von befähigenden Methoden ist nachweisbar (z.B. Maßnahmeplan/individueller Hilfsplan, Leistungsnachweise und -dokumentationen)."
Auch hier zunächst die Frage nach dem Menschenbild. Des weitern: Diese Aufzählung „befähigender Methoden" als Operationalisierung von Selbstbestimmung ist geradezu grotesk; sie widerspricht nicht nur der erklärten Personenorientierung, sondern allem, was man im Rahmen der Profession und ihren speziellen Handlungstheorien unter „befähigenden Methoden" versteht.

3. Ziel- und Wirkungsorientierung
„Der Regelkreislauf aus Zielformulierung, Maßnahmenplanung, Umsetzung, Evaluation/Messung der Ergebnisse und erneuter Zielformulierung ist als systematisches Verfahren dokumentiert und in der Praxis nachweisbar."
Spätestens hier müsste etwas von professioneller, wissenschaftsbasierter Diagnose-, Erklärungs- und Methodenkompetenz stehen. Worauf soll sich denn die Zielformulierung beziehen? In gängiger Diktion nennt sich dies „Lösungsori-

entierung", die ohne komplizierte, zeitraubende Diagnosen auskommt, nach keinen Erklärungen sucht und dabei den AdressatInnen Sozialer Arbeit oft per Definition Ressourcen und Stärken zuschreibt und einfordert.

4. Mitarbeiterorientierung

„Die Dienstleistungsorientierung der Organisation wird den Mitarbeiterinnen und Mitarbeitern regelmäßig vermittelt. ... Operationalisiert: Die Bedingungen der Dienstleistungsorientierung sind beschrieben und das Bewusstsein ist in der Einrichtung spürbar (z.B. Erreichbarkeit, zugewandte Haltung, freundliche Gesprächsführung, verbindliche Einhaltung der Vereinbarungen, Begrüßung von Gästen in der Einrichtung, Raumgestaltung)".

Mit den in Klammern aufgeführten Beispielen wird auch hier sichtbar, dass Dienstleistungsorientierung keine Professionalität voraussetzt. Zuwendung und Freundlichkeit kann, ja muss man auch von Laien und Freiwilligen erwarten. Das komplexe Problem der Macht und Kontrolle in der Beziehung zwischen Klientel und Mitarbeitenden, Mitarbeitenden und Organisation wird hier in die Formel der „verbindlichen Einhaltung von Vereinbarungen" versteckt.

6. Vertragspartnerschaft

„Der Dienstleistungsvertrag mit den Nutzerinnen und Nutzern gibt diesen Rechtssicherheit. Über das Vertragsmanagement mit Leistungsträgern und Kooperationspartnern sichert die Dienstleistungsorganisation die notwendigen Bedingungen für qualifizierte soziale Dienstleistungserbringung. ... Vor Vertragsabschluss werden die Vertragspartner umfassend über die Vertragsinhalte informiert. ... Über absehbare Veränderungen werden die Vertragspartner frühzeitig informiert. ... "

Im ersten Teil dürfte das, was als „Casemanagement" und von Wendt als „Managementtechnik" bezeichnet wird und „sich über die helfende Praxis in disponierender und allokativer Funktion (erhebt)" (Wendt 2007, 465, zit. in Hansen 2009: 508, 511) umrissen sein. Die Formulierungen zeigen, dass es sich nicht um eine partizipative, partnerschaftliche Beziehung handeln kann, welche die Souveränität und Selbstbestimmung der „KundInnen" hochhält; sie sind hier zum Informationsempfänger geworden. Eine Rücksprache- oder gar Einspruch- und Klagemöglichkeit ist da nicht vorgesehen.

8. Management der Qualität

„Die Qualitätsanforderungen der Verbände der Freien Wohlfahrtspflege können nur dann nachhaltig aufrechterhalten werden, wenn ein wirksames Management die Umsetzung sicherstellt. Dies setzt ein Qualitätsmanagement voraus, das europäisch anerkannten Normen (DIN EN ISO 9001; 2000 oder dem EFQM-Modell für Excellence) entspricht."

Dass es internationale, von der wissenschaftlichen und professionellen Community festgelegte, verbindliche theoretische Ausbildungs- sowie Akkreditierungsstandards für die Ausbildung und Praxis Sozialer Arbeit gibt, scheint nicht bekannt zu sein (vgl. Supplement 2007).

„Leitbilder stellen einen wertbezogenen Orientierungsrahmen dar, die als verpflichtende Grundlage für das berufliche und organisatorische Handeln dienen. Leitbilder dienen dazu, das eigene berufliche Handeln stets zu reflektieren und gegebenenfalls anzupassen. Leitbilder ermöglichen, ethische Fragen bei konkurrierenden Interessen zu klären."

Hier wird eine Interessenidentität zwischen Trägern/Arbeitgebern und MitarbeiterInnen fraglos vorausgesetzt bzw. ihre Durchsetzung dank Rekurs auf das Leitbild garantiert. Und für die Interessenidentität zwischen Träger und „Nutzern" sorgen die Verträge und der Topdown-Informationsfluss. Dass es in der Sozialen Arbeit meistens um einen Aushandlungsprozess zwischen verschiedenen Adressaten-, Professions- und Trägerzielen und -interessen gehen könnte, kommt in diesem Dokument nirgends zur Sprache. Damit verlangen die Wohlfahrtsverbände letztlich eine Obrigkeits- und Institutionenorientierung in anderem, neuem, zumeist neoliberalem Sprachgewand – dies ungeachtet der historischen Vergangenheit, das heißt der dunklen Zeiten der Instrumentalisierung der Fürsorge für ideologische und machtpolitische Zwecke.

Dieses Dokument der größten, nicht-staatlichen, wenn auch vom Staat abhängigen, Arbeitgeber soll also aus der Sicht der Wohlfahrtsverbände die künftige Marschrichtung für die angestellten SozialarbeiterInnen vorschreiben. Dass zwei große christlich-konfessionelle Verbände da mitgewirkt haben und dies mit der Bibel legitimieren, ist mehr als verwunderlich.[1]

Dass sich eine wie eingangs beschriebene Praxis etabliert hat, kann nicht umstandslos den oft als theorie- und wissenschaftsfeindlich kritisierten Studierenden oder PraktikerInnen angelastet werden. Sie ist vor allem das Ergebnis der desaströsen Uneinigkeit der Lehrenden in Bezug auf die Wünschbarkeit und Definition von Professionalität, auf Vorstellun-

---

1 Der Titel des Heftes heißt „Verbraucherschutz". Im Einleitungstext (2009: 83) adelt Uwe Schwarzer, Sozial- und Verwaltungswissenschaftler, EQU-Assessor, TQM-Systemauditor, Inhaber der Stabsstelle Strategisches Management beim Vorstand des Diakonischen Werkes der EKD diese Vorstellungen mit einem Bibelzitat: „Verbraucherschutz spielt bei der Diakonie traditionell eine große Rolle. ... (Sie) setzt sich als Leistungserbringer im Sozialbereich für eine Stärkung des Verbraucherschutzes ein und ist als Mitglied im ‚Verbraucherzentrale Bundesverband' sogar als ‚Verbraucherverband' anerkannt. Was zunächst vielleicht befremdlich wirkt, leitet sich aus der Tradition von Kirche und Diakonie unmittelbar (sic!) ab: „Was willst du, was ich dir tun soll, sagte Jesus (Markus 10,5) und machte deutlich, dass zunächst der Mensch in seinen Nöten selbst wahrgenommen werden muss, weil er ‚Experte der eigenen Sache' ist, ... (Im) häufig anzutreffenden ‚Verbraucherschutzdreieck' (Kunde, Leistungserbringer, Leistungs- oder Kostenträger, StB) hat die Diakonie zunächst einmal als Dienstleistungsanbieter eine Sonderrolle und damit sowohl eine interessengeleitete als auch spezifisch altruistische Funktion, ..." (S. 83).

gen über Sozialarbeitswissenschaft, die einem Selbstbedienungsladen gleichen und in Bezug auf die im „Qualifikationsrahmen" offensichtlich gewordenen curricularen „schwarzen Löcher". Diese Zersplitterung kontrastiert in nicht mehr zu überbietender Weise mit dem offensichtlichen Konsens der Wohlfahrtsverbände über das, was sie als Qualitätskriterien durchzusetzen gedenken. Ihnen gegenüber stehen SozialarbeiterInnen, die kaum befriedigend beschreiben und begründen können, was sie sind, was sie tun, wofür sie zuständig sind und wofür nicht. Nun, die Gesetzmäßigkeit ist sehr einfach: Wer nicht selber definiert, wird definiert – und das auf dem Buckel der Studierenden, PraktikerInnen und Klientel. All diese Unterlassungen führten zu einer großen Zahl von Masterstudiengängen, die ohne den Titel „Soziale Arbeit (SA/SP)" oder „Sozialarbeitswissenschaft" auskommen, und gleichzeitig zu einem kaum zu rechtfertigenden Überhang an Sozialmanagementausbildungen, die sich zumeist der Sprache und Vorstellungen des kommentierten Dokumentes bedienen dürften.

So ergibt sich die Frage: Wie soll sich unter diesen, durch die Ausbildungen vorwiegend selbstgeschaffenen Rahmenbedingungen ein Professionsverständnis entwickeln?

3 Soziale Arbeit als Beruf oder Profession? – Fragen und Antworten einer Sozialarbeitswissenschaft als normative Handlungswissenschaft

Auf dem Hintergrund der beschriebenen Sachverhalte stehen wir vor zwei Szenarien für die Weiterentwicklung der jetzigen Ausbildungen in Sozialer Arbeit: Bleibt die Soziale Arbeit ein sozialer Beruf – zurzeit unter neoliberalem Vorzeichen (Staub-Bernasconi 2007c), entwickelt sie sich zurück zu einem solchen oder wird sie zur Profession?

Als *Beruf* definiere ich in Kürze eine einfache bis komplexe, erwerbsbezogene Tätigkeit, die vornehmlich aufgrund fremdverordneter Zielsetzungen bzw. Weisungen handelt und ein bewährtes, lehr- und erlernbares technisches Verfahren oder ein ganzes Methodenrepertoire bereithält, das aufgrund bisheriger Erfahrungen und je nachdem expliziter Evaluation mehrheitlich zielführend ist (vom Handwerker bis zum Casemanager). Etliche Berufe sind an eine Berufsethik gebunden, die Mehrheit wohl nicht. Im Fall der Sozialen Arbeit erfüllt das „doppelte Mandat von Hilfe und Kontrolle" diese Funktion (Böhnisch/Lösch 1973). Im besten Fall sieht dieses einen Aushandlungsprozess zwischen den organisationellen Vorgaben des Trägers und den Anliegen und Anrechten der AdressatInnen vor. Der Regelabschluss ist in diesem Fall ein Bachelorstudium.

Als *Profession* definiere ich eine komplexe bis hoch komplexe, erwerbs-bezogene Tätigkeit, die sich für ihre Entscheidungen sowie ihre Handlungs- und Methodenkompetenz primär auf wissenschaftliche Begründungen und einen Ethikkodex bezieht, wodurch ihr eine relative Autonomie auf-grund von Fachkompetenz zugestanden wird. Im Fall der Sozialen Arbeit kommt ihr – vermittelt über ihre Träger – die Aufgabe zu, zur Lösung, Mil-derung oder/und Prävention von sozialen Problemen beizutragen. Sie setzt dies aufgrund eines Tripelmandates seitens ihrer AdressatInnen/Klientel, seitens der Gesellschaft und seitens der Profession um. Soziale Arbeit ist in diesem Zusammenhang eine komplexe, transdisziplinäre Handlungs-wissenschaft unter vielen – nämlich Medizin/Sozialmedizin, Jurispudenz, (Sozial-)Psychiatrie, (Sozial-)Politik, Pädagogik/Erziehungswissenschaft, Psychotherapie, Pflegewissenschaft, Betriebswirtschaftslehre, Sozialma-nagement usw. Dabei wird nicht auf das für lange Zeit gültige Statusabsi-cherungsmodell der alten Professionen rekurriert, das heute auch für diese nicht mehr uneingeschränkt gilt, sondern auf das, was Maja Heiner (2004) als „Kompetenzmodell" definiert hat. Das Regelstudium ist hier ein Master-abschluss mit der Möglichkeit eines Doktorats in Sozialer Arbeit und nicht in „irgendetwas anderem" (Soydan 1999). Dieser Sachverhalt führte ver-mutlich dazu, dass man im Qualifikationsrahmens Soziale Arbeit die Frage „Doktorat ohne Disziplin?" stellt?

Aus diesem Grund werde ich mich bei meinen weiteren Ausführun-gen darauf beschränken, auf diese Frage eine mögliche Antwort zu geben. Besteht dieses „schwarze Loch", das diese Frage suggeriert, wirklich?

Nicht nur Wissenschaft, sondern auch eine Handlungswissenschaft ent-wickelt sich entlang von Fragestellungen (Obrecht 1966, 2001, 2009):

- Was ist der *Gegenstand* einer Wissenschaft Sozialer Arbeit? Was sind die realen Sachverhalte bzw. Probleme, welche Soziale Arbeit not-wendig machen und wie werden sie sowohl von den Betroffenen sowie gesellschaftlichen Akteuren als auch seitens der Wissenschaft beschrieben?
- Welches einzel- wie *transdisziplinäre Grundlagen- bzw. Bezugswissen* ist für die Erklärung der Entstehung, Entwicklung und aktiven Verände-rung der beschriebenen Sachverhalte verfügbar, und welches muss erst wissenschaftlich erhoben werden?
- Sofern klar ist, was vom Beschriebenen zu problematisieren und zu erklä-ren ist, welches ist der erwünschte Sachverhalt, das heißt, aufgrund welcher *Werte* kann er beurteilt werden, und welche konkreten *Ziele* im Sinne von anzustrebenden Soll-Zuständen wie -prozessen ergeben sich daraus?
- Welche *Akteure und Akteursysteme* – mit welchen *Ressourcen* – kommen für die Problemlösung in Frage?

- Was sind die *speziellen Handlungstheorien* (Methoden) der Profession Sozialer Arbeit, genauer: Wie lassen sich Forschungsergebnisse aus den Bezugswissenschaften und praxisbezogenen Evaluationsprozessen in Handlungsleitlinien mit der Bestimmung dazugehöriger Methoden transformieren?

Ob die oben genannten Professionen diese Fragestellungen implizit oder explizit erwähnen, kommunizieren, lehren oder praktisch beantworten, sie alle beziehen sich auf kognitive Operationen des Beschreibens, Erklärens, Bewertens und Veränderns im Hinblick auf einen bestimmten Gegenstand, ein praktisches Problem. In der Folge diskutiere ich im Rahmen dieser Fragestellungen ein paar ausgewählte Probleme der Disziplinbildung (für eine ausführlichere und differenziertere Version vgl. 2009a):

3.1 Zum *Gegenstand* einer Wissenschaft Sozialer Arbeit (Beschreibungswissen)

Zu dieser Frage gibt es in der einschlägigen Fachliteratur einen kaum mehr überschaubaren Markt der Möglichkeiten (Engelke/Borrmann/Spatscheck 2008; Mührel/Birgmeier 2009; Staub-Bernasconi 2007a sowie 2007b für die internationale Diskussion, Thole 2010 u.a.): Sehr häufig sind historische Darstellungen, die sich auf notwendige, aber für eine Disziplin/Profession nicht hinreichende historische Problem-, AkteurInnen-/Professions-, Handlungsfelder-, Zielgruppen- und Institutionengeschichte des Sozialwesens im weiten und der Sozialen Arbeit im engen Sinn beziehen (z.B.). Des Weiteren kann zwischen sozialen makro- versus mikrotheoretischen Zugängen unterschieden werden:

Bei den sozial makrotheoretischen Zugängen dominieren folgende Gegenstandsvorstellungen:

- *„Grand Theories"*: Ein vor allem auf universitärem Niveau häufig gewählter Ausgangspunkt sind „Grand Theories" der Sozialwissenschaften – in der Regel eine Gesellschaftstheorie mit umfassendem Anspruch (Marx, Durkheim, Parsons, Bourdieu, Luhmann, Foucault, neuerdings auch Sen usw.) oder gesellschaftliche Diskurse wie derjenige über Neokolonialismus, bei denen Soziale Arbeit zum „kleinen Anwendungsfall" und die Frage nach den Merkmalen ihrer AdressatInnen unterkomplex bis gar nicht beantwortet wird. Oft sind sie willenlose Objekte von Kapitalismusstrukturen, Herrschaftsstrategien, Rassismus, kurz: gesellschaftlichen Rahmenbedingungen. Diese theoretische Ausrichtung hat unter anderem dazu geführt, dass Soziale Arbeit fast ausschließlich mit den Sozialwissenschaften und kaum je mit den Humanwissenschaften (Psychologie, Psychobiologie, Biologie usw.) als Bezugswissenschaften in Verbindung gebracht wird.

- Soziale Arbeit als Vollzugsorgan von Sozialrecht und Sozialpolitik und damit *vordefinierter Adressatengruppen:* Adressatengruppen, die weder von der Sozialpolitik noch dem Sozialrecht berücksichtigt werden, sind damit ausgeblendet: unter häuslicher Gewalt leidende Frauen, Alleinerziehende, arme Kinder; aber auch die Working Poor und vor allem Zugewanderte ohne Papiere usw. Mit diesem Ansatz bleibt Soziale Arbeit ein ethnisch-nationales Programm (z.B. Bommes / Scherr 2000).

- *Gesellschaftliche Funktionsbestimmungen:* Es sind dies in der deutschen Theoriediskussion vielleicht die häufigsten Gegenstandsbestimmungen, wobei sie nahezu durchgängig aufgrund einer gesellschaftlichen Perspektive formuliert werden wie: Resozialisierung und Integration, Exklusion und Inklusion; Hilfe und Kontrolle; Aufrechterhaltung des kapitalistischen Herrschaftssystems usw. Die Belange der AdressatInnen spielen eine untergeordnete oder gar keine Rolle (Staub-Bernasconi 2007a: 113-132).

Sozial mikrotheoretische Zugänge sind beispielsweise:

- *Darstellung von Fallbeispielen:* Viele hermeneutische Fallanalysen verstehen sich als Ausgangspunkt für einen Professionalisierungsdiskurs. Sie ermöglichen die oft hoch differenzierte, professionell betrachtet, unabdingbare Erhebung der Deutungsmuster der AdressatInnen in Bezug auf ihre Situation und Probleme, ihr Verhältnis zur (Um-)Welt. Unterkomplex bleibt dabei aber oft die Analyse und Erhebung ihrer kulturellen, gesellschaftlichen Bedingungen, ihrer sozialen Position in einem lokalen, nationalen und internationalen Schichtungssystem und unbeantwortet bleibt oft die Frage, inwiefern ihre Beschreibungen und Erklärungen realitätsangemessen sind oder ob es hierzu „blinde Flecken" gibt.

- *Darstellung des Methodenrepertoires:* Dieses beschränkt sich in der Regel auf die Bestimmung von Zielen, AkteurInnen und Verfahrensabläufen bis hin zu Techniken, dies meist ohne wissenschaftliche Begründung (z.B. Galuske 2000).

- *Individuelle Ressourcen- statt Problemorientierung:* Die radikalste Form des Umgangs mit dem Gegenstand Sozialer Arbeit ist seine theoretische Abschaffung zugunsten einer Ressourcen- oder Lösungsorientierung. Nicht von ungefähr hat sich diese „Fast-Food-Variante" (James 2004) – zeitlich betrachtet – zusammen mit dem Einzug neoliberalen Denkens in der Sozialen Arbeit und ihre Theoriebildung etabliert. Dabei wird jede Problemformulierung als „Defizitorientierung" denunziert, Erklärungen sind nicht vorgesehen, was „diagnostisch" den marktgemäß direkten Zugang zu den „Kundenanliegen" und deren Abgleich mit den organisationellen Angeboten ermöglicht – so das im- und explizite Alphabet. Eine Folge davon ist: Man ist zumindest im „Alltagsgeschäft" davon entlastet, über soziale Probleme wie Armut, Erwerbslosigkeit, Rassismus oder Kindsvernachlässigung, individuelles Leiden usw. zu sprechen, nachzudenken sowie nach Erklärungen dafür zu fragen.

Sucht man nach einer „umfassenden Gegenstandsdefinition", kann, ja müsste man diese Teilantworten in einem konsistenten handlungstheoretischen Bezugsrahmen miteinander verknüpfen. Historisch betrachtet erfolgte allerdings die Entstehung und Legitimation der (klassischen) Professionen im Zusammenhang mit dem, was Menschen andern Menschen und was Gesellschaftsstrukturen den Menschen antun können: Bedürfnisversagung, Schmerz-, Leid-, Sinnlosigkeitserfahrungen, (Zer-)Störung von Wahrnehmungs- und Lernprozessen; soziale Not, verhinderter Zugang zur institutionalisierten Bildung, zum Arbeitsmarkt oder Ausschluss aus demselben; leidvolle soziale Beziehungen, z.B. Arbeitsteilungs-, Kooperations- oder interkulturelle Verständigungsprozesse, direkte Gewalt; strukturbedingte Diskriminierungs-, Herrschafts-, Gewalt-, kurz: soziale Unrechtserfahrungen. Anstatt, wie vielfach üblich, den Begriff „soziale Probleme" als einen Sachverhalt unter anderen – so z. B. soziale Abweichung, Exklusion, Gewalt usw. – einzuführen, habe ich vorgeschlagen, ihn als Oberbegriff für alle Sachverhalte zu verwenden, mit denen Soziale Arbeit zu tun hat (Staub-Bernasconi 1983, 1998, 2007a; Obrecht 2001, 2009).

Eine Profession, die sich auf „das Soziale" als „problematische Beziehungen zwischen Individuum und Gesellschaft" bezieht (vgl. die international konsensuale Definition Sozialer Arbeit in: Supplement 2007), wird diese Themen sowohl aus der Sicht der Betroffenen, das heißt von „vulnerable individuals and groups", wie auch aus der Sicht problemartikulierender, gesellschaftlicher Akteure zum Ausgangspunkt ihrer wissenschaftlichen Reflexion und Aktion machen.

3.2 Wie lassen sich soziale Probleme *erklären*? (Erklärungswissen)

Bis heute ist die Diskussion nach einer zu bestimmenden Leit- als zentrale Bezugswissenschaft für die Soziale Arbeit nicht verstummt. Grundlagen- oder Bezugswissenschaften haben wissenstheoretisch das Ziel, einen Sachverhalt – in unserem Fall – ein soziales Problem zu erklären. Theoriehistorisch betrachtet beanspruchten im deutschen Sprachkontext die Theologie, christliche Soziallehre/Ethik, (Sozial-)Ökonomie, Psychiatrie, Recht, Sozialpolitik, Soziologie und Politologie, Pädagogik/Erziehungswissenschaft, neuerdings Sozialwirtschaft explizit oder implizit den Titel einer Leitwissenschaft. Obwohl es sich – mit Ausnahme der Soziologie und Politologie – durchgängig um normative Handlungswissenschaften handelt, findet man sie in den alten und neuen modularisierten Studiengängen wieder als

Grundlagen- oder Bezugswissenschaften der Sozialen Arbeit. Dies dürfte den Streit um die Deutungsvorherrschaft dieser Handlungswissenschaften über das, was die Soziale Arbeit zu denken und zu tun hat, perpetuieren. Die Problematik möchte ich am Beispiel der Erziehungswissenschaft/Pädagogik darstellen, da aus diesem Bereich die meisten kritischen Anfragen in Bezug auf ein vermeintlich „pädagogikfreies" Curriculum Sozialer Arbeit (Engelke et al. 2005) gestellt werden.

Die Frage muss lauten: Welche handlungswissenschaftlichen Inhalte der Erziehungswissenschaft/Pädagogik sind für eine Sozialarbeitswissenschaft relevant? Ist es die metatheoretisch-philosophische Ebene (mit Autoren wie Herbart, Kant, Schleiermacher, Dilthey, Kosik, Natorp, Troeltsch, Litt, Nohl, oder ist es Makarenko, Dewey, Horkheimer, Habermas, Freire oder gar Systemphilosophie)? Ist es die *objekttheoretische Ebene* und zwar *vor* der realistischen Wende, die sich theoretisch, erkenntnistheoretisch, methodologisch auf die von Dilthey begründete Dichotomie zwischen Geistes- und Naturwissenschaften, ein dualistisches Menschen- und Gesellschaftsbild u.a. stützt? Oder sind es die Human- und Sozialwissenschaften im Zusammenhang mit der erziehungswissenschaftlichen Wende, aber relativ eng gefasst als Entwicklungs-, Lern- und familiäre oder schulische Sozialisations-, Bildungs-, Organisationstheorien – oft auf Kosten einer komplexen und differenzierten Gesellschaftstheorie. In vielen Fällen ist hier Beck der Hofsoziologe, zurzeit gerade durch Luhmann oder Foucault abgelöst, was aus der Sicht einer wissenschaftlichen Soziologie unzulänglich ist. Oder geht es vielleicht auf der konkreten Handlungsebene um die Übernahme (schul-)didaktischer Konzepte und Methoden? Und schließlich: Bezieht sich der *Gegenstand* der Sozialen Arbeit vor allem auf Sozialisations-, Lern- und Bildungsprobleme von Individuen? Dazu kommt, dass in den einschlägigen Texten zur Erziehungswissenschaft Sozialpädagogik lediglich als Anwendungs- oder Schwerpunkt-/Spezialisierungsfeld dargestellt wird. Als Folge wird „Sozialarbeit" dann oft auf Kontroll- und Verwaltungsarbeit im Bereich von staatlichen Ämtern festgeschrieben, von welcher mit Recht angenommen wird, dass sie vor allem juristische und Verwaltungskenntnisse voraussetzt. Was von alledem soll nun für die Soziale Arbeit als Profession als verbindliches Wissen erklärt werden?

Solche zentralen, ungelösten wissenstheoretischen Unklarheiten – sie bestehen auch in Bezug auf das Recht, die Psychiatrie, das Sozialmanagement usw. –, die dazu führen, dass man dem Wissen einer Profession das Wissen einer anderen unbesehen additiv als „Begründungs- oder Handlungswissen" hinzufügt, lässt alle theoretischen Konturen einer Sozialarbeitswissenschaft verschwimmen. Die Hoffnungen auf den Aufbau einer professionellen Identität in einem solch schwammigen Gelände können von vornherein begraben werden. Will man dies verhindern, ginge es darum, nach Überschneidungen zu fragen. Es gibt sie zweifellos! Bei der Erziehungswissenschaft liegen sie erstens klar im Bereich der Bezugswissenschaften, zweitens beim von der Sozialpädagogik erzeugten Wissen über außerschulische Sozialisations- und Bildungsprozesse (man beachte die auf die Schule fokussierte „Nicht- oder Leer-Definition" dieses Arbeitsbereiches)[2], drittens im Bereich der speziellen Handlungstheorien/Bildungsmethoden und teilweise im Bereich der Philosophie. Um Wissen aus der Erziehungswissenschaft in die Sozialarbeitswissenschaft zu integrieren und umgekehrt, braucht es aber kein Extra-Modul „Pädagogik", sondern ein klar umrissenes soziales Problem, das die Leitlinien der Wissenserzeugung, -organisation und -umsetzung absteckt und vice versa im Hinblick auf Bildungsprobleme. Die Leitidee ginge hier nicht von einer Wissenschaft, sondern von einer Gegenstandsbestimmung aus und könnte heißen: keine Beschreibung, Erklärung und Lösung sozialer Probleme, ohne auch Bildungsprozesse zu berücksichtigen, und kein Bildungsproblem, das nicht auch auf die gesellschaftliche und kulturelle Position der AdressatInnen Rücksicht nimmt.

Im Rahmen einer „Handlungswissenschaft Soziale Arbeit" gibt es für die Erklärung sozialer Probleme keine primäre Präferenz für eine bestimmte Bezugswissenschaft. Der Entscheid für deren Berücksichtigung hängt vom Problem ab, das es zu erklären gilt. Immer kommen *alle* Grundlagenwissenschaften in unterschiedlicher Gewichtung in Frage. Geht es um die psychischen und sozialen Folgen von Krankheit und Behinderung, werden biologische und psychobiologische/psychische Erklärungen mindestens so relevant sein wie soziale und kulturelle, die sich auf den gesellschaftlichen Umgang mit Krankheit und Behinderung beziehen. Geht es um die psychischen und sozialen Folgen von Migration und Diskriminierung, werden kulturelle, gesellschaftliche, sozialpsychologische Erklärungen für die daraus entstehenden Probleme vorrangig sein. Die Befürchtung, dass sich die Sozialarbeitswissenschaft in Bezugsdisziplinen „auflöst", ja von ihnen „kolonisiert" wird, hat nur dann eine reale Grundlage, wenn der Gegenstand Sozialer Arbeit unklare, unpräzise, viel zu allgemeine theoretische Konzepte und Konturen aufweist (z.B. die von den PraktikerInnen sehr verkürzt rezipierte Lebensweltorientierung) und man nicht angeben kann, für welche Problemlösungen sie Zuständigkeit beansprucht.

---

2 In Analogie dazu: Die Nicht-Europäer, die Nicht-Katholiken, die Nicht-Deutschen, das ist der „Rest" – eine konturlose, amorphe Maße, je nachdem auch ein Feind oder Freund, der sich dem klar definierten Bereich unterzuordnen hat. Erstaunlich, dass diese auf Gertrud Bäumer zurückgehende Definition von Sozialpädagogik immer noch im Gebrauch ist.

3.3 Welches sind die *Bewertungskriterien* für (un-)erwünschte Sachverhalte? (Wissen über wünschbare Sachverhalte – Wert- und Normenwissen)

Die explizite Orientierung an Menschenwürde und Menschenrechten ist neueren Datums (vgl. UN-MANUAL 1992, Supplement 2007, ferner Staub-Bernasconi 2008) und gewiss eine große Herausforderung für die Profession Sozialer Arbeit. Sie sind Teil einer international konsensualen Minimalethik und ermöglichen auch die kritische Beurteilung der Legitimität versus Legalität von lokalen, nationalen und internationalen Gesetzgebungen sowie kulturspezifischen Werten und Normen. Auf der Ebene *operationalisierter Wert- und damit Zielsetzungen* lassen sich diese als individuelles Wohlbefinden und soziale Gerechtigkeit (Gil 2006) umschreiben. Alles hier Genannte bedarf ausführlicher philosophischer, ethischer, rechtsphilosophischer und empirischer Begründungen (Miller 2008).

Ethikkodices halten für die Profession die wichtigsten Werte und ethischen Leitlinien/Normen für den Umgang mit den AdressatInnen, den KollegInnen, den Trägern des Sozialwesens, aber auch das Mandat der Profession fest. Wie bereits oben erwähnt hat eine Profession ein wissenschaftlich und ethisch begründetes Tripelmandat, das ihr im Fall von problematischen Leitbildern oder illegitimen Aufträgen seitens des Trägers wie der Klientel auch eigenbestimmte Aufträge ermöglicht.

3.4 Welches sind die *Akteure und Akteursysteme*, die auf eine Veränderung in Richtung Zielerreichung hinwirken sollen, und was sind die dazu notwendigen Ressourcen? (Akteurwissen)

Die Mehrniveaunalität des sozialen Wirklichkeitsbereiches, insbesondere seine Differenzierung in sozialräumliche wie organisationelle Teilsysteme von der sozialen Mikro- bis zur Weltgesellschaftsebene und entsprechend die Betrachtung dieser sozialen Ebenen als Handlungsfelder ist seit Beginn der Professionalisierung ab etwa 1890 ein Spezifikum Sozialer Arbeit (Staub-Bernasconi 2007a, z.B. 49-99). Sie trägt heute dem Umstand Rechnung, dass nahezu alle sozialen Probleme – wie Armut, Erwerbslosigkeiten, Obdachlosigkeit, Migration, Flucht, Rassismus, Sexismus, Frauen- und Kinderhandel, Kriege, Neokolonialismus, Postkonfliktgesellschaften usw. – nicht nur eine weltweite Verbreitung aufweisen, sondern auch ihre Entstehung auf die Struktur und Dynamik der Weltgesellschaft zurückgeführt werden kann. Entsprechend braucht es für wirksame Veränderungen, neben niveauspezifischen Interventionsformen, ein arbeitsteiliges, mehrniveaunales Akteurnetzwerk, das je nach Ausgangsproblem und dessen Ursachen Soziale Arbeit mit Individuen, Familien, Kleingruppen, lokalen und nationalen Gemeinwesen sowie Organisationen untereinander organisiert und koordiniert.

3.5 Was sind die *speziellen Handlungstheorien* (Arbeitsweisen/Verfahren/Methoden) der Profession

Sozialarbeit- als Handlungswissenschaft wird alle skizzierten Antworten im Hinblick auf die gestellten Fragen miteinander relationieren müssen, zuerst im Rahmen einer Allgemeinen Handlungswissenschaft, dann als spezielle Handlungstheorien für spezielle soziale Problemkonstellationen auf den vorhin genannten sozialen Ebenen (für ein Beispiel zur professionellen „Sozialen Arbeit mit rechten Jugendcliquen" vgl. Borrmann 2005, für den gemeinwesenbezogenen „Abbau von Gewalt im Geschlechterverhältnis" vgl. Stövesand 2007). Als problem- und adressatenbezogene, spezielle Handlungstheorien habe ich andernorts Ressourcenerschließung, Bewusstseinsbildung, Identitätsarbeit, Handlungskompetenztraining, Vernetzung und Mediation, interkulturelle Verständigung, Empowerment sowie Änderung der sozialen Regeln der Machtstrukturierung dargestellt (Staub-Bernasconi 2007a: 271-418).

4 Die Rolle des „reflektierenden Praktikers" – der „reflektierenden Praktikerin"

Ebenso konstitutiv für die Ausübung einer Profession ist die Gestaltung der Interaktionsbeziehung und Verständigung zwischen Professionellen und AdressatInnen der Sozialen Arbeit. Auch hier müssen wir uns auf die Wissensdimension beschränken, das heißt auf die Frage, wie Professionelle mit ihrem Wissensvorsprung und damit Wissensgefälle gegenüber ihrer Klientel umgehen. Schön hat dazu zwei Varianten beschrieben: zum einen eine autoritativ experto- oder technokratische, in welcher der Experte immer weiß, was wahr, richtig und gut ist, von keinen Zweifeln befallen wird und deswegen Gehorsam gegenüber seinen Anweisungen fordert und zum andern eine partizipativ-demokratische Beziehung. Hier wird der Experte zum „Reflective Practicioner" (Schön 2005: 300).

- Reflektierende PraktikerInnen sind nicht die einzigen, die über situations-, problem-, erklärungs- und veränderungsrelevantes Wissen verfügen; das Wissen und die Deutungsmuster der AdressatInnen sowie der Mitglieder ihres sozialen Umfeldes ist für die Problemlösung ebenso relevant.

- Sie behandeln ihr Wissen als Angebot, als Aufforderung, etwas aufgrund problemrelevanter Gesetzmässigkeiten zu versuchen, wobei das Wissen dank neuer Erkenntnisse möglicherweise zu revidieren ist.
- Ihre Unsicherheiten, ihr Nicht-Wissen, ihre intuitiven Hypothesen ohne Rekursmöglichkeit auf empirische Evidenz sowie die Hinterfragung des Wissens durch die AdressatInnen sind eine Quelle bzw. der Ausgangspunkt gemeinsamen Lernens in einer Kooperationsbeziehung.
- Sie versuchen, im Rahmen dieser Kooperationsbeziehung, die Gefühle, Irritationen, Überlegungen, Problemdefinitionen und -erklärungen der AdressatInnen nicht nur zu verstehen, sondern im Rahmen der gemeinsam anzustrebenden Veränderung zu berücksichtigen; aber vor allem respektieren sie diese im Wissen, dass sich Überzeugungen vornehmlich über neue, interpretierte Erfahrungen und daraus folgende Lernprozesse verändern lassen.
- Der Klient darf auch seine, aus der Sicht wissenschaftlichen Wissens „falschen Hypothesen" und problematischen Problemlösungsvorschläge ausprobieren, sofern er damit nicht andere gefährdet oder nicht absehen ist, dass er sich selber in hohem Masse schadet.
- Sie ermöglichen den AdressatInnen die Entdeckung, dass die Berücksichtigung bestimmter Gesetzmässigkeiten Chancen, Alternativen, Handlungsfreiräume zur Veränderung der aktuellen krisenhaften Situation und ihrer Interpretation eröffnet.
- Die Umsetzungsschritte werden reflektierend begleitet und laufend gemeinsam evaluiert.

Es geht also um einen demokratischen Umgang mit legitimierbarer Definitionsmacht, ohne den Wissensvorsprung zu „vernebeln" oder gar wissenschaftliches Wissen per se zu relativieren oder gar als irrelevant zu erklären. Auch wenn Hilfs- und Lernbeziehungen in einem rechtlich strukturierten Zwangskontext stattfinden, bleiben diese Vorstellungen relevant. Denn auch ein demokratischer Rechtsstaat verfügt über das Recht zur Erzwingung von Pflichten (Steuer-, Erbschafts-, Wirtschafts-, auch Bildungspflichten) sowie die staatliche Pflicht der Strafverfolgung bei Gewalt gegenüber Leib und Leben usw.

Ich denke, es ist an der Zeit, Licht in die schwarzen Löcher der „Disziplinlosigkeit", der fehlenden Klarheit über die Schlüsselkompetenzen und damit Zuständigkeiten der Profession Sozialer Arbeit zu bringen und dabei zu entdecken, dass diese doch nicht so schwarz sind, wie man auf den ersten Blick annehmen könnte.

Literatur

Bartosch, Ulrich / Maile, Anita / Speth, Christine: Qualifikationsrahmen Sozialer Arbeit (QR SArb) und Anschlussdokument zum dritten Studienzyklus 2006

Becker-Lenz, Roland / Busse, Stefan / Ehlert, Gudrun / Müller, Silke (Hrsg.): Professionalität in der Sozialen Arbeit. Wiesbaden 2009

Birgmeier, Bernd / Mührel, Eric (Hrsg.): Die Sozialarbeitswissenschaft und ihre Theorie(n). Wiesbaden 2009

Böhnisch, Lothar / Lösch, Hans: Das Handlungsverständnis des Sozialarbeiters und seine institutionelle Determination. In: Otto, Hans-Uwe / Schneider, Siegfried (Hrsg.): Gesellschaftliche Perspektiven der Sozialarbeit. Neuwied und Berlin 1973; S. 21-40

Bommes, Michael / Scherr, Albert: Soziologie der Sozialen Arbeit. München 2000

Borrmann, Stefan: Soziale Arbeit mit rechten Jugendcliquen. Wiesbaden 2005

Engelke, Ernst / Borrmann, Stefan / Spatscheck, Christian (Hrsg.): Die Wissenschaft Soziale Arbeit. Freiburg/Br. 2009

Heiner, Maya: Professionalität in der Sozialen Arbeit. 2. Aufl. Stuttgart 2004

Engelke, Ernst / Leideritz, Manuela / Maier, Konrad / Sorg, Richard / Staub-Bernasconi, Silvia: Kerncurriculum Wissenschaft Soziale Arbeit / Sozialarbeitswissenschaft für Bachelor- und Masterstudiengänge in Sozialer Arbeit. In: Sozialmagazin, H. 4, April 2005; S. 13-23

Galuske, Michael: Methoden in der Sozialen Arbeit. 3. Aufl. München 2000

Gil, David G.: Gegen Ungerechtigkeit und Unterdrückung. Bielefeld 2006

James, Adrian L.: The McDonaldization of Social Work – or „Come Back Florence Hollis, All Is (or Should Be) Forgiven". In: Lovelock, Robin, / Lyons, Karen / Powell, Jackie (Eds.): Reflecting on Social Work – Discipline and Profession, Aldershot/UK 2004; S. 37-54

Merten, Roland: Sozialarbeitswissenschaft – vom Entschwinden eines Phantoms. In: Bielefelder Arbeitsgruppe (Hrsg.): Soziale Arbeit in Gesellschaft. 2008; S. 128-135

Miller, David: Grundsätze Sozialer Gerechtigkeit. Frankfurt/New York 2008

Obrecht, Werner: Ein normatives Modell rationalen Handelns. Umrisse einer wert- und wissenstheoretischen Allgemeinen normativen Handlungstheorie für die Soziale Arbeit. In: SASZ (Hrsg.): Das Theorie-Praxis-Problem als Problem der Ausbildung. Luzern 1996; S. 31-70

Obrecht, Werner: Das Systemtheoretische Paradigma der Sozialen Arbeit als Disziplin und Profession. Zürcher Beiträge zur Theorie und Praxis Sozialer Arbeit. Zürich 2001

Obrecht, Werner: Die Struktur professionellen Wissens. Ein integrativer Beitrag zur Theorie der Professionalisierung. In: Becker-Lenz, Roland et al. (Hrsg.): Professionalität in der Sozialen Arbeit. Wiesbaden 2009; S. 47-72

Schön, Donald A.: The Reflective Practicioner. How Professionals Think in Action. Aldershot/England 2005

SozialAktuell: Interview, Heft Nr. 11, 2008; S. 40-41

Soydan, Haluk: The History of Ideas in Social Work. Birmingham/UK 1999

Staub-Bernasconi, Silvia: Soziale Probleme - Dimensionen ihrer Artikulation. Umrisse einer Theorie Sozialer Probleme als Beitrag zu einem theoretischen Bezugsrahmen Sozialer Arbeit. Diessenhofen/CH 1983

Staub-Bernasconi, Silvia: Soziale Probleme - Soziale Berufe - Soziale Praxis. In: Heiner, Maya / Meinhold, Marianne / von Spiegel, Hiltrud / Staub-Bernasconi, Silvia: Methodisches Handeln in der Sozialen Arbeit. 4. Aufl. Freiburg i.Br. 1998; S. 11-101

Staub-Bernasconi, Silvia: Soziale Arbeit und Soziale Probleme. Eine disziplin- und professionsbezogene Bestimmung. In: Thole, Werner (Hrsg.): Grundriss Soziale Arbeit. Ein einführendes Handbuch. 2. Aufl. Wiesbaden 2005; S. 245-258

Staub-Bernasconi, Silvia: Der Beitrag einer systemischen Ethik zur Bestimmung von Menschenwürde und Menschenrechten in der Sozialen Arbeit. In: Dungs, Susanne / Gerber, Uwe / Schmidt, Hein / Zitt, Renate (Hrsg.): Soziale Arbeit und Ethik im 21. Jahrhundert. Ein Handbuch. Leibzig 2006; S. 267-289

Staub-Bernasconi, Silvia: Soziale Arbeit als Handlungswissenschaft. Systemtheoretische Grundlagen und professionelle Praxis – Ein Lehrbuch. Bern/Stuttgart/Wien 2007a

Staub-Bernasconi, Silvia: Social Work: Theory and Methods. In: Ritzer, George (Ed.): The Blackwell Encyclopedia of Sociology, SE-ST, Vol. IX. USA/UK 2007b; S. 4541-4546

Staub-Bernasconi, Silvia: Soziale Arbeit: Dienstleistung oder Menschenrechtsprofession? Zum Selbstverständnis Sozialer Arbeit in Deutschland mit einem Seitenblick auf die internationale Diskussionslandschaft. In: Lob-Hüdepohl, Andreas / Lesch, Walter (Hrsg.): Einführung in die Ethik der Sozialen Arbeit. Paderborn 2007c; S. 20-53

Staub-Bernasconi, Silvia: Menschenrechte in ihrer Relevanz für die Soziale Arbeit als Theorie und Praxis. In: Widersprüche, H. 107, 2008; S.9-32

Staub-Bernasconi, Silvia: Soziale Arbeit als Handlungswissenschaft. In: Birgmeier, Bernd / Mührel, Eric (Hrsg.): die Sozialarbeitswissenschaft und ihre Theorie(n). Wiesbaden 2009a; S.131-146

Staub-Bernasconi, Silvia: Der Professionalisierungsdiskurs zur Sozialen Arbeit (SA/SP) im deutschsprachigen Kontext im Spiegel internationaler Ausbildungsstandards. Eine verspätete Profession? In: Becker-Lenz, Roland et al. (Hrsg.): Professionalität und Professionalisierung in der Sozialen Arbeit. Wiesbaden 2009b; S. 21-45

Stövesand, Sabine: Mit Sicherheit Sozialarbeit! Gemeinwesenarbeit als innovatives Konzept zum Abbau von Gewalt im Geschlechterverhältnis unter den Bedingungen neoliberaler Gouvernementalität, Ansatz zur Prävention und Reduktion von Gewalt im Geschlechterverhältnis. Hamburg 2007

Supplement des Journal of International Social Work 2007

Thole, Werner (Hrsg.) Grundriss Soziale Arbeit, 3, kompl. überarb. Aufl. Wiesbaden 2010

Toren, Nina: Semi-Professionalism and Social Work: A Theoretical Perspective. In: Etzioni, Amitai (Ed.): The Semi-Professions and Their Organization. New York 1969; S.141-195

UN-MANUAL - UNITED NATIONS: Human Rights. Teaching and Learning about Human Rigths, IFSW/ IASSW, New York 1992

Roland Merten

Handlungskompetenz in der Sozialen Arbeit

Was trägt die Systemtheorie zur Handlungskompetenz Sozialer Arbeit bei?

ABSTRACT

Die Diskussion um professionelle Handlungskompetenz in der Sozialen Arbeit ist lange Zeit ausschließlich auf das Thema Professionalisierung als (Aufstiegs-) Projekt in gesellschaftstheoretische Absicht geführt worden. Erst im Laufe der weiteren Debatte ist dann der Blick auf die Binnenperspektive von Professionalität als Fähigkeit gelenkt worden. Mit der Systemtheorie Niklas Luhmanns ist dann der Versuch eine Synthese der beiden Perspektiven unternommen worden. Wie diese Synthese aussehen kann, wird in den folgenden Überlegungen dargestellt.

1. Einleitung: Entwicklungslinien der sozialpädagogischen Professionsdebatte

Eine intensive und theoretisch fundierte Diskussion um Fragen der Professionalisierung der Sozialarbeit/Sozialpädagogik lässt sich im deutschsprachigen Raum seit etwas mehr als 30 Jahren ausmachen (vgl. u.a. Peters 1970; Otto/Utermann 1971). Diese Debatte hat jedoch zwei Seiten, die analytisch getrennt werden müssen, in den Auseinandersetzungen allerdings häufig nicht auseinander gehalten werden. Einerseits geht es um *Professionalität als Kompetenzbegriff*, andererseits um *Professionalisierung als sozialer Status* (vgl. Tietgens 1998: 39). Ehe Wandlungstendenzen und deren Richtung beschrieben werden können, bedarf es vorab einer Analyse des Ist-Zustandes. Dabei geht es hier zunächst jedoch weniger um eine *materiale* Bilanzierung sozialpädagogischer Professionalität (und ihrer Kompetenzprofile) (vgl. zuletzt Heiner 2004), sondern vielmehr um die *Struktur* der Veränderungen des Professionalisierungs*diskurses* in der und in Bezug auf die Sozialpädagogik (vgl. Heiner 2010; Kosellek/Merten 2010).

Die Auseinandersetzungen um Professionalität und Professionalisierung der Sozialpädagogik sind – dies lässt sich in einer kurzen historischen Rekonstruktion sehr deutlich erkennen – in Wellen verlaufen. Zunächst standen substanzialistische Modelle im Vordergrund, die nach konkreten Eigenschaften (Attribute) der bereits *entwickelten* und *anerkannten* Professionen suchten, um in kluger Adaption dieser Attribute auf die Sozialpädagogik zu einer Professionalisierung sozialpädagogischen Handelns zu gelangen. Dieser *Attribut-Ansatz* hat in der Frühphase des sozialwissenschaftlichen Professionalisierungsdiskurses große Aufmerksamkeit gefunden. Terminologisch aufpoliert zu einem so genannten „Checklist Approach" (Waddington 1999) findet er auch in den letzten Jahren durchaus immer noch Verfechter im Bereich der Sozialpädagogik (vgl. Kornbeck 2000: 174). So bestechend dieser Ansatz auf den ersten Blick erscheint, so sehr treten jedoch bei genauerem Hinsehen die mit ihm verbundenen Schwierigkeiten hervor: Einerseits bleibt hier gänzlich unbefragt, ob die als berufliches Handeln verselbstständigten Tätigkeiten überhaupt professionalisierungs*fähig* sind. Damit ist der *Kompetenz*bereich angesprochen (Professionalität). Andererseits ist bei diesem Ansatz ungeklärt, ob neben der eben angesprochenen Möglichkeit auch eine Professionalisierungs*bedürftigkeit* ausgemacht werden kann und soll. Hier geht es also um die Frage nach dem sozialen *Status* eines entsprechenden Berufes (Professionalisierung). Diese Entscheidung ist mit dem Checklist Approach jedoch von vornherein positiv getroffen, weil er sich implizit und unkritisch (weil undiskutiert) an den „alten Professionen" (Mok 1969) orientiert, das heißt an Medizin, Jurisprudenz und Theologie, die gewissermaßen als Blaupause für den Professionalisierungsprozess der Sozialen Arbeit zu Grunde gelegt werden. Anhand einer (Merkmals-)Liste wird dann (vermeintlich) präzise abgehakt, welche Dimensionen der Professionalisierung für die Soziale Arbeit sicher erfolgreich ausgebildet sind und was künftig noch zu tun bleibt.

So überzeugend dieses Vorgehen zu sein scheint, als ebenso gesellschaftstheoretisch naiv muss es zurückgewiesen werden, weil es die sozialen Bedingungsfaktoren von Professionalisierungsprozessen unbeachtet lässt. Talcott Parsons und Gerald M. Platt haben demgegenüber diesen Zusammenhang in einem struktur-funktionalistischen Ansatz mit Blick auf die Professionalisierungs*bedüftigkeit* – insbesondere auch der Sozialarbeit – als Erste systematisch entfaltet (vgl. Parsons/Platt 1990: 326ff.). Ihnen ging es um die Frage, welche (funktionale) Bedeutsamkeit den professionalisierten Berufen mit ihrer Verpflichtung auf ein Dienstideal in der modernen Gesellschaft zukomme, das heißt in einer Gesellschaft, die durch die Dominanz sowohl bürokratischer als auch ökonomischer (d.h. privatkapitalistischer) Rationalität geprägt ist (vgl. Parsons 1964: 160ff. sowie Marshall 1939: 325ff.). „Die Dienstidee vereinigt Loyalität und Verpflichtung gegenüber Staat und Organisation mit der Verpflichtung gegenüber der Sache und/oder dem betroffenen Individuum" (Daheim 1992: 24).

Bei der Lösung professioneller Aufgaben geht es also um Probleme, die individuell wie gesellschaftlich hochbedeutsam sind (vgl. Parsons/ Platt 1990: 327), zu deren Bearbeitung dem Klienten jedoch die einschlägige Kompetenz fehlt. In dieser Situation hoher Gefährdung wären marktförmig organisierte Hilfen dysfunktional, weil sie einseitige existenzielle Abhängigkeiten schaffen. Professionelle Hilfe wirkt an dieser Stelle wie ein *gemeinwirtschaftlicher Sektor* innerhalb der sonstigen *privatwirtschaftlichen Verwertungslogik*: Der Klient bindet sich vertrauensmäßig an den Professionellen. Um das Ausnutzen dieser Abhängigkeit zu vermeiden, wird beim einzelnen Professionellen in der Ausbildung ein Habitus herausgebildet, der sich als Berufs*ethos* darstellt. Auf der strukturellen Ebene wird den Professionen staatlicherseits das Instrument der kollegialen *Selbst*kontrolle zur Garantie eines Höchstmaßes an kompetenter Hilfe zugestanden. „Individuell und kollektiv durch ihre Verbände sichern sie [die Professionellen] den Klienten und der Gesellschaft Fachkompetenz und Integrität zu und verweisen auf Ausbildung und sorgfältige Auswahl ihrer Mitglieder, auf formelle und informelle Beziehungen zwischen Kollegen, auf Berufskodizes und Ehrengerichte als Garanten der Selbstkontrolle. Im Gegenzug erwarten und erhalten sie das Vertrauen von Klienten und Gesellschaft, relative Freiheit von sozialer Kontrolle durch Laien, Schutz gegen unqualifizierten Wettbewerb und – last, not least – hohes Einkommen und ein entsprechendes gesellschaftliches Ansehen. Dieser stillschweigende ‚Vertrag‘ zwischen Gesellschaft und Berufsgruppe löst – in diesem Modell professioneller Autonomie – das Kontrollproblem" (Rüschemeyer 1980: 316).

Dieser Ansatz hat jedoch selbst Kritik auf sich gezogen, weil unterschiedliche Ebenen der wissenschaftlichen Analyse undifferenziert in eins gesetzt werden. Denn die Vertreter dieses Ansatzes erörtern „... oft theoretisch wichtige Probleme in der Form von definitorischen Merkmalkatalogen, obwohl Definitionsprobleme in erster Linie Sprachprobleme und nur indirekt Sachprobleme sind" (Rüschemayer 1980: 315; Merten 1999). Zudem legitimiert er letztlich gesellschaftstheoretisch unbedarft soziale Privilegien – wissenschaftlich verbrämt –, so die Stoßrichtung der Kritik, die aus machttheoretisch inspirierten Ansätzen Weberscher Provenienz formuliert worden ist. In dieser Denktradition wurden und werden kritisch die zuvor als unproblematisch angenommenen professionellen Vorrechte und Kontrollchancen untersucht. Angesichts der Tatsache, dass zur Bewältigung sozialer Aufgaben immer auch alternative Wege denkbar sind, stellt sich die Frage nach der Genese und der Durchsetzung professioneller (Zuständigkeits-)Monopole – nebst den damit verbundenen Einkommensprivilegien. In diesem Zusammenhang wird darauf verwiesen, dass nicht allein systematisches Wissen als Erklärung hinreicht, sondern immer auch generellere Machtressourcen untersucht werden müssen, die dazu führen, dass die professionell verwalteten Wissensbestände als die *sozial allein gültigen* anerkannt werden. Wird diese kritische Perspektive auf Professionen eröffnet, dann ist ersichtlich, dass Form und Zielrichtung bestimmter Professionalisierungsprozesse durch ein Zusammenspiel von professions*internen* Strategien und professions*externen* Kontextbedingungen (Machtressourcen) bestimmt werden.

Ab Mitte der 1980er-Jahre war eine Wende zu strukturtheoretischen Professionsansätzen zu verzeichnen, die den Fokus der Aufmerksamkeit von den gesellschaftlichen Kontextbedingungen auf die Binnenperspektive professionellen Handelns gerichtet haben; sie markieren insofern einen Perspektivwechsel von der Professionalisierung als *Status*frage zur Professionalität als *Kompetenz*problem. Die Dominanz dieser Fragerichtung, die insbesondere mit den Namen Ulrich Oevermann (1981; 1996) und Fritz Schütze (1992; 1996) verbunden ist, hält unvermindert an. Hierauf wird später zurückzukommen sein.

Eher am Rande hat sich eine *systemtheoretische* Perspektive auf die Frage professionalisierten Handeln entwickelt, die die beiden Dimensionen der Kompetenz und des Status' zugleich zu verbinden beabsichtigt. Dieser Ansatz soll im Folgenden etwas genauer beleuchtet werden, um den mit ihm erhobenen doppelten Anspruch auf seine Berechtigung hin zu überprüfen. Dies wird in drei Schritten geschehen:

1. Zunächst werden die gesellschaftstheoretischen Prämissen dieses Professionalisierungskonzeptes herausgearbeitet, um sodann
2. exemplarisch eine dieser Voraussetzungen aufzugreifen, um die damit verbundenen Konsequenzen genauer zu untersuchen. Vor einem derart vorbereiteten Hintergrund werden dann
3. Überlegungen zu möglichen Entwicklungen professionalisierter bzw. professioneller Sozialer Arbeit entfaltet.

2.   Gesellschaftstheoretische Prämissen

Die moderne Gesellschaft zerstört in ihrer Entwicklung etwas, das sie jedoch fraglos zu ihrem Fortbestand voraussetzt, nämlich *soziale Integration*. Dabei ist es ist einerlei, ob man dies terminologisch *negativ* mit dem Begriff der „Erosion soziokultureller Milieus" (vgl. etwa Beck 1986) oder gesellschaftstheoretisch *konstruktiv* mit dem Konzept der „Ausdifferenzierung von Teilsystemen" (vgl. Luhmann 1984: 50; Berger 1988: 227) fasst; es handelt sich also um zwei Seiten der gleichen Medaille. Hier soll nunmehr der systemtheoretischen Option gefolgt werden, das heißt der Differenzierungslogik. Für sie ist charakteristisch, dass die moderne Gesellschaft in sich via funktionaler Differenzierungen Teilsysteme ausgebildet hat, die auf die Erfüllung *einer* Aufgabe konzentrieren: Recht, Medizin, Wirtschaft und auch Sozialarbeit, wie seit geraumer Zeit kontrovers verhandelt wird (vgl. zusammenfassend Merten 2000; zuletzt Maaß 2009). Diese Teilsysteme erfüllen also *eine* Funktion und dies *exklusiv*, aber zugleich für die *Gesamt*gesellschaft. Das bedeutet, dass sich eine solche Systembildung zu einer verselbstständigten Praxis durch folgende Momente charakterisieren lässt:

1. *Gesellschaftliche Expansion:* Das ist ein notwendiges Moment, wenn die Funktion für die gesamte Gesellschaft wahrgenommen werden soll.
2. *Soziale Inklusion:* Das heißt, dass jede und jeder potenziell an diesem System teilnehmen kann, jedoch nur mit den funktionsrelevanten Anteilen ihrer Lebensführung (vgl. Luhmann 1981: 27).
3. *Institutionelle Organisierung:* Jedes Funktionssystem bildet zur Erfüllung seiner Aufgaben Organisationen, die die grundsätzliche Zugänglichkeit zum System spezifisch feinregulieren.
4. *Professionelle Betreuung:* Hier wird eine Differenz zwischen Leistungs- und Nachfragerolle eingeführt (vgl. Stichweh 1992).
5. *Universitäre Etablierung* der professionellen Reflexion (vgl. zusammenfassend Kade 1997: 34f.).

Worauf es bei diesen gesellschaftstheoretisch Überlegungen ankommt, ist die Einsicht, dass Professionen immer auf ein Funktionssystem beschränkt sind (vgl. Stichweh 1992: 40), dessen Leistungen sie individualisiert erbringen. Der individualisierte Klientenbezug im *Handlungs*vollzug ist also das typische Merkmal (neben anderen), das Professionen charakterisiert. Es muss ausdrücklich *Handlungs*vollzug betont werden, weil in der *Problem*bestimmung der individualisierte Personenbezug bestehende Interdependenzen unterbelichten würde. Um diesen Sachverhalt zu verdeutlichen, wird auf Phänomene sozialer Ungleichheit rekurriert: Obwohl die Beseitigung von bildungs- (vgl. Bühler-Niederberger 2009; Betz 2008) und gesundheitliche Bewältigungen (vgl. BT-Drs. 16/12860) auch auf der Handlungsebene Interventionen erforderlich macht, die direkt an den von Benachteiligung betroffenen Individuen ansetzen *(Handlungsvollzug),* zeigen die einschlägigen Untersuchungen, dass die Ursachen der Benachteiligung selbst über die betroffenen Individuen hinaus auf gesamtgesellschaftliche Faktoren verweisen *(Problembestimmung)* (vgl. Betz 2008; BJK 2009)

3. Normalisierung durch Differenzierung

Der Begriff der „Normalisierung" macht innerhalb des sozialpädagogischen Diskurses seit geraumer Zeit die Runde, ohne dass er in seinem sachlichen Gehalt bisher hinreichend bestimmt worden wäre. Das führt zu Missverständnissen und Scheingefechten. Bindet man diesen Normalisierungsbegriff an den systemtheoretischen Differenzierungsgedanken zurück, dann erschließen sich unterschiedliche Dimensionen, die eine interessante Perspektive für künftige Entwicklung der professionalisierten Sozialarbeit/ Sozialpädagogik eröffnen. Doch zunächst gilt es, die erwähnten Dimensionen herauszustellen.

Wenn es richtig ist, dass ausdifferenzierte Teilsysteme durch Differenzierung zu Stande kommen, und wenn es ferner zutreffend ist, dass diese Differenzierungslogik systemintern nochmals wiederholt wird – man kann diesen Vorgang auch als Spezialisierung bezeichnen –, und wenn es ferner zutreffend ist, dass Professionen in modernen Gesellschaften auf solche Funktionssysteme angewiesen sind, dann ist es plausibel anzunehmen, dass sie der gleichen Differenzierungslogik unterworfen sind, wie diese Teilsysteme selbst. Dies mag sich als Erkenntnis banal anhören, es folgen darauf jedoch mindestens drei weitreichende Konsequenzen:

(1) Gleichsam im Huckepack-Verfahren muss mit der gesamtgesellschaftlichen Ausbreitung eines Funktionssystems die es ausgestaltende Profession ebenfalls gesamtgesellschaftlich anzutreffen sein. Aus diesem Umstand wird üblicherweise auf eine so genannte „diffuse Allzuständigkeit" (so z.B. Dewe/Otto 1996: 15; Bommes/Scherr 2000) der Sozialen Arbeit geschlossen. Dies ist jedoch nur eine oberflächliche Interpretation, die vergisst, auf das Identitäre der Sozialen Arbeit zu reflektieren, das sich in ihrer Funktion (vgl. differenziert Merten 1997) – nämlich soziale Integration – zu erkennen gibt. Und auch das professionstheoretische Argument, dass Sozialarbeit eine Semi-Profession sei, wird auf diese Weise systematisch entkräftet. Diese Position wird insbesondere von Rudolf Stichweh (1994: 369) vertreten: „... aus der Sicht der Berufe argumentiert – wäre die Sozialarbeit ein klassischer Fall eines Berufs, dem wegen seiner (zudem teilweise einer anderen Profession subordinierten) Partizipation an den Problemen mehrerer anderer Funktionssysteme (Recht, Gesundheitssystem, Distribution der Leistungen des Wohlfahrtsstaats) eine Professionalisierung nicht gelingt." Hier bleibt die korrekte Beobachtung auf dem halben Weg der Reflexion stehen, denn Sozialarbeit *muss* gesamtgesellschaftlich anzutreffen sein, will sie ein eigenständiges System, will sie eine autonome Profession sein. Nur ihre *strukturelle Exklusion* aus irgendeinem Bereich könnte ihre Autonomie beeinträchtigen. Oder

anders formuliert: Unter funktionalen Gesichtspunkten kann die Sozialarbeit deshalb nicht als subordiniert gelten, weil sie nie die Funktionen der anderen Systeme übernimmt, also nicht mit deren Code operiert, auch nicht in einer von anderen Professionen angeordneten Weise. Sozialarbeit, um ein Beispiel zu geben, operiert nach ihrer eigenen Logik innerhalb des Medizinsystems und leistet dort keine medizinische oder pflegerische Hilfen, sondern zielt auf gesellschaftliche Integration. Stichweh liefert also das beste Argument für die professionelle Autonomie der Sozialen Arbeit.

(2) Der zweite Gesichtspunkt, der sich aus der Differenzierungslogik ergibt, bezieht sich auf die Arbeitsfelder. Hans Thiersch hat frühzeitig auf diese Dimension der Normalisierung aufmerksam gemacht: *„Sozialpädagogik hat in unserem [dem 20.] Jahrhundert, und vor allem in der zweiten Hälfte unseres Jahrhunderts, eine tragfähige und differenzierte Struktur gefunden; sie ist selbstverständlicher und akzeptierter Bestandteil in der Infrastruktur sozialer und pädagogischer Dienstleistungen geworden"* (Thiersch 1992: 10). Thiersch verweist damit auf einen horizontalen Differenzierungsprozess der Arbeitsfelder, der ebenfalls mit der gesamtgesellschaftlichen Ausweitung des Funktionssystems stattgefunden hat.[1] Entsprechend der eingangs formulierten Inklusionslogik folgt daraus, dass prinzipiell alle Menschen der modernen Gesellschaft KlientIn der Sozialen Arbeit werden können. Mit anderen Worten: Professionalisierung, die an ein gesellschaftliches Teilsystem gebunden ist, führt bei identifizierbaren Leistungen zu einer Angebotsgeneralisierung bzw. zur *Universalisierung der Nachfrage*.[2] Diese Universalisierung der Nachfragen zieht eine weitere Konsequenz nach sich: Prak-

---

1   Während Thiersch in einer eher generalisierenden Feststellung der Prozess der Normalisierung konstatiert, hat Walter Hornstein ihn in seinen verschiedenen Dimensionen sachlich eingehender bestimmt. „Unter ‚Normalisierung' der Sozialpädagogik wird dabei verstanden der Prozess der quantitativen Zunahme des sozialpädagogischen Personals, die Ausweitung sozialpädagogischer Praxis in immer neue Erziehungsfelder hinein …, sowie der Vorgang der immer weiter sich ausbreitenden und nicht kontrollierenden, resozialisierend sich verstehenden, sondern lebenslagenstützenden, also präventiven Praxis; ferner wird dem Normalisierungsvorgang zugerechnet das in den letzten Jahrzehnten entstandene System sozialpädagogischen Wissens und die Institutionalisierung, die die Verbreitung dieses Wissens (z.B. in Jugendberichten) gefunden hat … und schließlich werden dazu gezählt erste Versuche und Ansätze einer wissenschaftssoziologischen Selbstbeobachtung, die als Indikator dafür betrachtet werden, dass sich Sozialpädagogik auch als Wissenschaft dem Zustand einer normalen Wissenschaft nähert!" (Hornstein 1999: 21f.).

2   In diesem Zusammenhang muss deutlich der *Möglichkeits*-Charakter betont werden, und zwar für den Fall, dass der funktionsrelevante Ausschnitt der Lebensführung auftritt. Am Beispiel der Medizin lässt sich das besonders eindringlich veranschaulichen: Jede Person ist *potenziell* Patient; *aktuell* wird sie das jedoch nur dann, wenn sie die funktional relevanten Indikatoren zeigt, also krank ist. Mit anderen Worten: „Für eine gesellschaftsbreite Etablierung von Funktionssystemen ist … ihre wachsende Inklusivität wichtig, was bei identifizierbaren Leistungen Angebotsgeneralisierung bzw. Universalisierung der Nachfrage bedeutet" (Mayntz 1988: 22).

tisch bedeutet sie die Lösung aus dem Bezug auf eine bestimmte Schicht, es kommt zu *einer Ent-Stratifizierung der Klientel.* C.W. Müller hat dies bereits 1966 treffend formuliert: „Also: temporäre Notsituationen und Konflikte scheinen mir immer ‚normaler' zu werden in einer Gesellschaft, die sich von dem Gedanken zu verabschieden beginnt, das Hineinwachsen des einzelnen in die Gesellschaft und seine kritische Auseinandersetzung mit ihr sei ein ‚natürlicher' Prozess, der vom Sozialarbeiter nur im Falle einer ‚anormalen Fehlanpassung' der Korrektur zu unterziehen sei. (...) Nein, die gewandelten Tätigkeitsbereiche moderner Sozialarbeiter decken heute in vielen Fällen ebenso wenig ein imaginäres ‚Defizit', wie der Grundschullehrer ein Defizit deckt, wenn er seiner Klasse das Lesen und Schreiben beibringt" (Müller [1966] 1998: 109). Eben, wenn soziale Integration zur systematischen Aufgabe wird, ist eine Defizitperspektive auch professionell zunehmend unzureichend.

Und am Beispiel der Kinder- und Jugendhilfe (bzw. der Jugendwohlfahrtspflege, wie sie damals hieß) hat Gertrud Bäumer bereits 1930 sensibel diesen Sachverhalt herausgearbeitet. Sie knüpft inhaltlich an ihre Sozialpädagogik-Definition in dem von Herman Nohl und Ludwig Pallat herausgegebenen *Handbuch der Pädagogik* an. Demnach ist Sozialpädagogik „alles, was Erziehung, aber nicht Schule und Familie ist" (Bäumer 1929: 3). Interpretiert man diese (negative) Definition differenzierungstheoretisch, dann wird die *positive* Denkrichtung Bäumers deutlich, nämlich dass Jugendhilfe „nicht wesentlich Nothilfe" sei. „Und zwar deshalb nicht ..., weil die gesellschaftliche Hilfe, die kollektive Leistung für den Nachwuchs heute nicht einfach nur in einem *Negativen* gegründet werden kann, nämlich im *Versagen* der Familie und nicht nur an frühren Gesellschaftsformen gemessen werden kann, indem man sagt: früher leistete das die Familie, heute leistet sie es bedauerlicherweise nicht mehr, also muss ein anderer Träger dafür eintreten. Es ist doch so: wenn Sie heute Straßenbeleuchtungen einführen, statt dass jeder mit seiner privaten Laterne nachts auf die Straße geht ..., so ist das doch nicht ein Folge des Versagens der privaten Laternenbesitzer. Ich bringe absichtlich dieses etwas paradox klingende Beispiel, damit wir uns plastisch vor Augen halten, dass es sich hier genau wie bei der Entwicklung der Schule und Berufsschule zum Teil doch einfach um eine gesunde *Umwandlung* gesellschaftlicher Leistungen, um eine gesunde, das Jugendleben erweiternde und stützende gesellschaftliche *Mehr*leistung handelt" (Bäumer 1931: 83f.). Die Expansion des Sozialpädagogischen in der modernen Gesellschaft ist auch hier Ausdruck einer sachlich sich verselbstständigenden Aufgabe, darüber hinaus und zugleich auch Indikator einer expandierenden Wohlfahrtsstaatlichkeit.

(3) Dem dritten Gesichtspunkt, der aus der Differenzierungslogik folgt, hat insbesondere Thomas Rauschenbach in den letzten Jahren aus einer empirisch orientierten Perspektive besondere Aufmerksamkeit gezollt. Ehe dieser Aspekt jedoch genauer ausgeleuchtet wird, soll die weitere Argumentation innerhalb der systemtheoretischen Logik verbleiben. So weist beispielsweise Rudolf Stichweh auf folgenden Sachverhalt hin: *„Professionalisierung* meint in dem hier unterstellten Sinn die Existenz nur *einer* Berufsgruppe, die die Identität des Systems bestimmt" (Stichweh 2000: 30). So eindeutig und sicher diese Behauptung auch formuliert ist, so problematisch bleibt sie, denn sie setzt die Profession innerhalb eines *dynamischen* Teilsystems *statisch.* Im Gegensatz zu einer solchen Statik entfaltet sich jedoch eine *vertikale* Differenzierung der professionalisierten Berufsprofile. Mit anderen Worten: Es gibt nicht nur *eine Profession* innerhalb eines Systems, sondern – eine ausdifferenzierte Palette von – *Professionen.* Im sozialpädagogischen Feld sind dies über die Entwicklungsstadien von der *Verberuflichung* (Nachweis einer anerkannten Qualifikation) über die *Verfachlichung* (Nachweis einer einschlägigen pädagogischen Qualifikation) und die *Akademisierung* (Nachweis eines Studiums) bis hin zur (Voll-) *Professionalisierung* (Nachweis eines fachlich einschlägigen pädagogischen Studiums). Für den Bereich der Sozialen Arbeit lässt sich dieser vertikale Differenzierungsprozess als – gegenüber der so genannten Alten Profession (vgl. Mok 1969) – *„nachholende Professionalisierung"* bezeichnen. Wie die Daten von Thomas Rauschenbach unzweideutig belegen, ist zum Beispiel für die Jugendhilfe ein solcher Steigerungsprozess von einer *Verberuflichung* über eine *Verfachlichung* über eine *Akademisierung* zu einer *Professionalisierung* festzustellen.

Zwischenresümee

Soziale Arbeit hat sich also über den Prozess der Differenzierung zu einer *normalen Profession* entwickelt, wie dies auch in anderen Teilsystemen und deren Professionen festzustellen ist. Dass es dabei Besonderheiten der Verlaufsform, der Entwicklungsdynamik und Differenzierungslogik gegeben hat, ist unstrittig und sollte eher vor dem Vergleich entlang normativer Professionalisierungskonzepte hüten, die am Beispiel der alten Professionen (Medizin, Recht und Theologie) gewonnen wurden. Das Thema Professionalisierung der Sozialarbeit/Sozialpädagogik verweist damit zugleich auf die Notwendigkeit einer *binnenprofessionellen* und *binnendisziplinären* Rekonstruktion der eigenen Berufsgeschichte und der eigenen Kompetenzprofile. Vergleiche mit anderen Disziplinen und Professionen sind dabei wenig hilfreich und führen durch die Verlegung des Aufmerksamkeitsfokus eher in die Irre. **141**

4. Grenzen der Differenzierung

Bei der Bestimmung von Grenzen gibt es im Wesentlichen zwei Limitierungen, die sich hinsichtlich der eben skizzierten Entwicklung abzeichnen: Einerseits sind es *innerprofessionelle* (oder innerakademische) Probleme, die Grenzen markieren, andererseits sind es *Umweltrestriktionen*, wie sich systemtheoretisch formulieren lässt.

Trotz aller Abgrenzungen, die sich gegenüber Stichwehs Positionsbestimmungen als notwendig erwiesen haben, bleibt ein wichtiger Aspekt, auf den er aufmerksam gemacht hat und der mit der Professionalisierung eines Teilsystems verbunden ist, nämlich die Herausbildung einer *dominanten* bzw. *Leit*profession. Für die drei klassischen Professionen, Medizin, Jurisprudenz und Theologie, ist dies unmittelbar einsichtig. Eine solche Zentrierung auf eine Leitprofession ist innerhalb der Sozialen Arbeit bisher nicht geleistet, weder hinsichtlich bestimmter Kompetenzprofile noch im Hinblick auf bestimmte Arbeitsfelder. Lediglich im Ausbildungsbereich lässt sich eine klare Differenzierung erkennen, die hier jedoch notorisch als Problem und nicht als eine möglicherweise sinnvolle Konstruktion diskutiert wird.

Hinsichtlich der Arbeitsfelder kann innerhalb der akademisierten Berufe im Prinzip jeder und jede alles machen. Dies ist solange unbedenklich, solange daraus keine negativen Konsequenzen erwachsen. Doch diese stellen sich meines Erachtens neuerlich aus der Umweltperspektive ein. Was damit gemeint ist, erschließt sich schnell. Alle Teilsysteme, und mit ihnen ihre jeweilige Profession(en) operieren innerhalb einer Gesellschaft, die zugleich für sie Umwelt ist. Aus dieser Umwelt beziehen sie die Leistungen aller anderen gesellschaftlichen (Teil-)Systeme (Geld, Recht, Bildung etc.), die ihr gesellschaftliches Operieren ermöglichen, denen sie wiederum ihre eigene Leistung zur Verfügung stellen. Aus dieser gegenseitigen Verschränkung ergibt sich einerseits, dass Systeme eben nur ihre eigene Funktion prozessieren, dass sie aber andererseits zugleich von den Leistungen aller anderen Systeme abhängig sind. Funktionale Autonomie wird durch strukturelle Interdependenzen (gegenüber allen anderen gesellschaftlichen Teilsystemen) erkauft. Mit anderen Worten: „Wird die Umwelt als *Ressource* aufgefasst, erfährt das System Kontingenz als *Abhängigkeit*" (Luhmann 1984: 252). Das heißt zugleich, dass trotz aller funktionalen Unabhängigkeit der Teilsysteme diese Ressourcenabhängigkeit ihre Achillesferse bleibt (vgl. Scharpf 1988: 66). Und es sind sozialstaatlichen Restriktionen, die den gesellschaftlichen Spielraum der Sozialen Arbeit äußerlich einschränken. Und damit scheint zugleich das Einfallstor geöffnet zu sein, um auf die Innenseite der professionellen Handlungslogik durchzuschlagen. Aber gerade hier lässt sich systemtheoretisch aufklären, dass die Professionen trotz der geschilderten Interdependenzen in ihrem *funktionalen Prozessieren autonom* operieren.

5. Grenzen der professionellen Autonomie

Grenzen professioneller Autonomie soll hier nicht im dem nahe liegenden Sinne von Restriktionen verstanden werden, sondern den professionellen Möglichkeitsspielraum andeuten. Hierzu ist es notwendig, ein Verständnis von professionalisiertem Handeln aus seiner *Binnenlogik* zu entfalten. Dazu soll auf eine Bestimmung Ulrich Oevermanns zurückgegriffen werden. *„Professionalisiertes Handeln ist wesentlich der gesellschaftliche Ort der Vermittlung von Theorie und Praxis unter Bedingungen der verwissenschaftlichen Rationalität,* d.h. unter Bedingungen der wissenschaftlich zu begründenden Problemlösung in der Praxis" (Oevermann 1996: 80). Ähnlich, wie hier im strukturtheoretischen angelegten Professionsverständnis Ulrich Oevermanns, kommt auch Niklas Luhmann zu einer Bestimmung der Binnenperspektive professionellen Handelns, mit der er zugleich dessen Grenzen umreißt. Luhmann begreift professionalisiertes Handeln, das er im Spannungsgefüge zwischen Wissen und Können ansiedelt, wie folgt: „Bestmögliches Wissen ist nur ein Komponente des Begriffs. Entscheidend kommt hinzu, dass dies Wissen nicht direkt, logisch, problemlos angewandt werden kann, sondern jede Anwendung mit dem Risiko des Scheiterns belastet ist. (...) Im Zentrum der Entwicklung von Professionen steht mithin die Distanz zwischen Idee und Praxis, die durch Wissen allein nicht überbrückt werden kann" (Luhmann 2002: 148). (Wissenschaftlichem) Wissen wird also hier, wie bereits bei Oevermann, eine wichtige Bedeutung beigemessen, ohne dass professionelles Handeln allein über ein Anknüpfen an vorhandene kognitive Bestände hinreichend rekonstruiert werden könnte. Aber Niklas Luhmann hat das Problem professionalisierten Handelns zusammen mit Karl Eberhard Schorr an der Un-/Möglichkeit pädagogischen Handelns über die Bestimmung eines strukturellen „Technologiedefizits" (Luhmann/Schorr 1979) zugespitzt. Wenn denn eine unmittelbare Transformation von einem bestimmten Ausgangszustand in einen anderen, ebenfalls bestimmten Endzustand nicht möglich ist, gleichwohl pädagogisches Handeln als intentionales seine Zielorientierung nicht aufgeben kann (denn sonst wäre es kein pädagogisches Handeln in erzieherischer Absicht mehr), dann stellt sich die Frage, wie dieses Problem aufzulösen ist. Luhmann hat in seinen letzten Ausarbeitungen hierzu einen Vorschlag unterbreitet. „Das ‚Wissen' von Professio- **143** nen besteht nicht so sehr in der Kenntnis von Prinzipien und Regeln als vielmehr in der Verfügung über eine ausreichend große Zahl komplexer Routinen, die in unklar definierten Situationen eingesetzt werden können – teils zur besseren Definition der Situation, teils zum Herausgreifen behandelbarer Aspekte. Bewährte Routinen geben eine Art Sicherheit, die jedoch auf Erfolge und Misserfolge gefasst sein muss. Und sie sind durch Wiederverwendbarkeit ausgezeichnet und bieten dadurch eine Möglichkeit der Verbesserung durch Lernen, durch Erfahrung" (Luhmann 2002: 149).

Diese Ausführungen Luhmanns lassen sich als Plädoyer für Methoden bzw. methodisches Handeln lesen. Mit ihnen ist dann auch zugleich das Spektrum – *theoretisch* – bestimmt, wie professionalisiertes Handeln – *praktisch* – verfahren muss. Es ist erkennbar, dass hier systemtheoretisch lediglich ein Rahmen formuliert wurde, der bezüglich bestimmter Berufspraxen einer materialen, das heißt empirischen Füllung bedarf. Ein Blick auf die Entwicklungen innerhalb der Kinder- und Jugendhilfe, insbesondere bezüglich des Hilfeplanverfahrens, macht deutlich, in welche Richtung sich die Professionalitäts- und Professionalisierungsbemühungen entwickeln können. Aber methodisches Handeln genügt eben nicht allein, wie insbesondere die Ausführungen Oevermanns deutlich gemacht haben, es bedarf der verwissenschaftlichten Rationalität und damit des Bezugs auf wissenschaftliches Wissen, das allein in der Lage ist, *Begründungs*zusammenhänge herzustellen und getroffene Entscheidungen sowohl nachvollziehbar zu machen als auch zu legitimieren. „Professionalität symbolisiert damit die Verknüpfung von Wahrheit und Angemessenheit über die reflektierte Handhabung von Differenzen als einen Weg vom Wissen zum *professionellen Können* über den Umweg der Begründung" (Kurtz 1998: 112). Die in den zurückliegenden Jahren erfolgten Auseinandersetzungen um das „staatliche Wächteramt" und die mit ihm einhergehenden Anforderungen an methodisches Handeln („Regeln der Kunst") sowie die eingeforderten fachlichen Begründungsleistungen (vgl. ISS 2008) sind ein deutliches Indiz für diese Position.

Mit diesen Ausführungen ist jedoch noch nicht belegt, dass es – und diese starke These wurde oben ja vertreten – keine externe Einflussnahme auf die Binnenlogik professionellen Handelns gibt. Hierzu muss die Differenz zwischen Organisation und Interaktion genauer beachtet werden, die bisher nur im Hintergrund mitgeführt, nicht aber eigens thematisiert worden ist (vgl. detailliert Luhmann 1991: 10ff.). Organisation und Interaktion sind unterschiedliche soziale Aggregationsniveaus mit jeweils unterschiedlichen Strukturierungs- und Stabilisierungsprinzipien. Die folgende Abbildung hebt grafisch die Differenzen hervor:

Abb. 1: Soziale Aggregationsniveaus

	Selektions-prinzip	Strukturierungs-prinzip	Stabilisierungs-prinzip
Interaktion	Anwesenheit	Kommunikation	Themen
Organisation	Mitgliedschaft	Rollen	Aufgaben
Gesellschaft	Kommunikative Erreichbarkeit	(Teil-)Systeme	Funktionen

Professionalisiertes Handeln geschieht zwar in der Regel (zumindest in der Sozialen Arbeit) innerhalb eines organisatorischen Rahmens, aber der gehorcht seiner eigenen Logik. Die Organisation allein ermöglicht weder professionalisiertes Handeln, noch vermag dieses selbst zu leisten. Um dies an einem Beispiel zu verdeutlichen: Allein die Platzierung eines Klienten (z.B. Personensorgeberechtigten, Kind etc.) innerhalb des Jugendamtes bewirkt nichts! Erst der Eintritt in Kommunikation – mit (sozial-)pädagogischer Intention – eröffnet die Möglichkeit professionalisierten Handelns, wobei – hier gilt es, das Technologiedefizit in Erinnerung zu rufen – Intention und Ergebnis durchaus voneinander abweichen können. Luhmann hat den Zusammenhang von Organisation und Profession an der Schule erläutert: „Die gute Absicht zu erziehen, gewinnt mit Hilfe von Organisation Form, und insofern kann man auch erkennen und eventuell korrigieren, wenn irgendetwas schief läuft. Aber sobald die Interaktion Unterricht beginnt, sind Lehrer und Schüler deren Dynamik ausgeliefert. Sie müssen auf das reagieren, was gerade geschehen ist oder versuchen, den Verlauf zu ‚interpunktieren', um neuen Themen eine Eintrittsmöglichkeit zu verschaffen. Die Organisation zieht sich gleichsam zurück und überlässt der Interaktion die Führung. (...) Wenn etwas Unerhörtes geschieht, kann die Organisation immer noch eingreifen und den Interaktionsverlauf als Sequenz von Entscheidungen rekonstruieren und die Frage stellen, warum gerade so und nicht anders entschieden worden ist" (Luhmann 2002: 160f.). Auf diese Weise wird also professionelles Handeln als gegenüber der Organisation unabhängig, aber zugleich als zu ihr (in der *Form*: Unterricht) zugehörig ausgewiesen. Die Zurechnung von (professionellen) Entscheidungen innerhalb des organisatorischen Rahmens erfolgt konsequenterweise auf den Professionellen, der sich letztlich legitimieren muss (wie dies im Zusammenhang mit dem staatlichen Wächteramt für die Jugendhilfe deutlich geworden ist).

Die Logik professionellen Handelns wird also durch die Organisation in ihrer *Form*, nicht aber durch äußere Faktoren *inhaltlich* beeinflusst; sie unterliegt ausschließlich der Inneneinflussnahme. Systemtheoretisch gesprochen:

Veränderung der Außenvariablen bilden lediglich Anlässe zu Selbständerung. Dieses Ergebnis wurde im Übrigen auch von einer organisationssoziologischen Untersuchungen bezüglich der öffentlichen Kinder- und Jugendhilfe bestätigt, in der festgestellt wurde, „dass grundsätzliche Einflussnahmen externer Faktoren auf die professionellen Handlungsorientierungen und Kompetenzen nicht nachgewiesen werden konnten" (Otto 1991: 76).

Dass indes die äußeren Bedingungsfaktoren den *Möglichkeitsspielraum* (nicht aber die Binnenlogik) professionellen Handelns einschränken, wird damit nicht dementiert. Sozialpädagogische Hilfe ist immer auch noch mehr und besser möglich. Um eine solche Logik jedoch jenseits eines normativen Standpunktes zu postulieren, ergibt er sich hier analytisch aus der systemtheoretischen Differenzierungslogik. Es gibt für ein prozessierendes Teilsystem keinen Grund, seine eigene Logik, sein eigenes Prozessieren aus systeminternen Gründen einzuschränken. Ebenso gibt es für eine Profession lediglich professionelle Gründe, die einen Verzicht auf weitere Professionelle bzw. auf weiteres professionelles Handeln anraten – dies allerdings nur, wenn der Verzicht auf weiteres professionelles Handeln in hilfreicher Absicht geschieht, also letztlich selbst Hilfe ist.

Damit stellt sich noch einmal die Ausgangsfrage, die einer Antwort harrt: Was die Systemtheorie zur Handlungskompetenz beiträgt? Sie bietet einen Rahmen, innerhalb dessen Möglichkeiten und Grenzen professionellen Handelns bestimmt werden können. Aber, (System-)Theorie ist lediglich eine notwendige Bedingung professionellen Handelns, mehr hat sie nicht zu bieten; mittels der Systemtheorie lässt sich zeigen, warum das so ist. Sie ist insofern ein Plädoyer für professionelle Bescheidenheit und die Einsicht in die Autonomie der (sozialpädagogischen) Klientel.

Literatur

Bäumer, Gertrud: Die historischen und sozialen Voraussetzungen der Sozialpädagogik und die Entwicklung ihrer Theorie. In: Nohl, Herman / Pallat, Ludwig (Hrsg.): Handbuch der Pädagogik. Band V: Sozialpädagogik. Berlin, Leipzig 1929; S. 3-26

Bäumer, Gertrud: Die sozialpädagogische Aufgabe in der Jugendwohlfahrtspflege. In: Die Stellung der Wohlfahrtspflege zur Wirtschaft, zum Staat und zum Menschen. Bericht über den 41. Deutschen Fürsorgetag in Berlin am 26. und 27. November 1930 anlässlich der 50-Jahr-Feier des Deutschen Vereins für öffentliche und private Fürsorge. Karlsruhe 1931; S. 73-90

Berger, Johannes: Modernitätsbegriffe und Modernitätskritik in der Soziologie. In: Soziale Welt, 39. Jg., 1988; S. 224 236

Betz, Tanja: Ungleiche Kindheiten. Theoretische und empirische Analysen zur Sozialberichterstattung über Kinder. Weinheim, München 2008

BJK [Bundesjugendkuratorium]: Kinderarmut in Deutschland: Eine drängende Handlungsaufforderung an die Politik. Weimar 2009

Bommes, Michael/Scherr, Albert: Soziologie der Sozialen Arbeit. Eine Einführung in Formen und Funktionen organisierter Hilfe. Weinheim, München 2000

BT-Drs. 16/12860 [Deutscher Bundestag, Drucksache vom 30.04.2009]: Bericht über die Lebenssituation junger Menschen und die Leistungen der Kinder- und Jugendhilfe in Deutschland – 13. Kinder- und Jugendbericht –. Berlin

Daheim, Hansjürgen: Zum Stand der Professionssoziologie. Rekonstruktion machttheoretischer Modelle der Profession. In: Dewe, Bernd/Ferchhoff, Wilfried/Radtke, Frank-Olaf (Hrsg.): Erziehen als Profession. Zur Logik professionellen Handelns in pädagogischen Feldern. Opladen 1992; S. 21-35

Dewe, Bernd/Otto, Hans-Uwe: Zugänge zur Sozialpädagogik. Reflexive Wissenschaftstheorie und kognitive Identität. Weinheim, München 1996

Heiner, Maja: Professionalität in der Sozialen Arbeit. Theoretische Konzepte, Modell und empirische Perspektiven. Stuttgart 2004

Heiner, Maja: Kompetent handeln in der Sozialen Arbeit. München, Basel 2010

Hornstein, Walter: Jugendpolitik und Jugendforschung im Spiegel der Jugendberichte der Bundesregierung (1994). In: Hornstein, Walter: Jugendforschung und Jugendpolitik. Entwicklungen und Strukturen in der zweiten Hälfte des 20. Jahrhunderts. Weinheim, München 1999; S. 209-241

ISS [Institut für Sozialarbeit und Sozialpädagogik] (Hrsg.): Vernachlässigte Kinder besser schützen. Sozialpädagogisches Handeln bei Kindeswohlgefährdung. München, Basel 2008

Kade, Jochen: Vermittelbar/nicht-vermittelbar: Vermitteln: Aneignen. Im Prozess der Systembildung des Pädagogischen. In: Lenzen, Dieter/Luhmann, Niklas (Hrsg.): Bildung und Weiterbildung im Erziehungssystem. Lebenslauf und Humanontogenese als Medium und Form. Frankfurt am Main 1997; S. 30-70

Kornbeck, K. Jakob: Professionalisierung ist mehr als Verwissenschaftlichung. In: Soziale Arbeit, 49. Jg., 2000; S. 170-175

Kosellek, Tobias/Merten, Roland: Systemtheorie und Soziale Arbeit. In: Otto, Hans-Uwe/Thiersch, Hans (Hrsg.): Handbuch Sozialarbeit/Sozialpädagogik. München, Basel 2010 (i.E.)

Kurtz, Thomas: Professionen und professionelles Handeln. Soziologische Überlegungen zur Klärung einer Differenz. In: Peters, S. (Hrsg.): Professionalität und betriebliche Handlungslogik. Pädagogische Professionalität in der betrieblichen Weiterbildung als Motor der Organisationsentwicklung. Bielefeld 1998; S. 105-121

Luhmann, Niklas: Politische Theorie im Wohlfahrtsstaat. München, Wien 1981

Luhmann, Niklas: Soziale Systeme. Grundriss einer allgemeinen Theorie. Frankfurt am Main 1984

Luhmann, Niklas: Interaktion, Organisation, Gesellschaft. Anwendungen der Systemtheorie. In: Luhmann, Niklas: Soziologische Aufklärung 2. Aufsätze zur Theorie der Gesellschaft. Opladen 1991; S. 9-20

Luhmann, Niklas: Das Erziehungssystem der Gesellschaft. Frankfurt am Main 2002

Luhmann, Niklas/Schorr, Karl Eberhard: Das Technologiedefizit der Erziehung und die Pädagogik. In: Zeitschrift für Pädagogik, 25. Jg., 1979; S. 345-365

Marshall, Thomas Humphrey: The Recent History of Professionalism in Relation to Social Structure and Social Policy. In: Canadian Journal of Economics and Political Science, 5. Jg., 1939; p. 325-340

Maaß, Olaf: Die Soziale Arbeit als Funktionssystem der Gesellschaft. Heidelberg 2009

Merten, Roland: Autonomie der Sozialen Arbeit. Zur Funktionsbestimmung als Disziplin und Profession. Weinheim, München 1997

Merten, Roland: Verständigungsprobleme? Die Sprache der Sozialpädagogik im Spannungsfeld zwischen Wissenschaft und Alltag. In: Zeitschrift für Pädagogi, 45. Jg., 1999; S. 195-208

Merten, Roland (Hrsg.): Systemtheorie Sozialer Arbeit. Neue Ansätze und veränderte Perspektiven. Opladen 2000

Mok, Albert L.: Alte und neue Professionen. In: Kölner Zeitschrift für Soziologie und Sozialpsychologie, 21. Jg., 1969; S. 770-781

Müller, C. Wolfgang: Sozialpädagogik – Sozialarbeit. Ein Gegensatz, den es nicht mehr gibt [1966]. In: Merten, Roland (Hrsg.): Sozialarbeit, Sozialpädagogik, Soziale Arbeit. Begriffsbestimmungen in einem unübersichtlichen Feld. Freiburg i. Br. 1998; S. 105-112

Oevermann, Ulrich: Professionalisierung der Pädagogik - Professionalisierbarkeit pädagogischen Handelns. [Freie Universität Berlin, Institut für Sozialpädagogik und Erwachsenenbildung]. Berlin; transkribiertes Vortragsmanuskript 1981

Oevermann, Ulrich: Theoretische Skizze einer revidierten Theorie professionalisierten Handelns. In: Combe, Arno / Helsper, Werner: (Hrsg.): Pädagogische Professionalität. Untersuchungen zum Typus pädagogischen Handelns. Frankfurt am Main 1996; S. 70-182

Otto, Hans-Uwe / Utermann, Kurt (Hrsg.): Sozialarbeit als Beruf. Auf dem Weg zur Professionalisierung? München 1971

Parsons, Talcott: Die akademischen Berufe und die Sozialstruktur. In: Parsons, Talcott: Beiträge zur soziologischen Theorie. Neuwied 1964; S. 160-179

Parsons, Talcott / Platt, Gerald M.: Die amerikanische Universität. Ein Beitrag zur Soziologie der Erkenntnis. Frankfurt am Main 1990

Peters, Helge: Die misslungene Professionalisierung der Sozialarbeit. In: Kölner Zeitschrift für Soziologie und Sozialpsychologie, 22. Jg., 1970; S. 335-355

Rüschemeyer, Dietrich: Professionalisierung. Theoretische Probleme für die vergleichende Geschichtsforschung. In: Geschichte und Gesellschaft, 6. Jg., 1980; S. 311-325

Schütze, Fritz: Sozialarbeit als ‚bescheidene‘ Profession. In: Dewe, Bernd. u.a. (Hrsg.): Erziehen als Profession. Zur Logik professionellen Handelns in pädagogischen Feldern. Opladen 1992; S. 132-170

Schütze, Fritz: Organisationszwänge und hoheitsstaatliche Rahmenbedingungen im Sozialwesen. Ihre Auswirkungen auf die Paradoxien des professionellen Handelns. In: Combe, Arno / Helsper, Werner (Hrsg.): Pädagogische Professionalität. Untersuchungen zum Typus pädagogischer Professionalität. Frankfurt am Main 1996; S. 183-275

Stichweh, Rudolf: Professionalisierung, Ausdifferenzierung von Funktionssystemen, Inklusion. Betrachtungen aus systemtheoretischer Sicht. In: Dewe, Bernd / Ferchhoff, Wilfried / Radtke, Frank-Olaf (Hrsg.): Erziehen als Profession. Zur Logik professionellen Handelns in pädagogischen Feldern. Opladen 1992; S. 36-48

Stichweh, Rudolf: Wissenschaft, Universität, Professionen. Soziologische Analysen. Frankfurt am Main 1994

Stichweh, Rudolf: Professionen im System der modernen Gesellschaft. In: Merten, Roland (Hrsg.): Systemtheorie Sozialer Arbeit. Neue Ansätze und veränderte Perspektiven. 2000; S. 29-38

Tietgens, Hans: Aspekte der Professionalität der ErwachsenenbildnerInnen. In: Klein, Rosemarie / Reutter, Gerhard (Hrsg.): Lehren ohne Zukunft? Wandel der Anforderungen an das pädagogische Personal in der Erwachsenenbildung. Baltmannsweiler 1998; S. 39-45

Andreas Schaarschuch

Nutzenorientierung – der Weg zur Professionalisierung der Sozialen Arbeit?

ABSTRACT

Anknüpfend und in kritischer Fortentwicklung der aktuellen Dienstleistungsdiskussion reformuliert der Beitrag Soziale Arbeit als „soziale Dienstleistung", bei der dem Klienten als Nutzer der Primat zukommen muss, weil er als der eigentliche Produzent anzusehen ist, während die Professionellen der Sozialen Arbeit als Ko-Produzenten zu verstehen sind. Das erfordert einen neuen professionellen Handlungsmodus und damit auch einen neuen Professionsbegriff für die Soziale Arbeit

1. Einleitung: Dienstleistung – ein professioneller Handlungsmodus

Die Diskussion über die Professionalisierung der Sozialen Arbeit scheint die Dimension einer *never-ending-story* anzunehmen, die vor über 30 Jahren begann und deren Ende nicht absehbar ist – insbesondere nicht vor dem Hintergrund der Herausforderungen, denen sich die Professionalisierung der Sozialen Arbeit gegenwärtig ausgesetzt sieht. Grob skizziert lassen sich entwicklungsgeschichtlich bisher zwei wesentliche Phasen der Debatte unterscheiden. Die erste Phase der Diskussion über Professionalisierung in der Sozialen Arbeit der 1960er und 1970er Jahre stand im Kontext der außergewöhnlich starken Expansion sozialer Dienste in dieser Zeit. Mit der Verberuflichung sozialarbeiterischer Tätigkeiten wurde zugleich auch der Ruf nach ihrer Verwissenschaftlichung und damit der Akademisierung der Ausbildungsgänge laut (Otto/Utermann 1971). Zugleich ging es in diesem Projekt der sozialpädagogischen Professionalisierung immer auch um die *Etablierung des Berufes im Kontext anderer Professionen* – und damit immer auch um Standespolitik. Die entsprechende Theoretisierung der Professionalisierung in der Sozialen Arbeit hat diese Phase als „indikatorisch" bezeichnet (Dewe/Otto 1996; 2001). Dabei geht es um die Applikation gängiger Attribute etablierter Professionen – wie etwa die wissenschaftliche Ausbildung, die Lizenzierung, die berufsständische Solidarität, der Gemeinwohlbezug – auf die sozialen Berufe. Schaute man seinerzeit von der Sozialen Arbeit auf die anderen Professionen,

149

so gelangte man regelmäßig zur Feststellung des eigenen Defizits und damit zur Bestimmung der Sozialen Arbeit als „Semi-Profession" – insbesondere unter der Perspektive ihrer Einbindung in die bürokratischen Organisationen des Sozialstaates (Böhnisch/Lösch 1973). Zugleich war aber auch auf Seiten der bereits als „etabliert" geltenden Professionen im Verhältnis zu den anderen, potenziellen Professionen im Zuge eines allgemeinen Durchstaatlichungsprozesses eine gewisse Nivellierung zu verzeichnen, so dass eine Unterscheidung zwischen etablierten und Semi-Professionen zur Analyse des Professionalisierungsprozesses und insbesondere einer professionspolitischen Programmatik nicht weiter fruchtbar gemacht werden konnte.

Der Beginn der zweiten Phase der sozialpädagogischen Professionalisierungsdiskussion kann etwa auf die Mitte der 1980er Jahre datiert werden. Seither stehen die so genannten „strukturtheoretischen" Professionalisierungstheorien im Zentrum der Diskussion. Diesem spezifischen, von Oevermann (1996) inspirierten und entwickelten Zugang geht es um die „Binnenstrukturen", die „Logik" bzw. die „Grammatik" institutionalisierten pädagogischen Handelns. Das Ziel dieses strukturtheoretischen Professionalisierungskonzeptes besteht darin, die Logik erzieherischen Handelns zu erschließen und die Spezifität pädagogischen bzw. sozialpädagogischen Handelns zu beschreiben. Dabei geht es dem Konzept um die Konfigurierung professionellen Handelns als „stellvertretende Deutung" (Oevermann). Die professionelle Handlungslogik konstituiert sich darin als ein ambivalentes Nebeneinander von – erstens – der Beherrschung eines wissenschaftlich fundierten Regelwissens und dem Umgang mit Theorie und – zweitens – der kommunikativen Kompetenz des Verstehens des spezifischen Einzelfalles.

Daraus folgt, dass der *professional* neben der wissenschaftlichen Absicherung seiner Interpretation den sozialen Sinn der Situation erfassen und in der Sprache des Klienten reformulieren muss. Dabei geht es darum, Entscheidungen des Klienten im Hinblick auf die Bearbeitung schwieriger Lebenssituationen vorzubereiten, ohne jedoch Entscheidungen zu treffen (Dewe et. al.1986).

An diesen hier nur skizzenhaft dargestellten strukturtheoretischen Zugang zur Professionalisierungsthematik will ich mich im Folgenden bei der Bestimmung professionellen Handelns anschließen, zugleich aber eine spezifische Wendung vornehmen, indem ich Soziale Arbeit *als Dienstleistung* reformuliere und dabei soziale Dienstleistung als einen *professionellen Handlungsmodus* bestimme, der an der Strukturlogik der Aneignung auf Seiten der Adressaten ausgerichtet ist.

Dabei will ich in drei Schritten vorgehen: Zunächst soll der Anlass der ‚neuen' – ökonomistischen – Dienstleistungsdebatte umrissen und deren

Grundidee herausgearbeitet werden. Sodann werde ich die Kernelemente des dienstleistungstheoretischen Zugangs darstellen und zu zeigen versuchen, wie im Rückgriff auf die ,alte' Diskussion über (sozialstaatliche) Dienstleistungen der Dienstleistungsbegriff theoretisch gewendet werden kann. Schließlich möchte ich den so fundierten Dienstleistungsbegriff als professionellen Handlungsmodus reformulieren und die Konsequenzen für die Konzeptualisierung professionellen Handelns in der sozialen Arbeit diskutieren.

2. Die Dienstleistungsdebatte(n) in der Sozialen Arbeit

Der Beginn der neueren Dienstleistungsdebatte in der Sozialen Arbeit lässt sich auf die Jahre 1993 bzw. 1994 datieren. Diese steht in engem Zusammenhang mit den Versuchen einer ökonomisch-betriebswirtschaftlichen Restrukturierung des bisher staatlich-öffentlich verfassten (sozialen) Dienstleistungssektors. Der Hintergrund für diese Versuche besteht in der politisch induzierten Finanzknappheit der öffentlichen – insbesondere der kommunalen – Haushalte. Eine Schlüsselstellung kommt hierbei der kommunalen Gemeinschaftsstelle für Verwaltungsvereinfachung (KGSt) zu. Diese hat mit den Berichten „Von der Eingriffsbehörde zum modernen Dienstleistungsunternehmen" (1993) und „Outputorientierte Jugendhilfe" (1994) die Diskussion um „Dienstleistung" in der Sozialen Arbeit angestoßen. Das Interesse der KGSt, und mit ihr der kommunalen Finanzierungsträger besteht primär in der Reduktion der Kosten öffentlich erbrachter Dienstleistungen. Wo eine Reduktion nicht ohne weiteres möglich ist, steht die Effizienzsteigerung der Einrichtungen und ihrer Leistungen im Vordergrund. Diese soll vornehmlich durch die Implementation marktförmiger bzw. quasi-marktförmiger Steuerungsprinzipien, insbesondere aber durch die Etablierung des Konkurrenzmechanismus zwischen den Leistungsanbietern erreicht werden. Auf der Ebene der Organisationen wird der Unternehmensbegriff leitend. Das entsprechende Schlagwort lautet hier „Kommunalverwaltung als modernes Dienstleistungsunternehmen". Auf der Ebene der Klientel mutieren die Klienten zu „Kunden" und für die Ebene der helfenden Interaktionen zwischen *professional* und Kunden wird entsprechend der Begriff der „Dienstleistung" bestimmend. Diese Schlüsseltermini aus den Berichten der KGSt fielen auf der Ebene der Praxis Sozialer Arbeit durchaus auf fruchtbaren Boden: In unzählbaren Broschüren in der Sozialen Arbeit mit der Absicht der Außendarstellung firmieren die Klienten nun als „Kunden", denen „Dienstleistungen" angeboten werden. Soziale Arbeit gilt als „Kundendienst" (Effinger 1994).

Konzipiert man jedoch die Klienten als „Kunden", dann liegt darin trotz aller offensichtlich kategorialen Inadäquatheit der Rhetorik eine Provokation für traditionelle bzw. konventionalistische Vorstellungen von Professionalität, die auf Expertise und exklusive Alleinzuständigkeit setzen. Wichtig für unseren Zusammenhang ist hier, dass in dem wie auch immer ideologisch verfassten Bild des Klienten als Kunden – etwa dem Kunden als „König", der zwischen verschiedenen Anbietern von Dienstleistungen auswählt – *der Grundidee* nach der Primat bzw. die Privilegierung der Nachfrageseite gegenüber den professionellen Dienstleistungsanbietern enthalten ist.

Im Folgenden möchte ich diese, in der Privilegierung der Nachfrageseite liegende konzeptionelle Provokation, aufnehmen und im Rahmen sozialwissenschaftlich inspirierter sozialpädagogischer Theoriebildung fruchtbar machen. Damit, so meine These, ist es möglich, eine Radikalisierung der in den subjekt- und lebensweltorientierten Ansätzen der Sozialarbeit/Sozialpädagogik (Thiersch 1992; Böhnisch/Schefold 1985; Sünker 1989; Schaarschuch 1990) angelegten Tendenzen zur Stärkung der Adressaten, also der Nachfrageseite, vorzunehmen.

3. Soziale Arbeit als Dienstleistung – Konturen des Konzepts

Die hier zu behandelnde Frage ist nun, wie sich Soziale Arbeit als Dienstleistung auf theoretischer Ebene als ein professioneller Handlungsmodus konzipieren lässt, innerhalb dessen zugleich die Nachfrageseite systematisch privilegiert ist. „Dienstleistung" wird hier als theoretisch-analytische Kategorie verstanden, die auf ein Spannungsverhältnis zwischen den nachfragenden Subjekten und den Professionellen verweist.

Die Untersuchung des sozialen Verhältnisses von Professionellen und Nutzerinnen und Nutzern von Dienstleistungen ist prinzipiell auf zwei unterschiedliche Weisen möglich: Eine Möglichkeit besteht darin, von der Analyse des gesellschaftlichen Bedingungsrahmens auszugehen und hieraus die Handlungsmöglichkeiten und -spielräume auf der Ebene interaktiver Beziehungen von Professionellen und Nutzern abzuleiten. Die Handlungsmöglichkeiten wären in einem solchen Falle immer nur im Korridor eines vorgängig festgestellten Funktionsrahmens erkennbar. Die andere – und das ist die hier präferierte Vorgehensweise – geht von einer abstrakten Fassung der Nutzer-Professionellen-Beziehung aus und kontextuiert sie sodann mit den organisationalen wie gesellschaftlichen Bedingungen, die diese jeweils rahmen. Eine solche Vorgehensweise ist deshalb vorzuziehen, weil sie – erstens – nicht von vorn herein die Möglichkeiten verschiedener Konkretisierungsformen limitiert und – zweitens – die Konflikte zwischen

Handlungsmöglichkeiten und funktionalen institutionellen, organsatio-
nellen und professionellen Regulierungsansprüchen des Handelns erkennbar und analysierbar macht. Entsprechend folgt die Darstellung einer drei-
stufigen Struktur: *Zunächst* geht es um das Erbringungsverhältnis, also die
Interaktionsbeziehung von Nutzer und Professionellen als Kern der Analyse;
sodann werden die beiden möglichen Erbringungskontexte auf das Erbringungsverhältnis bezogen und *schließlich* beides – Erbringungsverhältnis
und Erbringungskontext – in den Rahmen gesellschaftlicher Bedingungen
der Erbringung gestellt.

Zunächst also zur Analyse der Interaktionen von Sozialarbeiter und
Nutzer auf der *Ebene des Erbringungsverhältnisses*: Hierzu ist es sinnvoll, auf
die vorliegenden Beiträge zur Dienstleistungstheorie der 1970er und 1980er
Jahre zurückzugreifen. Seinerzeit wurden theoretische Analysen vorgelegt, die sich auf die Entwicklung einer „nachindustriellen Gesellschaft"
(Bell; Touraine) bezogen und davon ausgingen, dass eine neue gesellschaftliche Formation die – so die Vorstellung: überkommenen – Industriegesell-
schaft ablösen würde. Obwohl sich diese Analysen primär auf makrostruk-
turelle, gesellschaftstheoretische Veränderungen, insbesondere der quantitativen Anteile von Beschäftigten zwischen den gewinnenden, industri-
ellen und dienstleistenden Sektoren gesellschaftlicher Arbeit bezogen, so
sind in diesem Zusammenhang und in der Folge dieser Debatte jedoch auch
theoretische Vorarbeiten etwa im Bereich Sozialökonomik und der soziologischen Sozialpolitikforschung vorgelegt worden, die sich für eine weitere
theoretische Fundierung der Dienstleistungskategorie nutzen lassen.

Für unseren Zusammenhang ist bedeutsam, dass diese „alte" Dienstleistungstheorie der 1970er und 1980er Jahre das Interaktionsverhältnis von
Professionellen und Nutzern mit den Begriffen der *Produktion* und *Konsumtion* von Dienstleistungen zu fassen versucht. Dabei wurden verschiedene Ansätze entwickelt, die das Verhältnis von Konsumtion und Produktion von Dienstleistungen theoretisch zu fassen versucht. Der erste Ansatz
ist von Herder-Dorneich und Kötz (1972) im Rahmen einer „Dienstleistungs-
ökonomik" entwickelt worden. Sie unterscheiden zwischen einem Produzenten und einem Konsumenten, wobei a) die Produzenten den Konsumenten Leistungen anbieten und b) die Konsumenten als Gegenleistung Steu-
erungsmittel zurückgeben. Dieser Prozess der Dienstleistungserbringung
findet zu einem Zeitpunkt an einem Ort statt, was als „uno-actu-Prinzip"
von Dienstleistungen gekennzeichnet wird.

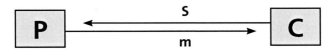

Wenden wir nun das Kriterium der Privilegierung der Nachfrageseite auf diese Schematisierung des Interaktionsverhältnisses von Dienstleistungen an, so ist eindeutig festzustellen, dass der Nachfrageseite hier keineswegs der Primat zukommt. Der Prozess geht von der Angebotsseite aus und der Produzent erscheint entsprechend als der aktive Part, der Konsument als passiver Rezipient. Diese Rudimentärform der Fassung des Interaktionsverhältnisses von Konsument und Produzent von Dienstleistungen als ein Austauschverhältnis existiert dabei losgelöst von konkreten gesellschaftlichen Bedingungen.

Einige Jahre später (1976; 1977) reformulieren Badura und Groß das Modell des Dienstleistungsprozesses im Rahmen einer sozialpolitischen Funktionsanalyse von Dienstleistungen. Für sie ist die „Kundenpräsenz", die im uno-actu-Prinzip zum Ausdruck kommt, zentral, damit der Kunde die „sachlich, zeitlich, räumlich-spezifische Form der Nachfrage, die Kundenpräferenz bei seiner Anwesenheit geltend machen kann". Die „Kooperation" von Produzent und Konsument ist das „vielleicht wichtigste Moment der Produktion persönlicher Dienstleistungen" (Badura/Gross 1976: 68).

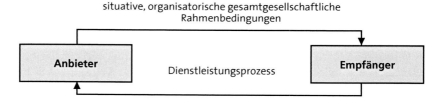

In dieser Fassung des Dienstleistungsverhältnisses steht auf der einen Seite ein aktiver Anbieter und auf der anderen ein rezeptiver passiver Empfänger. Die Kooperationswilligkeit und -fähigkeit des Konsumenten wird als ein hochbedeutsames Element im Dienstleistungsprozess herausgestellt, indem er – durchaus selbstwidersprüchlich verfasst – als Produktionsfaktor bestimmt wird. Im Vergleich der Konzeption von Badura von Groß mit der von Herder-Dorneich und Kötz wird deutlich, dass in diesem Ansatz die Betonung des Prozesscharakters und die Einbeziehung der gesellschaftlichen Ebene einen bedeutsamen Schritt darstellt. Insbesondere die Betonung der Bedeutung der aktiven Teilnahme der Nachfrageseite stellt einen weiterführenden Schritt in der Konzeption dar. Zugleich aber wird das Verhältnis eines aktiven Anbieters zu einem passiven Empfänger nicht durchbrochen und überdies das Kriterium der Privilegierung der Nachfrageseite nicht erfüllt.

Etwa zur gleichen Zeit haben Alan Gartner und Frank Riessman (1978; i.Orig. 1974) in ihrer Konzeption „Der aktive Konsument in der Dienstleistungsgesellschaft" einen Ansatz vorgelegt, der insofern eine neue theoretische Qualität aufweist, als der Konsument im Erbringungsverhältnis als gleichberechtigt und gleichwertig aufgefasst wird. Der Ausgangspunkt dieser Konzeption ist, dass sich die Herstellung des Dienstleistungsproduktes unmittelbar in oder an der Person, also an deren „eigenem Leib" vollzieht. Das Resultat personenbezogener sozialer Dienstleistungen kann somit nicht außerhalb der konsumierenden Person produziert werden. Gartner und Riessman machen in diesem Zusammenhang deutlich, dass „die Konsumenten (...) unmittelbar in der Dienstleistungsproduktion tätig und nicht nur allgemein beteiligt (sind)" (ebd. 230). „Konsumenten wie Produzenten stellen Produktivkräfte in der Dienstleistungsarbeit dar" (ebd. 195). „Schüler und Studenten können nicht als passive Empfänger von Unterricht, sondern müssen als Arbeitskräfte für die Produktion ihrer eigenen Ausbildung betrachtet werden" (ebd. 231). Im Rahmen einer schematisierten Darstellung wird deutlich, dass hier die Beziehung von Produzent und Konsument personenbezogene Dienstleistungen als die von professionellen Produzenten und ko-produzierenden Konsumenten verstanden wird:

Dienstleistungsgesellschaft

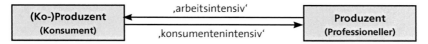

Bei Gartner und Riessman ist der Konsument ein aktives Subjekt. Die Produktion von Dienstleistungen geschieht in einem Kooperationsprozess zusammen mit den Professionellen. Die Herstellung des Produkts der Dienstleistung vollzieht sich in oder an der Person des Konsumenten. Daraus erwächst die Rolle des Konsumenten als Koproduzent. Die Einbeziehung des Konsumenten betreffend haben wir es hier mit einem sehr weitgreifenden Konzept zu tun, das dem produktiven Aspekt der Konsumtion eine herausragende Stellung zumisst. Gleichwohl handelt es sich hier noch nicht um eine Begründung für die Privilegierung der Nachfrageseite, wie sie im neueren Dienstleistungsdiskurs reklamiert wird.

4. Zur theoretischen Fundierung der Dienstleistungskategorie

Im Folgenden soll der Frage nachgegangen werden, wie ein Dienstleistungskonzept theoretisch begründbar ist, in dem der Nachfrageseite systematisch der Primat zukommt (vgl. i.F. auch Schaarschuch 1999; 2003). Die Bearbeitung dieser Frage geht von zwei Grundannahmen aus. Erstens: Das Verhältnis von Produktion und Konsumtion ist kein lineares, sondern ein dialektisches Verhältnis, das heißt, alle Konsumtion ist zugleich auch Produktion, und alle Produktion ist somit stets auch Konsumtion. Zweitens: Produktion wird hier mit Marx gefasst als „Aneignung der Natur innerhalb und vermittels einer bestimmten Gesellschaftsformation", das heißt nicht nur Aneignung der äußeren, sondern auch der gesellschaftlichen zweiten Natur sowie darüber hinaus und nicht zuletzt der eigenen, inneren Natur. Indem das Subjekt Gebrauchswerte konsumiert, produziert es zugleich im Konsumtionsakt seine eigene Person mit ihren Charakteristika. Nun handelt es sich bei personenbezogenen sozialen Dienstleistungen nicht um die Produktion von Gegenständen, sondern um die Veränderung von Zuständen von Personen im Hinblick auf ein angezieltes Niveau von Handlungsfähigkeit und Lebensqualität. Diese Zieldimension wird hier als Bedürfnis aufgefasst. Die Veränderung personaler Zustände kann nicht unabhängig von einer Veränderung der Person gedacht werden.

Die Konsequenzen dieser Grundannahmen sollen nun zunächst im Hinblick auf die konsumtive und sodann im Hinblick auf die produktive Dimension näher betrachtet werden. Zunächst zur *konsumtiven Dimension*: Könnte die nachfragende Person ihr Bedürfnis nach Veränderung im Hinblick auf eine angestrebte Lebensqualität allein befriedigen, so benötigte sie keine Dienstleistung. So schiebt sich im Dienstleistungsprozess zwischen das Bedürfnis und dessen Befriedigung die Tätigkeit einer anderen – hier: einer professionellen – Person. Soll das Bedürfnis befriedigt werden, dann musst die Tätigkeit der Professionellen für die diese konsumierende und sich mittels dieser produzierenden Person einen *realen Gebrauchswert* haben.

Zu den Konsequenzen hinsichtlich der *produktiven Dimension*: Die Konsumtion des Gebrauchswertes der Tätigkeit des Professionellen ist unmittelbar auch Produktion der Person des Konsumenten – seines Verhaltens, seiner Handlungsfähigkeit etc. Indem die nachfragende Person den Gebrauchswert der Tätigkeit einer anderen Person konsumiert, produziert sie sich selbst. Mithin ist es das Subjekt selbst, das sein eigenes physisches und psychisches Wohlbefinden, seine Gesundheit, sein Verhalten, seine sozialen Bezüge, seine Qualifikationen vermittelt durch die professionelle Tätigkeit hervorbringt, produziert.

Wir können an dieser Stelle festhalten: Was aus der Perspektive der Professionellen als Erziehung, Beratung, Unterstützung etc. erscheint, ist aus der Perspektive der Dienstleistungskonsumenten die Aneignung von Verhalten, Wissen, Gesundheit, sozialer Beziehungen, Handlungsfähigkeiten und damit immer auch die Produktion der eigenen Person. Vor diesem Hintergrund kommt deshalb dem Subjekt, das sich selbst mit Hilfe des Gebrauchs während dieser Tätigkeit einer anderen – professionellen – Person produziert, im Dienstleistungsprozess systematisch der Primat zu.

Die Tätigkeit von Professionellen in personenbezogenen sozialen Dienstleistungen ist auf die Veränderung der Person bezogen, sie geht in den Produktionsprozess ein, ohne aber die Veränderung der Person selbst vollziehen zu können. Das heißt, professionelle personenbezogene Dienstleistungstätigkeit ist nicht mit der Produktion des Subjektes identisch – gleichwohl ist sie eine produktive Tätigkeit, die in den veränderten Zustand der Person eingeht. Sie dient dem Zweck der Produktion des Subjektes und wird auf diese Weise *dem Begriff nach Dienstleistung*.

Unter Rückgriff auf die Struktur der verwendeten Schemata stellt sich das Erbringungsverhältnis von Produzent und Konsument im Vergleich zu den vorhergehenden Konzeptionen als Umkehrung dar:

Der *Konsument der Dienstleistung*, der bei Gartner und Riessman noch als Koproduzent gefasst wird, wird hier zum *eigentlichen Produzenten*; der *professionelle Produzent zum Koproduzenten*. Aus der Perspektive der die Dienstleistung konsumierenden Produzenten handelt es sich um ein Produktionsverhältnis – aus der Perspektive der Professionellen um ein Erbringungsverhältnis. „Dienstleistung" bezieht sich auf eben dieses Erbringungsverhältnis. *Als professioneller Handlungsmodus* ist Dienstleistung auf den Produktionsprozess der Subjekte bezogen, und dabei dient der Gebrauchswert der Tätigkeit der professionellen Produzenten der Selbst-Produktion der Subjekte.

Vor diesem Hintergrund kann nun *Dienstleistung definitorisch bestimmt werden als ein professioneller Handlungsmodus, der vom Dienstleistungen konsumierenden und sich dabei zugleich produzierenden Subjekt ausgeht und von den Prämissen des Aneignungsprozesses gesteuert wird.*

Damit ist ein relationaler Dienstleistungsbegriff gewonnen, der die produktive Aneignungstätigkeit des Subjektes in das Zentrum stellt, indem er die im Terminus der Kundenorientierung formulierte Privilegierung der Nachfrageseite aufnimmt und theoretisch eigenständig unter Rückgriff auf das Aneignungskonzept jenseits der Marktlogik begründet. **157**

5. Dienstleistungstheorie: Konsequenzen für die Konzeptualisierung professionellen Handelns

Das soeben entwickelte theoretisch-analytische Konzept personenbezogener sozialer Dienstleistungen ist nun mit dem strukturtheoretischen Modell der Professionalisierung als stellvertretende Deutung zu kontrastieren. Das zentrale Kriterium des vorgängig entwickelten, auf die Nachfrage der Subjekte bezogenen Dienstleistungskonzeptes ist die *Gebrauchswerthaltigkeit der Tätigkeiten von Sozialarbeiterinnen und Sozialarbeitern* für die Lebensbewältigungsprozesse, die Veränderungs- und Kompetenzaneignungsprozesse der Nutzerinnen und Nutzer. Während das Modell der stellvertretenden Deutung den Schwerpunkt auf die hermeneutische Fallrekonstruktion und damit verbunden auf die Vorbereitung und nachträgliche Begründung von Entscheidungen der Klienten durch die Professionellen legt, basiert das Dienstleistungskonzept darauf, prinzipiell die Entscheidung über die Gebrauchswerthaltigkeit professionellen Handelns und somit den Primat der Steuerung des Dienstleistungsprozesses beim Nutzer anzusetzen. Das Konzept der stellvertretenden Deutung bleibt demgegenüber professions- und angebotszentriert und überwindet die traditionelle Dienstleistungskonstellation, in der ein professioneller Produzent dem Klienten als Koproduzent gegenübertritt – wie etwa bei Badura und Gross, aber auch bei Gartner und Riessman – nicht. Das Dienstleistungskonzept hingegen begründet die notwendige Neurelationierung von Nutzern und Sozialarbeitern als produktiven Nutzer und ko-produktiven Professionellen.

Selbstredend stellt ein solchermaßen verfasstes Dienstleistungskonzept als ein nutzergesteuerter professioneller Handlungsmodus eine außerordentliche Herausforderung für – durchaus auch elaborierte – Konzeptualisierungen professionelles Handeln dar. Denn professionelles Handeln muss sich hier der Logik der Selbstproduktionsprozesse seiner Nutzerinnen und Nutzer nachordnen, indem es – erstens – sich selbst als Gebrauchswert für die Nutzer konstituiert, – zweitens – den systematischen Einfluss der Nutzerinnen und Nutzer auf Inhalt und Form des Erbringungsprozesses institutionalisiert und – drittens – neben der realiter strukturell asymmetrisch verfassten Beziehung von NutzerInnen und Professionellen das symmetrische Anerkennungsverhältnis von Bürgern etabliert.

Professionelles sozialpädagogisches Handeln ist immer zugleich auch berufliches Handeln. Als „wohlfahrtsstaatlich mitkonstituierte Profession" (Olk 1986) steht es zugleich auch in einem machtstrukturierten, funktionalen Zusammenhang mit der staatlichen Regulierung und Normierung von Lebensweisen, die es in konkreten Dienstleistungsinteraktionen umsetzen muss. Sozialpädagogisches Handeln findet zudem stets in konkreten Organisationen und Institutionen statt. Damit unterliegt es zum einen den gesetzlichen Normierungsansprüchen und der organisationellen Arbeitsteilung und Hierarchie. Zum anderen ist es als „Vermittlungsarbeit" funktional unabdingbar, die Besonderheiten, die Interessen und singulären Bedürfnisse des einzelnen Falles nicht unter generalisierten Geltungsansprüchen „wegzuschematisieren" und in eine wie auch immer prekäre Balance mit den gesellschaftlichen Normierungsversuchen zu bringen (Offe 1987). Schließlich – und das wird oft unterschlagen – ist sozialpädagogisches Handeln stets auch Lohnarbeit, in der die Interessen am Erhalt der Arbeitskraft (Reproduktion) seitens der Professionellen zur Geltung gebracht werden müssen.

Diese Bestimmungen sind nicht jenseits von Professionalität anzusiedeln, sondern bilden ihre jeweils *konkrete historische Form*. Als *historische* Form jedoch sind sie veränderbar. Insofern stellt das Konzept der Dienstleistung als professioneller Handlungsmodus, das den Gebrauchswert professioneller Tätigkeit für die Lebensbewältigungspraxen der Subjekte in das Zentrum der sozialpädagogischen Professionalität stellt, eine „idealtypische methodische Fiktion" dar – ähnlich wie diskursive Verhältnisse idealiter als herrschaftsfrei bestimmt werden. Vor diesem Hintergrund ist es zugleich ein kritisches Konzept: Mit ihm lassen sich die Bedingungen, die den Gebrauchswert professioneller Tätigkeit für die Nutzerinnen und Nutzer systematisch begrenzen identifizieren, kritisieren, konterkarieren und zum Gegenstand der Veränderung machen.

Literatur

Badura, Bernhard / Gross, Peter: Sozialpolitische Perspektiven. München 1976

Böhnisch, Lothar / Lösch, Hans: Das Handlungsverständnis des So¬zialarbeiters und seine institutionelle Determination. In: Otto, Hans-Uwe / Schneider, Siegfried (Hrsg.): Gesellschaftliche Perspektiven der Sozialarbeit. Bd.2, Neuwied 1973; S. 21 - 40

Böhnisch, Lothar / Schefold, Werner: Lebensbewäl¬tigung. Soziale und pädagogische Verständigungen an den Grenzen der Wohlfahrtsge¬sellschaft. Weinheim, München 1985

Dewe, Bernd / Ferchhoff, Wilfried / Peters, Friedhelm / Stüwe, Gerd: Professio¬nalisie¬rung - Kritik - Deutung. Soziale Dien¬ste zwischen Ver¬wissen¬schaftli¬chung und Wohlfahrtsstaatskrise. Frankfurt 1986

Dewe, Bernd / Otto, Hans-Uwe: Zugänge zur Sozialpädagogik. Reflexive Wissenschaftstheorie und kognitive Identität. Weinheim, München 1996

Dewe, Bernd / Otto, Hans-Uwe: Profession. In: Otto, Hans-Uwe; Thiersch, Hans (Hrsg.): Handbuch Sozialarbeit/Sozialpädagogik. Neuwied, Kriftel 2001; S. 1399 – 1423

Effinger, Herbert: Soziale Arbeit als Kundendienst - Innovation oder Regression? Professionelle Begleitung in schwierigen Le¬benspassagen als personenbezogene Dienstleistung in intermediä¬ren Organisationen. In: Widersprüche 52, 1994; S. 29 – 53

Gartner, Alan / Riessman, Frank: The Service Society and the Concumer Vanguard. New York 1974

Gartner, Alan / Riessman, Frank: Der aktive Konsument in der Dienstleistungsgesellschaft. Zur politischen Ökonomie des tertiären Sektors. Frankfurt 1978

Gross, Peter / Badura, Bernhard: Sozialpolitik und Soziale Dienste: Entwurf einer Theorie personenbezogener Dienstleistungen. In: Ferber, Christian / v.; Kaufmann, Franz.-Xaver (Hrsg.): Soziologie und So¬zial¬po¬litik. KZfSS Sonderheft 19. Opladen 1977; S. 361 - 385

Herder-Dorneich, Philipp / Kötz, Werner: Zur Dienstleistungsökono¬mik. Berlin 1972

Oevermann, Ulrich: Theoretische Skizze einer revidierten Theorie professionalisierten Handelns. In: Combe, Arno / Helsper, Werner (Hrsg.): Pädagogische Professionalität. Untersuchungen zum Typuspädagogischen Handelns. Frankfurt 1996

Offe, Claus: Das Wachstum der Dienstleistungsarbeit: Vier soziologische Erklärungsansätze. In: Olk, Thomas / Otto, Hans-Uwe (Hrsg.): Soziale Dienste im Wandel 1. Helfen im Sozialstaat. Neuwied/ Frankfurt 1987; S. 171 - 198

Olk, Thomas: Abschied vom Experten. Sozialarbeit auf dem Weg zu einer alternativen Professionalität. München 1986

Otto, Hans-Uwe / Utermann, Kurt (Hrsg.): Sozialarbeit als Beruf. Auf dem Wege zur Professionalisierung. München 1971

Schaarschuch, Andreas: Zwischen Regulation und Reproduktion. Gesellschaftliche Modernisierung und die Perspektiven Sozialer Arbeit. Bielefeld 1990

Schaarschuch, Andreas: Theoretische Grundelemente Sozialer Ar¬beit als Dienstleistung. Ein analytischer Zugang zur Neuorien¬tierung Sozialer Arbeit. In: neue praxis 6, 1999; S. 543 - 560

Schaarschuch, Andreas: Die Privilegierung des Nutzers. Zur theoretischen Begründung sozialer Dienstleistung. In: Olk, Thomas / Otto, Hans-Uwe (Hrsg.): Soziale Arbeit als Dienstleistung. Neuwied 2003; S. 150 - 169

Sünker, Heinz: Bildung, Alltag und Sub¬jektivität. Elemente zu einer Theorie der Sozialpäd¬agogik. Wein¬heim 1989

Thiersch, Hans: Lebensweltorientierte Soziale Arbeit. Auf¬gaben der Praxis im sozialen Wandel. Weinheim, München 1992

Zu den AutorInnen

Cloos, Peter; Jg. 1965, Dr. phil., Prof. für die Pädagogik der frühen Kindheit an der Stiftung Universität Hildesheim, Fachbereich Erziehungs- und Sozialwissenschaften, Abteilung Allgemeine Erziehungswissenschaft, Marienburger Platz 22, D-31141 Hildesheim. E-Mail: cloosp@uni-hildesheim.de

Engelke, Ernst; Jg. 1941, Dr. theol. habil., Dipl. Psych., von 1980-2007 Prof. für Soziale Arbeit an der Fachhochschule Würzburg-Schweinfurt, seit 2007 Mitarbeit in Einrichtungen für Palliativmedizin, Palliativpflege, Hospizarbeit und Sozialpsychiatrie. E-Mail: ernst.engelke@arcor.de

Fischer, Wolfram; Jg. 1946, Dr. phil., Prof. für sozialwissenschaftliche Grundlegung von Fallanalysen an der Universität Kassel, Fachbereich Sozialwesen, Arnold-Bode-Str. 10, D-34127 Kassel, E-Mail: wfischer@uni-kassel.de

Hammerschmidt, Peter; Jg. 1963, Dr. phil. habil. Dipl.-Päd., Dipl. Soz.-Päd. (FH), Prof. für Grundlagen der Sozialen Arbeit an der Hochschule München, Fakultät für Angewandte Sozialwissenschaften, Am Stadtpark 20, D-81243 München. E-Mail: Peter.Hammerschmidt@hm.edu

Kruse, Elke; Jg. 1967, Dr. phil. Dipl.-Päd., Dipl.-Soz.Päd. (FH), Prof. für Soziale Arbeit mit dem Schwerpunkt Geschichte und Theorie Sozialer Arbeit an der Alice Salomon Hochschule Berlin, Alice-Salomon-Platz 5, D-12627 Berlin. E-Mail: elke.kruse@ash-berlin.eu

Merten, Roland; Jg. 1960, Dr. phil. habil. Dipl.-Päd., Dipl.-Soz.Arb., Dipl.-Päd., M.A., Lehrstuhl für Sozialpädagogik und außerschulische Bildung, Friedrich-Schiller-Universität Jena (z.Zt. beurlaubt); seit 2009 Staatssekretär im Thüringer Ministerium für Bildung, Wissenschaft und Kultur, Werner-Seelenbinder-Straße 7, 99096 Erfurt. E-Mail: roland.merten@tmbwk.thueringen.de

Paulini, Christa; Jg. 1953, Dr. phil. Dipl.-Päd., Dipl.-Soz.Päd. (FH), Prof. für Theorie, Geschichte und Praxis der Sozialen Arbeit, sowie Kinder- und Jugendhilfe an der HAWK Fachhochschule Hildesheim/Holzminden/Göttingen, Fakultät Soziale Arbeit und Gesundheit Hildesheim, Am Hohnsen 1, D-31134 Hildesheim. E-Mail: paulini@hawk-hhg.de

Sagebiel, Juliane; Jg. 1955, Dr. phil. Dipl.-Päd., Dipl. Soz.-Päd. (FH), Prof. für Sozialarbeitswissenschaft an der Hochschule München, Fakultät für Angewandte Sozialwissenschaften, Am Stadtpark 20, D-81243 München. E-Mail: Juliane.sagebiel@gmx.de

Schaarschuch, Andreas; Jg. 1957, Dr. phil., Prof. für Sozialpädagogik/Soziale Dienste an der Bergische Universität Wuppertal, Fachbereich G – Bildungs- und Sozialwissenschaften, Gaußstr. 20, D-42119 Wuppertal. E-Mail: schaarschuch@uni-wuppertal.de

Staub-Bernasconi, Silvia; Jg. 1936, Dr. phil. habil., von 1997 bis 2002 Prof. für Sozialarbeitswissenschaft an der Technischen Universität Berlin, seit 2002 Leiterin des Studienganges „Soziale Arbeit als Menschenrechtsprofession" (Master of Social Work) in Berlin, Zentrum für Postgraduale Studien Sozialer Arbeit (ZPSA), Köpenicker Allee 39-57, D-10318 Berlin. E-Mail: staubernasco@bluewin.ch

Anzeige

AG SPAK Bücher

Schriftenreihe des europäischen Masterstudiengangs Gemeinwesenentwicklung, Quartiermanagement und Lokalen Ökonomie an der Hochschule München

In der Schriftenreihe FORSCHUNG des europäischen Masterstudiengangs Gemeinwesenentwicklung, Quartiermanagement und Lokale Ökonomie (MACD) werden Forschungsberichte veröffentlicht.

Forschungsband 1
Gemeinwesenentwicklung, Quartiermanagement und Lokale Ökonomie an der Hochschule München (Hrsg.)
FÜR MEHR TEILHABE
Gemeinwesenentwicklung, Armutsbewältigung, Selbstorganisation

ISBN 978-3-930830-89-3 – 320 Seiten – 28 Euro

Der erste Band umfasst exemplarische Studien, die zusammen genommen vielschichtige, interdisziplinäre und länderübergreifende Perspektiven für die nachhaltige Gemeinwesenentwicklung, Armutsbewältigung und die Selbstorganisation für mehr Teilhabe eröffnen.

Forschungsband 2
Gemeinwesenentwicklung, Quartiermanagement und Lokale Ökonomie an der Hochschule München (Hrsg.)
GEMEINWESENTWICKLUNG UND LOKALE ÖKONOMIE

ISBN 978-3-930830-93-0 – 122 Seiten – 16 Euro

Mit Beiträgen von A.Tschanen-Hauser, Zürich; Prof. Dr. Susanne Elsen, München; Prof. Dr. Walter Lorenz, Bozen; Prof. Dr. Sylvia Staub-Bernasconi, Zürich und Prof. Dr. C. W. Müller, Berlin.

Anlässlich des ersten Abschlusses des Studienganges des Masters „Gemeinwesenentwicklung, Quartiermanagement und Lokale Ökonomie" fand im April 2007 eine Fachtagung an der Hochschule München statt.

Forschungsband 3
Gemeinwesenentwicklung, Quartiermanagement und Lokale Ökonomie an der Hochschule München (Hrsg.)
GEMEINWESEN GESTALTEN – LERNEN FÜR NACHHALTIGE ENTWICKLUNG

ISBN 978-3-930830-17-6 – 191 Seiten – 22 Euro

Anzeige

Mit Beiträgen von Susanne Elsen, Katrin Muckenfuß, Christa Müller, Isidor Wallimann, Beate Weber, Adelheid Biesecker, Sabine Hofmeister, Patricia Arnold, Maria S. Rerrich, Manfred Liebel, Tilo Klöck, Ella von der Haide, Alexander Vorbrugg.

Die Autorinnen und Autoren stellen aktuelle Diskurse, Konzepte und konkrete Ansätze einer an den Lebensbedürfnissen der Menschen und der Erhaltung des Gemeinwesens orientierten Wirtschaftskultur vor. Die Frage, wie lebensdienliches Wirtschaften aussehen kann, gewinnt angesichts der aktuellen Weltwirtschaftskrise an Brisanz.

Markus Runge
Der Aufbau von brückenbildendem sozialen Kapital im Umfeld benachteiligter Stadtteile. Bereitschaft zu und Hindernisse von quartiersübergreifenden Austauschprozessen und Netzwerken
ISBN 978-3-930 830-84-8 – 104 Seiten – 14 Euro – *(Band 1)*

Angelika Tschanen-Hauser
Familienergänzende Kinderbetreuung in der Schweiz. Familienergänzende Kinderbetreuung als Bestandteil sozialer Stadtentwicklung – Sozialraumorientierung als Leitkonzept
ISBN 978-3-930 830-87-9 – 233 Seiten – 22 Euro – *(Band 2)*

Gabi Hangartner
Urbanes Trendquartier oder gespaltener Sozialraum? Szenarien möglicher Auswirkungen des Novartis Campus auf das Basler St. Johann Quartier als Sozialraum
ISBN 978-3-930 830-88-6 – 223 Seiten – 22 Euro – *(Band 3)*

Sabine Gruber
Intermediäre Organisationen in der Stadtentwicklung. Möglichkeitsräume für kollektives Lernen und Demokratieentwicklung
ISBN 978-3-930 830-86-2 – 140 Seiten – 16 Euro – *(Band 4)*

Patrick Oehler
Pragmatismus und Gemeinwesenarbeit. Die pragmatistische Methode von John Dewey und ihr Beitrag zur Theorie und Praxis der Gemeinwesenarbeit
ISBN 978-3-930 830-85-5 – 180 Seiten – 18 Euro – *(Band 5)*

Anzeige

Hans-Jürgen Macher
Methodische Perspektiven auf Theorien des sozialen Raumes. Zu Henri
Lefebvre, Pierre Bourdieu und David Harveyi.
ISBN 978-3-930 830-94-7 – 131 Seiten – 16 Euro – (*Band 6*)

Olaf Schräder
Wohin wollen wir gehen? hom oeconomincus und homo cooperativus –
tragfähige Konzepte für die Zukunft?
ISBN 978-3-930 830-97-8 – 121 Seiten – 16 Euro – (*Band 7*)

Elena Wolf
Wie wenig Geld ist zu wenig? Das Existenzminimum und ein Selbstversuch
ISBN 978-3-930 830-98-5 – 150 Seiten – 16 Euro – (*Band 8*)

GWA-Bücher

M. Bitzan / T. Klöck (Hg.)
Politikstrategien – Wendungen und Perspektiven. Jahrbuch GWA 5
ISBN 978-3-923126-91-0 – 1994 – 304 S. – 20,50 Euro

Marion Mohrlock u.a.
Let's organize. GWA und community organization im Vergleich
ISBN 978-3-923126-81-1 – 1993 – 380 S. – 24,50 Euro

Maria Bitzan / Tilo Klöck
**Wer streitet denn mit Aschenputtel? Konfliktorientierung und
Geschlechterdifferenz**
ISBN 978-3-923126-75-0 – 1993 – 364 S. – 24,50 Euro

Anne Rösgen
Lernfeld Lebenswelt. Zur Bildungsarbeit mit gering qualifizierten Frauen
ISBN 978-3-923126-70-5 – 1991 – 220 S. – 10,50 Euro

Tilo Klöck (Hg.)
Solidarische Ökonomie und Empowerment. Jahrbuch GWA 6
ISBN 978-3-930830-07-7 – 1998 – 312 S. – 25,00 Euro

Odierna / Berendt (Hg.)
Gemeinwesenarbeit - Entwicklungslinien und Handlungsfelder. GWA 7
ISBN 978-3-930830-44-2 – 2004 – 420 S. – 25,00 ⬜

AG SPAK Bücher | Holzheimer Str. 7 | 89233 Neu-Ulm
www.agspak-buecher.de | Gesamtverzeichnis anfordern!

Drei gute Gründe die AG SPAK zu unterstützen!

1. Seit über 30 Jahren ist die AG SPAK Struktur- und Finanzierungshilfe für selbstorganisierte Initiativen und Selbsthilfegruppen.

2. Das „Sozialpolitische Forum" und Tagungen verbinden die Initiativen übergreifend und lassen Bewegungen entstehen.

3. Mit Büchern greifen wir in öffentlichen Diskussionen ein.

Die AG SPAK engagiert sich quer zu den Bereichen der Sozialpolitik. Sie agiert als vernetzende Vereinigung.

Werdet Fördermitglied! Spendet!

AG SPAK – Konto 8822100
Bank für Sozialwirtschaft
(BLZ 700 205 00)

AG SPAK
Sozialpolitische Gesellschaft
Dorfstr. 25
88142 Wasserburg/Bodensee
Tel./Fax: 08382/89056

www.agspak.de

Aus unserer Arbeit:

- Im Jahr 2000 haben wir, lange vor Götz Werner, mit dem Band „Existenzgeld für alle" die Diskussion um ein bedingungsloses Grundeinkommen weitergebracht. Bereits 1994 diskutierten wir Formen einer sozialen Grundsicherung auf dem Sozialpolitischen Forum in München.

- Mit dem Buch „Nichts über uns – ohne uns" haben wir die Disability Studies in die Behindertendiskussion eingebracht – keine Forschung ohne die Beteiligten.

- Selbstbestimmt Leben mit persönlicher Assistenz . Zwei Handbücher als Schulungskonzept für Persönliche AssistentInnen sollen eine Grundlage für ein selbstbestimmtes Leben sein.

- Mit der überarbeiteten Neuauflage der „Moderationsfibel - Zukunftswerkstatt" geben wir Bürgerinitiativen eine Methode zur sozialen Problemlösung an die Hand.

- Mit unserer Ratgeber-Reihe (Vereinspraxis, Fundraising, Stiftungen und Pressearbeit) erhalten Initiativen gezielte Unterstützung.

- Mit unseren Seminaren der Sozialpolitischen Akademie unterstützen wir AktivistInnen in ihrer Öffentlichkeitsarbeit.

- Unsere Website ist ein Portal für die Neuen Sozialen Bewegungen: www.agspak.de

Als Netzwerk denken wir über die eigenen Standpunkte weit hinaus, hin zu einer gesellschaftlichen Alternative. Eigeninitiative, Selbstorganisation, soziale Gerechtigkeit, Beteiligung und Selbstverwaltung sind bestimmende Elemente unserer Arbeit.

Handeln - nicht behandelt werden!